キリスト教神学で読みとく
共産主義

佐藤優

光文社新書

まえがき

日本人はユダヤ教の影響力をよく理解していない。二〇一七年一月二一日、米国のワシントンにおいて、ドナルド・トランプ新大統領は就任演説でこんなことを述べた。

〈私たちは古い同盟関係を強化し、新たな同盟を作ります。そして、文明社会を結束させ、過激なイスラムのテロを地球から完全に根絶します。私たちの政治の根本にあるのは、アメリカに対する完全な忠誠心です。そして、国への忠誠心を通して、私たちはお互いに対する誠実さを再発見することになります。もし愛国心に心を開けば、偏見が生まれる余地はありません。聖書は「神の民が団結して生きていることができたら、どれほどすばらしいことでしょうか」と私たちに伝えています。私たちは心を開いて語り合い、意見が合わないことについては率直に議論をし、しかし、常に団結することを追い求めなければなりません。アメリカが団結すれば、誰も、アメリカが前に進むことを止めることはできないでしょう。そこにおそれがあってはなりません。私たちは守られ、そして守られ続けます。私たちは、すばらしい軍隊、そして、法の執行機関で働くすばらしい男性、女性に、守られています。そして最も大切なことですが、私たちは神によって守られています。〉（二〇一七年一月二一日「NHK NEWS WEB」）

ここでトランプ大統領が引用した「神の民が団結して生きていることができたら、どれほどすばらしいことでしょうか」（how good and pleasant it is when God's people live together in unity.）という聖書の言葉は、日本聖書協会の新共同訳では、「見よ、兄弟が共に座っている。／なんという恵み、なんという喜び。」と訳されている。旧約聖書の「詩編」一三三編の一節だ。短い詩なので、全文を引用しておく。

〈【都に上る歌。ダビデの詩。】
見よ、兄弟が共に座っている。
なんという恵み、なんという喜び。

かぐわしい油が頭に注がれ、ひげに滴り
衣の襟に垂れるアロンのひげに滴り

ヘルモンにおく露のように
　シオンの山々に滴り落ちる。
シオンで、主は布告された
　祝福と、とこしえの命を。〉
ヤーウェ（神）の教えに基づく世界支配は、シオン（イスラエル）から広められるという意味だ。ダビデ王を理想としたメシアニズムを典型的に示す内容である。
トランプ大統領は、キリスト教徒のみが聖典とする新約聖書ではなく、キリスト教徒、ユダヤ教徒の両者が聖典とする旧約聖書から、あえて引用し、イスラエルと全世界のユダヤ人に向かって、「私はあなたたちと価値観を共有しています」というメッセージを送ったのだ。
トランプ政権の外交は、親イスラエル政策を基調とすることになろう。

さて、二〇世紀の歴史を振り返ったときに、ソ連の誕生と崩壊が大きな意味を持つことについては、誰もが同意すると思う。ソ連は、カール・マルクスとフリードリヒ・エンゲルスが提唱した共産主義理論に基づいて構築された国家であった。
もっともソ連型社会主義（共産主義）は、マルクスとエンゲルスの理論をロシアの現実に創造的に適用することによって実現したというのは建前にすぎず、実際には、ロシア正教の異端思想と、民衆の受動性を徹底的に利用して、レーニン、トロツキー、スターリンらのボリシェビキ（ロシア社会民主労働党の左派）が権力を奪取した帝国の再編に過ぎないという見方もある。私の見解もそれに近いが、ソ連が成立していなかったらば、世界的レベルでマルクス主義があれだけ広範な影響を与えることはなかった。

マルクスは、ユダヤ教から改宗したプロテスタントのキリスト教徒だ。マルクスは二十代前半でキリスト教と訣別し、無神論者になった。しかし、マルクスには、ユダヤ教、キリスト教の終末論が、唯物論的に転換して残った。終末論とは、歴史に終わりがあるという思想だ。ギリシア語に「テロス（telos）」という言葉がある。この言葉は、「終わり」「目的」「完成」を意味する。テロスについて考察することが終末論の中心的課題になる。ユダヤ教では、ユダヤ人が律法を守っていれば、破壊されてしまったエルサレムの神殿がいつか再建され、審判が行われ、そこで正しいとされた人々は、まったく新しい秩序の中で幸せな生活を送ることができる。

旧約聖書にはこんな記述がある。

〈見よ、わたしは命令を下し

イスラエルの家を諸国民の間でふるいにかける。
ふるいにかけても
小石ひとつ地に落ちないように。
わが民の中で罪ある者は皆、剣で死ぬ。
彼らは、災いは我々に及ばず
近づくこともない、と言っている。
その日には
わたしはダビデの倒れた仮庵《かりいお》を復興し
その破れを修復し、廃虚を復興して
昔の日のように建て直す。〉（「アモス書」九章九―一一節）

キリスト教の場合は、天に昇っているキリストが再び地上に現れ（神学用語では再臨という）、生きている人々と、死んだ人々を復活させ、一人ひとり審判に付して、選ばれた人は「永遠の命」を得て、「神の国」に入る。

マルクス主義の場合、資本主義社会では、資本家階級と地主階級によって抑圧されているが、実は選ばれた階級であるプロレタリアート（労働者階級）が革命を起こして共産主義社会を建設する。そこには支配する者もいなければ支配される者もいない。抑圧対被抑圧という二項対立の図式が脱構築される。人間が本来の人間性を回復して生きることになる。そして、共産主義社会では、「人々は能力に応じて働き、必要に応じて受け取る」という原則が実現される。

このような、疎外された階級社会の人間が、本来の姿に戻るという考え方が疎外論だ。世界的に見て、疎外論がマルクス、エンゲルスの共産主義解釈においては支配的な言説だ。

これに対して根源的な異議申し立てを行ったのが、日本の傑出したマルクス主義哲学者である廣松渉（一九三三年八月一一日〜一九九四年五月二二日）だ。廣松は、疎外論ではなく、物象化論を発見したことが、マルクスとエンゲルスの共産主義論の特徴であると説いた。しかも、共産主義理論については、エンゲルスの方がマルクスよりも先に到達したと主張した。

ある時期、物象化論は、若い世代の人々に強い影響を与えた。特に一九六〇年代末の全共闘をはじめとする新左翼の運動に強い影響を与えた。物象化論について、ここで要約することは差し控える。是非、本文を読んで欲しい。

私は一九七九年に同志社大学神学部に入学し、一九八五年三月に同大学院神学研究科を修了した。その間の廣松物象化論との知的対決は、私にとってとても大きな意味を持った。外交官時代にもときどき廣松の哲学書を読み直し、物象化論の問題点について考えた。しかし、それを論考にまとめることはしなかった。

鈴木宗男事件に連座して、私は二〇〇二年五月に東京地方検察庁特別捜査部によって逮捕、起訴され、五一二日間、東京拘置所の独房に勾留された。このときの経験を綴ったノンフィクション『国家の罠　外務省のラスプーチンと呼ばれて』を二〇〇五年三月に新潮社から上梓し、私は職業作家として、第二の人生を歩むことになった。それから、時間を置かずに、新左翼系の理論誌『情況』の大下敦史編集長（当時）と知り合った。私は『情況』を神学生時代に愛読していた。大下氏に、廣松の物象化論をめぐる私の問題意識を伝え、議論をした。すると大下氏から、「『情況』に今、あなたが話したことを書いてみたらどうだ」と勧められた。その連載が本書のもとになった。その過程で、廣松物象化論だけでなく、エンゲルスとキリスト教の関係についても、整理することができた。現代の危機を深く理解するため、疎外論と物象化論の差異を理解することはとても重要だ。本書は、哲学と現実をつなぐ実用書なのである。

目次

まえがき　2

第一章　同志社大学神学部時代の廣松渉との出会い……15
思想は生き死にの原理　16／廣松にとっての左翼運動　17
「田舎の秀才」　20／「近代の超克」の心理　25
廣松の神義論的、神学的論理展開　28／文体の問題　32
宇野弘蔵、黒田寛一との対比　35／筆者にとっての廣松渉　38

第二章　カルバン主義者としての青年エンゲルス……47
廣松の『ドイツ・イデオロギー』（マルクス、エンゲルス）解釈　48

聖書における加筆　51／廣松の『エンゲルス論』読み解き　55
〝ロシア・マルクス主義〟という概念　58／第三の道　60
下層階級に対する嫌悪　62／自由主義的プロテスタンティズムの誕生　65
ルター派は半分、カトリシズム　67／教会の実情　70／非合理主義へ　74

第三章　シュライエルマッハー神学がエンゲルスに与えた意味……77

マルクス主義に忍び込んでいる神　78／廣松は本気で革命を考えていた　81
新自由主義とどう対峙するか　83／日本資本主義論争　86
キリスト教信仰から離れたエンゲルス　90
一九世紀プロテスタント神学の二つの潮流　92
信仰を捨てても、エンゲルスの発想はキリスト教的　95
エンゲルスとシュライエルマッハーの関係　98／心の中に神が居る　103
グツコウの影響　106／アルント論　109

第四章　神の疎外……111

廣松の物象化論の実践的意義　112
ドイツ主義対コスモポリタニズム的自由主義　114／ベルネとヘーゲル　117

ヘーゲル左派への接近　122／三つの論点　126
ヘーゲル左派の三つのグループ　127／シェリング哲学　133

第五章　神の収縮と悪の起源……141
悪をどう考えるか　142／悪の起源　146／ルリヤのカバラー　150
神が支配する場所と、人間が占拠している場所の間の壁＝「底」　157
啓示は「底」を突き抜ける　162／本質存在と現実存在の裂け目　167
エンゲルスに対する批判　169

第六章　救済の根拠としての民族への受肉……175
革命家の倫理　176／観念論こそ思想の王道　181
敵のイメージ　186／思想から、憲法、政策、制度は生まれる　192
マルクスとの「冷たい」出会い　193／ヘスとの「温かい」出会い　196

第七章　資本家としてのエンゲルス……203
資本家にも革命を呼びかける　204／エンゲルスの労働者階級観　208
浅薄な社会構造分析　210／ナショナリズムに対する冷たさ　212

共産主義の起源　214／共産主義革命思想の大枠　215
エンゲルスの『カーライル論』　217

第八章　神的人間の発見……225
他者の心を開かせる力　226／人間に内在する神の払拭　228
私有財産と競争　233／階級意識論の原型　239
政治革命から社会革命へ　242／六つの論点　250

第九章　共産主義へ……257
法の階級性　258／国家の廃棄　262
マルクスの問題意識　264／疎外論の中のロマン主義の影　269
哲学的、思弁的なマルクス、実証的なエンゲルス　272
共産主義の可能性に気づく　275／疎外された労働　277
暴力革命の称揚　279／自己批判　283
アメリカの黒人との類比　285／資本主義は資本を無駄使いする　288

第一〇章　マルクスの疎外論との対決……291

エンゲルスの資本家的理性（合理性） 292
資本家としての場が物象化論の視座をつくる 297
マルクスとエンゲルス、共産主義をめぐる視座の差異 303
マルクスの宣伝家としての能力 308／エンゲルスのマルクス評価 312

第一一章　弁証法の唯物論的転倒……317
いかに、観念と他者を両立させるか 318
唯物論的なフランス社会主義思想にドイツ観念論を「接ぎ木」 321
唯物論と観念論はいかに対概念になったか 325
ヘーゲルの観念論の超克 329／受肉論 332／七つの論点 336
ヘーゲル左派からの離脱 340／フォイエルバッハの人間学の克服 342

最終章　フォイエルバッハの超克……349
革命に向けた魂 350／歴史を見る方法論 352／唯物史観の形成 355
『フォイエルバッハに関するテーゼ』 361／神を唯物論に包摂 364

あとがき 382

凡例

一、引用文は〈 〉で括った。引用文中の引用は「 」あるいは《 》で示す。引用者（佐藤）による挿入はその旨を註記する。[ ] は廣松による補足である。……は廣松による引用の省略を、[……] は佐藤による省略を表わす。

一、『エンゲルス論』からの引用は情況出版（一九九四年）により、頁を掲げる。

一、廣松はエンゲルスからの引用個所をE. G. と略記して当該頁を示している。これはMEW（*Karl Marx Friedrich Engels Werke*, herausgegeben von Institut für Marxismus Leninismus beim ZK der SED, Dietz Verlag）のErgänzungsband, zweiter Teilのことで、現在ではその邦訳が大月書店版『マルクス＝エンゲルス全集』第四一巻として出版されている。

第一章　同志社大学神学部時代の廣松渉との出会い

思想は生き死にの原理

廣松渉（一九三三〜一九九四）が、二〇世紀後半の日本において、知的世界に最も強い影響を与えた哲学者、思想家の一人であったことについては、廣松の言説に触れたことがある関係者の間では異論のないことと思う。

筆者は、廣松渉と直接会ったことは一度もない。また、間接的に廣松に関する証言を聞いたこともほとんどない。筆者が知る廣松渉は、すべてテキストを通じてのことだ。しかも、筆者は廣松渉の世界観に対しては違和感を覚えている。しかし、筆者は、廣松の豊かな知的遺産を二一世紀の日本社会に甦《よみがえ》らせることを真剣に考えている。この課題には廣松門下のアカデミズムの学者、革命を志向する思想家が真摯《しんし》に従事している。これらの人々と筆者が重複する作業をしても意味がない。筆者の目的は、特殊な術語で展開された廣松の知的営為を、標準的なビジネスパーソンが理解することが可能な言語に転換することである。読者としては、哲学についての専門的訓練を受けたこともなければ、左翼運動の活動歴もない、標準的公務員や会社員をあえて想定している。そうすることによって、一種の「密教」として、閉鎖的なサークルの中に閉じ込められている廣松渉の知的世界を、外部に開いていきたいと筆者が考えているからだ。

なぜ、廣松を二一世紀初頭のいま、日本というこの場で、正面から取りあげることが重要なのであろうか。筆者の考えでは、廣松が思想のもつ意味を心底理解していた哲学者だからである。廣松にとって、哲学とは「知を愛好する」ことにとどまらず、生き死にの原理となる思想であった。この点が廣松の限りなき魅力なのだ。

廣松にとっての左翼運動

廣松には、近くで接した人々の磁場を変化させるカリスマがある。このようなカリスマは、政治活動、特に革命を志向する者には、不可欠の資質だ。オーガナイザーとしての能力といってもよい。それと同時に、廣松は、この個人的カリスマに依存する運動の危険性についても十分自覚していた政治的禁欲者でもある。この禁欲的なところが、廣松の知的魅力を倍増する。江戸時代の儒学者、国学者がもっていた優れた教師の資質が廣松にはある。例えば、それは熊野純彦東京大学文学部教授のまなざしを通して廣松を見た場合、顕著になる。

〈一九九〇年の四月、私は北海道大学に職をえて、札幌にむかった。その直前に、小林敏明を含めて、三人で会食する機会をもったことは、すでに触れておいたとおりである。

東京と北海道をへだてる隔たりは、たんなる空間的な距離以上の意味をもつことになった。それ以後、廣松渉が永眠する日まで、かぞえるほどしか廣松と会っていない。奇妙にむかしかたぎなところがあった廣松は、たぶん長距離電話をかけることを憚《はばか》っていたようにおもわれる。あれほど頻繁にあった廣松からの電話、こちらからかけると、かならず先方からかけなおしてきた電話も、ほとんど跡絶《とだ》えた。

その前年の一九八九年、いわゆる「壁」が崩壊する。廣松は雑誌『情況』の編集長だった古賀暹《のぼる》をふたたび口説きおとして、『情況』を復刊させた。ドイツ生活を終え、愛知県の豊橋に居住していた古賀が上京したとき、廣松は、「思い出すだけでも涙が出そう」なほど嬉しそうな顔をした（『廣松渉著作集』月報6）。柄谷行人《からたにこうじん》によると、そのころ古賀は、「あのおじさんに頼まれたらやるしかないよ」と語っていたよしである（同月報13）。

雑誌『情況』第二期創刊号は一九九〇年の七月に発行され、「壁なき世界の思想を問う」を特集に組んだ。廣松渉は巻頭論文（「〝壁〟崩壊後の歴史的課題情況」）を執筆し、古賀暹は「編集後記」に「壁は商品の大洪水によって埋められようとしている」としるした。

おなじ年「フォーラム90ｓ」が発足し、廣松渉はそれにさきだち、準備のために奔走している。五月に大会が開催され、さまざまな傾向をもった研究者、党派の新旧関係者が一堂に会した。その日、廣松は、私のすがたをさがしていたという。「クマノはきっと来てくれる」と周囲に語っていたよしである。廣松が逝ってしまってから、忽那《くつな》敬三からおしえられた。

大会の案内はきていたが、私は参加しなかった。札幌に赴任したばかりということもある。

けれどもなにより、廣松渉があらためてコミットしようとしていた〈政治〉の意味が分らなかった。「フォーラム」にはほどなく亀裂が走ったことを、さかのぼって理由にしようとはおもわない。率直にいって私には、廣松のこころみが、〈政治〉をめぐる危うげで、理解が困難なアンガジュマンにしか見えなかった。にもかかわらず、忽那から後日耳にした廣松のことばが、いまでもなお、こころのどこかでわだかまっている。〉（熊野純彦『戦後思想の一断面 哲学者廣松渉の軌跡』ナカニシヤ出版、二〇〇四年、一六五―一六六頁）

熊野が披露する〈その日、廣松は、私のすがたをさがしていたという。「クマノはきっと来てくれる」と周囲に語っていたよしである〉という部分からは、廣松の哀しみが滲《にじ》み出ている。熊野は、ここでは抑制された言葉で、〈理解が困難なアンガジュマン（引用者註：参与）にしか見えなかった〉と述べているが、端的に言えば、廣松の行動が政治的に無意味だということである。

筆者は、外交官として、まさに日本国家の利益を体現するというゲームに長年従事してきた。筆者の理解する政治とは、力と力がぶつかり合う中で均衡点を見出《みいだ》すゲームである。廣松が、ソ連型社会主義の崩壊を目《ま》の当たりにし、マルクス主義の理念そのものが歴史の屑篭《くずかご》に投げ捨てられてしまうことを懸念して新左翼的運動を再編しようとしても、それが現実に影響を与える力をもたないことは客観的には明白であった。しかし、客観的には負けが明らかな情況であっても、それにあえて参与するというのが廣松型政治の美学だったのである。廣松にとっての左翼運動とは、結果を追求する政治運動ではなく、「虎は死して皮を残す」という類《たぐい》の正義運動だったのかもしれない。

廣松は、アカデミズムの中で育てた弟子の中に、正義運動においても最後まで自らと行動を共にする友が欲しかったのであろう。熊野もそのことはわかっていた。しかし、どうしても師についていくことができなかったのである。そのことについて、〈廣松のことばが、いまでもなお、こころのどこかでわだかまっている〉と告白する熊野は、人間として誠実で心優しい。しかし、この種の誠実さや心優しさを理解する繊細さを現実の政治はもたないのである。

「田舎の秀才」

アカデミズムに生活の場を置く廣松門下生の中で、廣松に対して、限りなき愛着と畏敬《いけい》の念をもちつつも、否、精確に表現するならば、廣松に対して、限りなき愛着と畏敬の念をもっているが故に、あえて一定の距離をとって、突き放した廣松渉の評伝を書いたのが小林敏明ライプチヒ大学教授だ。小林は、廣松を西田幾多郎と比較するなかで共通の特徴をつかもうとする。筆者なりにそれを乱暴に整理しようとするならば、廣松も西田も典型的な「田舎の秀才」なのである。

〈それは両者が近代ないし西洋近代というものを批判の対象とし、その理論的「乗り越え」を図ったということである。むろん片やマルクス主義の再解釈をとおして、片や東洋思想の革新深化をとおしてというアプローチのちがいはある。しかし、よりによってなぜこの極東に位置する島国のさらにその周縁に発した思想がついには西洋近代という巨大なパラダイムに挑戦することとなったのか、その動機的必然性が私の興味を掻《か》き立てるのである。以下それに関して私なりの仮説的推理分析を試みる。

まず二人が日本の周辺部、それも農村部に育ったことは看過できない事実である。日本は西洋の外部で近代文明（資本主義）の発展に成功した数少ない国のひとつだとは、よく言われることだが、それはあくまで工業、商業、文化産業といった分野にメルクマールを置くかぎりでのことで、その裏面には農村の疲弊解体という事実があったことを見逃してはならない。つまり都市部でプラスに評価される近代化も、農村部においては必ずしもプラスとはみなされず、むしろ窮乏の原因、自らの生活基盤を犯す脅威とみなされえたということである。廣松も西田もこの近代の影を幼少期に鮮明な形で体験している。西田の家系は明治初頭の没落地主であり、とくに若い頃には米相場に手を出して破産した父親の借財などもあって、相当に不如意な生活を送らねばならなかったし、廣松もまた戦時中に一家の支え手である父を失い、以後家計の逼迫《ひっぱく》を経験している。そして終戦直後には少年共産党員として地元農民の組織化の運動にまで関わっている。この時期彼が養鶏や畳表の行商に手を出したことは一般にはまだあまり知られていないが、これはエピソード以上の意味をもっていると言わなければならない。私は彼らの近代批判の理念には、その深部において、そうした幼少期からの生活体験が深い影を落としているのではないかと推察する。それは多かれ少なかれ戦後の山村部で生まれ育ち、零細農家の消滅という時代を目撃してきた私自身の体験とも重なるものだからである。〉（小林敏明『廣松渉　近代の超克』講談社、二〇〇七年、二五―二六頁）

小林は、自らも西田、廣松の系譜に連なる「田舎の秀才」であると認識している。小林の〈私は彼らの近代批判の理念には、その深部において、そうした幼少期からの生活体験が深い影を落としているのではないかと推察する〉という洞察も鋭い。恐らく、この点は西田、廣松の双方に強い影響を与えたヘーゲルとも稜線を共有するのであろう。

田舎出身者は、閉ざされた村落共同体から開かれた都会への脱出を試みる。

〈つぎにこの周辺部に生まれ育った人間にとっての脱出口の問題がある。過疎化現象と呼ばれるものがそうだが、疲弊する農村とは、裏を返して言えば、展望のない閉鎖社会ということであって、そういうところで生まれ育った人間たちがとくに少年少女期から青年期にかけて都市部への脱出を図ろうとすることは、今日でも同じ状況であろう。とくに首都一極集中型の社会構造を持つ日本のような国では、そうした地域で多少才能に秀でる（と思っている）

者は、一挙に中央を目指すことになりやすい。地理的に言えば、それは東京であり、進路的には大学である。戦前の軍隊や戦後の芸術、スポーツといったものにもそういう付加価値がこめられている。まして廣松や西田のような比類のない頭脳をもった学生であれば、そういう明治以来一般的となった立身出世の風潮に煽《あお》られて、中央志向が人一倍強かったことであろう。彼らにとって学ぶ場所は東京の大学、それもエリート性の最も高い東大でなければならなかったのである。廣松が大検を経て二浪までしながら徹底的に東大入学にこだわったのにもそうした地方出身者、とりわけ天下取りの気風著しい九州の風土的メンタリティが働いていると思われる。戦後思想に鋭い一矢を放った詩人谷川雁《がん》のあの有名な「東京へゆくな」はそうした風潮を前提にして初めて意味をもつアジテーションである。

じじつ彼らの律儀なまでの礼儀正しさや気遣いの裏側には、地方出身エリートの都会人に対する敵意にも似たライバル心が透けて見えることもあった。彼らにとって中央は希望に満ちた閉鎖社会からの脱出口であるとともに、同時に自分たちの体質にそぐわない反発の対象でもあったからである。このアンビヴァレンツこそ二人の精神形成に大きく与《あずか》った心理的ファクターのひとつである。廣松は日ごろから九州男児であることを吹聴《ふいちょう》していたし、西田も金沢とその周辺部は最後まで彼の心象の原風景であった。こうしたアンビヴァレンツから生まれてくるのはたんなる反近代ではない。〉（前掲書、二六―二七頁）

筆者は、廣松が大検を経て東京学芸大学に合格しながら、二浪までして東京大学に入学することにこだわった意味が、小林の〈まして廣松や西田のような比類のない頭脳をもった学生であれば、そういう明治以来一般的となった立身出世の風潮に煽られて、中央志向が人一倍強かったことであろう。彼らにとって学ぶ場所は東京の大学、それもエリート性の最も高い東大でなければならなかったのである〉という部分を読んで、初めて合点がいった。理科系の学問ならば、実験装置が充実している必要がある。官僚を志望するならば、国家公務員試験準備に有利な環境が整った東京大学にこだわる意味があるが、文学や哲学を専攻するにあたって、なぜ東大に固執するのかが、正直に言って、筆者には、皮膚感覚として、現在も理解できないのである。

筆者は、東京で生まれ、埼玉県大宮市（現さいたま市）のいわゆる首都圏で育った。もとより怠惰で受験勉強が肌に合わなかったこともあるが、特定の大学に強く固執するという気持ちはなかった。むしろ東京以外の大学で、喧噪《けんそう》な雰囲気から離れてゆっくり思索したいと真面目に考えた。それだから進学先に京都の同志社大学神学部を選んだのである。外務省に入省してからは、周囲に東京大学出身者がキャリア（I種職員、旧上級職員）の半数、ノンキャリア（専門職員）でも東大卒がときどきいたが、出身大学によって能力が測られるなどということは外交の世界ではなかった。「〇〇大学出身である」といくら誇っても、例えば、ロシアを担当する外交官で、ロシア語が全くできなければ、高く評価されることは絶対にない。それに外国語ができても、人脈を構築する能力や魅力がなければ、外交官としては相手にされない。外交の世界の実態は、案外、実力社会だったので、一部官庁や企業に存在する出身大学に固執する文化というのが皮膚感覚として筆者にはよくわからないのである。ただし、この小林の解説によって、廣松の中にある「田舎の秀才」の東京に対する二律背反的な感覚が了解可能になった。

「近代の超克」の心理

小林は、この観点から、廣松の「近代の超克」を解釈する。

〈脱出口として求められた都市＝近代は、まず自らの前近代を克服するものとしていったん享受され、そのうえで批判されなければならないのである。彼らがたんなる「反近代」ではなくて「近代の超克」を唱えた背景にそんな心理も働いていると思われる。だからこの「近代の超克」の特徴は農村から都市へ、言い換えれば前近代から近代へと移行するところに出てくる「超克」であって、近代の時熟ないし爛熟《らんじゅく》の果てに出てきたものではないということに注意を向けておく必要がある。〉（前掲書、二七頁）

西田や廣松による「近代の超克」の意味内容が、〈近代の時熟ないし爛熟の果てに出てきたものではない〉という指摘も鋭い。都会に体現された近代に対する反発なのであるが、それが後ろ向きのロマン主義という形をとらずに、前向きの「近代の超克」という主張で現れるのだ。このような、「前向きの思考」自体が、実は近代的発想なのである。

〈この関連で指摘しておかなければならないのは、こうした近代の相対視はそのままそれの変革可能性という考えを彼らにもたらしているということである。さきに両者が大きな歴史の転換期における不安定な教育改革を体験したことを述べたが、こうした体験は彼らに既成の制度や権威というものの恣意《しい》的な本性を見せつけた。つまり彼らは学校の決まりや教師の言うことが必ずしも正しいわけではないことを身をもって知っていたのである。安定した制度の中に生まれ、飼い馴《な》らされた精神がおうおうにしてその制度そのものを疑問に付したり、それを変革しようという機運に欠けるのに対して、彼らのような世代には制度などいつでも人間の力で変えられるという気概が強かった。

さらに彼らが近代という大きなテーマに向かった、視野ないし関心の拡大の問題がある。これは一般的にも周縁部から中央を目指した人間のタイプに多い現象と思われるが、自分の出身地域をひとつの閉鎖社会とみなす心理は、それを脱しても、つぎにはその規模を拡大して自分の所属する国をもまたひとつの閉鎖社会とみなし、さらにその外を求めることになりやすいのではないか。つまりこの遠心的欲望には境界がないのである。廣松の目指したプロレタリア国際主義、西田の見立てた世界史的世界はそういう傾向と一致している。両者が飛びぬけた西洋知識の理解者であったことは知られているが、ともに一度も外国の地を踏むことがなかったという事実はいっそうこの推理を支持しているようにみえる。

誤解を恐れずにいうならば、彼らの深層心理の根底にはつねに「田舎」や「土着」が巣くっていた。彼らにとって「都会」「中央」「世界」はあくまでも「思想的立身出世」を実現する場所である。と同時にそれは「敵地」でもあった。だから彼らは書物という媒体をとおして異常なまでにその世界を知ろうとした。彼らの博覧強記がそれを語っている。つまり彼らのインターナショナリズムは、世界の側から地域を睥睨《へいげい》ないし鳥瞰《ちょうかん》するコスモポリタニズムとちがって、あくまで彼らの出身地を基点として、そこから国、世界へと放射状に拡大するインターナショナリズムだったということである。だから見方によってそれが時としてナショナリスティックな様相を呈するのも不思議ではないのである。いうまでもなく、これはべつに二人だけに限られた話ではない。われわれのだれもが多かれ少なかれもっているパースペクティヴであるが、ただ彼らの場合その拠点への拘泥《こうでい》が他の都市部から出た思想家と比べて著しく強く、そこに彼らの思考の強靭さと限界の両方があるといえば言えるのである。〉

（前掲書、二七―二九頁）

小林の解釈によれば、廣松は、田舎で感じた閉塞《へいそく》状況とは別の閉塞状況を東京において感じた。都会は流動性によって成り立つ世界である。そこに廣松は馴染《なじ》めなかったのである。廣松にとって、〈(都会は)あくまでも「思想的立身出世」を実現する場所である。と同時にそれは「敵地」でもあった〉という指摘も本質を衝《つ》いている。「敵地」に対する警戒心が過剰なので、「書物という媒体をとおして異常なまでにその世界を知ろうとした」のであるが、ここには敵国の情報を貪欲《どんよく》に吸収しようとするインテリジェンス(諜報)専門家と共通の体質がある。研究(調査)対象の内在的論理を、文献調査(文書諜報)によって徹底的につかもうとする廣松の方法の実用性はまさにこの点にあるのだ。

ところで、廣松がなぜ東京に馴染めなかったかについて、小林は踏み込んだ説明をしていないが、突き詰めていくならば、それは廣松の心理なり、個性の問題になるのであろう。「田舎の秀才」であっても、都会の流動性に同化し、官庁、企業あるいは大学で、形態は若干異なるが「椅子取りゲーム」型の競争に没入していく者の方が圧倒的多数派なのである。廣松がその道をとらなかったのは、日本社会の平均的エリートとは異なる世界観の刷り込みが、恐らくは母親を通じて、かなり早い時期になされていたからであると筆者は考える。

廣松の神義論的、神学的論理展開

廣松は、現在とは比較にならないほど入党条件が厳しい時代、既に高校生時代に日本共産党員になり、革命に人生を捧《ささ》げることを誓った。廣松は、東京大学に入学した時点では日本共産党を離れ、その後は共産主義者同盟（ブント）、更に全共闘運動のイデオローグとして活躍した。代々木の日本共産党本部から見るならば「反党分子」なのであるが、廣松の日本共産党に対する眼には、つねに優しさと温かさがある。

また、廣松は、ソ連型マルクス・レーニン主義については、かなり早い時期から「ロシア・マルクス主義」であると規定し、批判的姿勢を鮮明にしていたが、『ドイツ・イデオロギー』以降のマルクスの言説については、廣松流の弁証法を巧みに駆使して、「マルクスが言っていることは、正しい」ということの護教に専心する。特に『資本論』の読解において、その傾向が顕著に表れている。

キリスト神学においては、この世に悪が存在することは認めるが、その責任が神にないことを論証する神義論（弁神論）という分野がある。廣松のマルクスに対する視座は、過剰な読み込みを伴う神義論的性格を帯びている。もっともこれは、廣松哲学の欠陥ではなく、魅力なのである。

更に廣松の情勢認識は、講座派マルクス主義と親和的である。この問題については、改めて論じるつもりなので、ここでは論点を頭出しすることだけにとどめるが、日本資本主義を特定の鋳型に入れて認識し評価する廣松の手法は、講座派そのものである。

一九三〇年代に日本資本主義の性格をめぐって、マルクス主義者を二分する大論争が行われた。コミンテルン（共産主義インターナショナル）の一九三二年テーゼに準拠し、日本における資本主義の発達は不十分で、日本社会の現状は封建的要素を多分に残した絶対主義天皇制であり、日本革命はこの絶対主義を打倒するブルジョア（市民）革命であると考えたのが講座派である。講座派という名称の由来は、その頃、岩波書店から刊行された『日本資本主義発達史講座』の執筆者の多くが、このような見解をもつ人々と重なっていたからだ。

これに対して、明治維新は不完全な形であったがブルジョア革命で、日本は高度に発達した資本主義国であると捉《とら》えたマルクス主義者がいた。この人々は雑誌『労農』に寄稿することが多かったので労農派と呼ばれる。

戦前において、職業革命家の政党である共産党を結成することは、マルクス主義の影響を広範な労働者に伝える上で逆効果で、合法無産政党の緩やかな協同戦線を構築することが適当であると労農派は主張した。そして来るべき革命は社会主義革命であるとした。労農派は、天皇は資本主義システムに溶解していると考えた。従って、天皇制の打倒に対して積極的意義を認めなかった。資本主義システムが打倒されれば、天皇制は自《おの》ずから消滅すると考えたのである。労農派の基本的視座は、資本主義は民族的、文化的差異を解消するシステムを世界全体に拡張するという、一種の世界システム論である。

廣松が、宇野弘蔵の『資本論』解釈、特に資本主義を自律した自己完結的なシステムとして描き出そうとした原理論に対して、忌避反応に近い違和感をもったのも、宇野弘蔵の労農派的な世界システム論が、廣松の日本共産党＝講座派的な刷り込みと、入り口の段階で合わなかったからであると筆者は見ている。

更に廣松が晩年に東アジア共同体論に接近するのも、日本資本主義を特定の鋳型に入れて認識し評価する講座派的思考の延長線上にあるのだと思う。

廣松は、明らかに偏見によって世界を見ている。だが、廣松の凄《すご》みは、自らを含む誰もが色眼鏡をかけて世界を見ているということを冷徹に認識していたことである。色眼鏡をかけた眼から見た世界を描くということは、神学者が得意とすることである。筆者が廣松に惹かれるのは、廣松の神義論的、神学的論理展開なのである。

廣松がマルクスを解釈する際の偏見について指摘しておいて、筆者自身の偏見について述べないのは不公平だ。ここで筆者自身がもっている偏見について述べておく。

筆者の場合、中学生時代、高校生時代に出会ったマルクス主義が労農派であったことから、いくら客観的に、あるいは意図的に講座派寄りの見方をしようとしても、労農派的偏見から逃れられないのである。更に大学と大学院でプロテスタント神学を専攻したことが、筆者の労農派的偏見を一層強化することになった。

カトリック神学においては、ローマ教皇（法皇）の不可謬《ふかびゅう》性とか、聖母マリアの無原罪の昇天といった類の動かすことのできない教義（ドグマ）が存在する。これに対して、プロテスタント神学においては、個々の教団（プロテスタントの立場からするならば、カトリック教会も一教団に過ぎない）がもつドクトリン（ドグメン、ドグマの複数形）なり、個々の神学者が唱えるキリスト教思想は存在するが、それを超え、神学者の思考を規制するドグマは存在しないのである。イエス・キリストが人間の救済の根拠であるという基本線が維持されているならば、いかなる神学や思想であっても、包摂することができるのだ。

一九三二年テーゼをドグマとして、その上でその正当化を図るという講座派の手法はカトリック神学と親和的なのである。これに対して、マルクス解釈に関してドグマによる縛りがない労農派のドクトリンはプロテスタント神学と親和的なのである。

文体の問題

話を小林の廣松観に戻す。小林は、西田、廣松、更に大江健三郎に共通する文体に注目する。〈こう見てくると、私にはこの二人に共通する特徴の多くを別の分野で共有している存在が思い当たる。それは作家の大江健三郎である。このよく知られた人物についていちいち例証することはしないが、これまでに挙げてきた事柄に関して彼が非常によく似た条件の中でその表現活動をつづけてきた人物であることはだれの目にも明らかであろう。そのことで私の想像力を刺激してやまないのは、最初に述べた文体の問題である。大江もまた独特の文体の持ち主であることは周知の事実だが、そのことを考えると、どうも独創的文体とこれまでに述べてきたような事柄とは何らかの形でつながりがあるように思えてならないのである。

私の推理を述べよう。彼らの文体は一言で言えば、脱出する地方出身者の文体である。彼らは憧憬《しょうけい》と反発のアンビヴァレンツをもって都会や世界を、ひいては近代を体験してきた。彼らの世界大に広がっていく想像力は彼らをあくなき知識欲に駆り立てていった。しかしそれらに対してどうしても違和感をぬぐいきれないという宿命は、彼らにその対象との全面的自己同一化を許さなかった。自己同一化とは文体に即して言えば、対象の模倣であり、自分の文体をもたないということである。これに対して自己同一化を許さない違和感の方は増大していく対象を自分なりに加工しなければならない。その加工の原点はそもそも一般化不可能な彼らの風土であり、「個人的な体験」である。彼らのディスクルス（引用者註：言説）がその内容において一様に「普遍性」を求めながら、それを彼ら以外のだれのものでもない文体をとおして表現していることはけっして偶然ではない。それは近代に向かって脱出し、さらにそれを克服しようとした者がかかえる宿命的なアンビヴァレンツの結果なのである。彼らの文章はいずれもスマートなものではない。それはむしろ無骨とさえ形容できるだろう。

しかし彼らはそれを通しつづけ、ついにはそれを自分の文体にまで肉化した。その無骨さ強靭《きょうじん》さ律儀さが作り出した彼らの文体にはたしかに「田舎」の、「辺境」の残響が認められると言えないだろうか。むろんこうした言い様はけっして彼らを貶《おとし》めるものではない。むしろ私はそこに最大の共感を覚えさえするのだから。〉（前掲書、二九—三〇頁）

文体は、思想そのものである。ある書き手の文体が変化するということは、その書き手の思想が変化するということでもある。自らの文体があるということは、裏返して言うならば、社会で標準的に流通している文体では、自らの思想を表現できないということだ。西田、廣松、大江において、その原点が、「田舎」、「辺境」のふるさとであるという指摘は鋭いと思う。このことを小林は、〈廣松も西田も、そして大江もおそらくこれに近い光景を見てきている。そして彼らはこの「自分の存在の歴史を幾世代の因果の微分方程式として見ることのできる地点」としての故郷を彼らの言説の「原点」としたのだ〉（前掲書、三二頁）と言い換える。都会で流通している外国からの輸入思想を受肉（肉化）するために自らの文体を見出す必要に迫られ、その文体を作り出すことに成功した人々が一級の思想家なのであろう。

筆者の場合、特定の文体がない。あえて言うならば、筆者の文体は、外務官僚が公電（公務で用いられる電報。暗号がかけられる場合が多い）で用いるときの文体である。ただし、この公電を起案する際に、いくつかの不文律があった。第一に、固有名詞を除いて、極力カタカナを用いないことである。日常文書でよく目にするイニシアティブ、マニフェスト、リアリティーなどという単語も、文脈にもよるが提案、政策綱領、現実などの言葉に置き換える。見習い外交官の時代に、外国語の概念を日本語に受肉するように翻訳する訓練を先輩から徹底的に受けた。それから、意味が不明瞭な文は、意味が明確になるまで、書き直しを徹底的に命じられた。こうして、個性に欠ける官僚的文体が筆者から離れなくなってしまったのである。筆者は、率直に告白するが、西田、廣松、更に宇野のような文体をもつことができた書き手を羨《うらや》ましく思う。このような人々の文に本物の思想が宿るのである。

小林の廣松評伝は、質的に傑出している。小林は、恩師である廣松に畏敬の念をもちつつも、その限界については冷静な眼で見つめ、それを言葉にすることに成功している。このような、言葉の本来の意味での批判（クリティーク）を体得した教え子を作ることができた廣松は、教師として実に優れている。

宇野弘蔵、黒田寛一との対比

さて、マルクス主義が理解する革命とは、政権奪取にとどまらず既成のシステムの全面的転換を伴うものである。従って、革命家でありながら、現下体制を維持する中核にいることは、常に内的緊張を伴う。廣松はこの緊張をあえて引き受けた。この点にも廣松の特異性がある。

ここで、筆者は、マルクスの言説の強い影響を受けた二人の日本の知識人を想起しながら、廣松について考えている。

一人目は、既に言及した宇野弘蔵だ。宇野は、科学とイデオロギー、理論と実践の峻別《しゅんべつ》をしつこいほど強調した上で、自らは社会主義者でないと主張した。これは、むしろ宇野の社会主義革命に対する期待が過剰であるから生じたのである。宇野は、戦前、人民戦線事件で治安維持法違反容疑で逮捕されたが、最終的に無罪を言い渡された。しかし、大学には復職できず、一旦、アカデミズムで生きることを諦めた経緯がある。国家権力の暴力性、恣意性を宇野は皮膚感覚で理解した。そして、このような暴力装置である国家と対峙《たいじ》して革命を行うためには、革命政党が不可欠と考えた。革命党に加わり、特別の訓練を受けた職業革命家が党の指令に従って行うのが実践運動であり、そのような実践運動に参加してはじめて社会主義者と言えると考えたのである。そして、漠然と「社会主義の方がいい」と考えるくらいの知識人には、社会主義者を名乗る資格がないと考えた。

そして、宇野自身は、純粋な資本主義社会における資本主義の内在的論理の解明に知的エネルギーのほとんどを注いだ。その背後には、革命への情熱が控えている。革命の対象となる資本主義システムを完全に把握することができるならば、その脱構築に資することになると宇野は考えたのである。革命は、人間によってなされる事柄であるので、そこには超越的なドグマは必要とされない。第三者的に見た場合、宇野は、カトリック的な日本共産党の「革命の神学」のドグマから、革命を真摯《しんし》に考える人々を解放したのである。

二人目は、アカデミズムや論壇では、ほとんど言及されることがないが、左翼運動において避けることができない重みをもった思想家、黒田寛一である。黒田は、初期の短期間を除いては、マスコミ、論壇、アカデミズムで活動することをしなかった。黒田は、既成の言論システムに対する黒田の忌避は徹底しており、黒田が長年指導者をつとめた革マル派（日本革命的共産主義者同盟革命的マルクス主義派）の外側に位置する人々にとって、黒田の言説はこぶし書房やあかね図書販売という革マル派系出版社から刊行される書籍を通じてしか、知ることができなくなった。

黒田と廣松は、お互いの知的営為について、生涯にわたって強い関心をもっていたと筆者は見ている。より具体的に述べるならば、廣松の物象化論と黒田の疎外論は、マルクス解釈の二つの傾向が、日本的土壌の中で、それぞれ精緻《せいち》な発展を遂げたものなのだ。ここで筆者が日本的土壌を強調するのは、廣松も黒田も、西田幾多郎、田邊元《たなべはじめ》などの京都学派の思想的後継者でもあるからだ。

独自の組織論をもった革マル派は、一時期、動力車労働組合（動労）を通じて鉄道労働運動に大きな影響を与えた。黒田の思想が労働運動に受肉したのである。第三者的に見た場合、現在のJR総連が革マル派と袂《たもと》を分かっていることは明白であるにもかかわらず、現在も公安警察、公安検察、更に一部マスコミは、一部の国家官僚の思惑通りに動かない労働組合を弾圧するために革マル派という表象を最大限に活用している。言い換えるならば、黒田の思想に一部の国家官僚はいまも怯《おび》えているのである。黒田の思想に怯える必要はない。そうではなく、感情を排して、黒田のテキストからその内在的論理を析出することが重要なのである。

廣松は、国立大学、それも日本の国家システムを支える国家官僚を輩出することを第一義的に重視する東京大学の教師をつとめることと革命家であることを両立させようとした。従って、宇野のようにあえて象牙の塔に閉じこもるという姿勢を誇示することもなく、本稿冒頭で紹介した、熊野が違和感を覚えたようなアマチュア政治にエネルギーを注ぐ。これを「大学知識人の戯れ」として、冷笑し、切り捨ててしまうことは簡単だ。しかし、廣松は熊野も述べるように、真剣だったのである。この「真剣な戯れ」から現下日本の知識人が学ぶべきことが確かにあるのだ。

筆者にとっての廣松渉

それでは、筆者自身の廣松渉との出会いについて述べたい。

筆者は、一九七九年四月に京都の同志社大学神学部に入学した。当時、東京では、学園紛争の火は、ほとんど消えていたが、東京と比較して時差がある京都では、紛争が続いていた。特に、早い時期に大陸から切り離されたために南太平洋で古代生態系が独自の発展を遂げたガラパゴス諸島に因《ちな》んで、学生運動関係者の間で「同志社ガラパゴス」と揶揄《やゆ》されたわが学園では、「同志社ブント」の流れを引く学友会に代表された新左翼系学生運動の影響が色濃く残っていた。一九七九年度の入学式が赤ヘルメットを被《かぶ》った学友会執行部によって粉砕され、同年度の後期試験は学友会による全学バリケードストライキによって、一九八一年度後期試験は大学側の全学ロックアウトによって中止になった。

神学部を除く文学部、法学部、経済学部、商学部、工学部の五学部自治会の旗もヘルメットも赤色であったが、わが神学部自治会は旗もヘルメットも黒だった。そして、黒旗の上には古代にキリスト教のシンボルとして用いられた魚の絵が描かれ、魚の腹にはギリシア語で「キリスト」と書かれていた。新左翼系マルクス主義、アナーキズム、キリスト教社会主義がサラダボウルのように混在した奇妙な思想空間が神学部には存在した。

筆者自身は学生自治会の役職にはつかず、中心的活動家ではなかったが、神学館二階の不法占拠部屋「アザーワールド」にたむろする神学部自治会の学生運動活動家たちとは四六時中一緒になって遊び歩いていた。この時期の出来事については、拙著『私のマルクス』（文藝春秋、二〇〇七年）で詳しく記しているが、当時、筆者たちの周辺では、廣松哲学がブームだったのである。

〈この頃、アザーワールドでは、廣松哲学がちょっとしたブームになっていた。学友会関係者が、当時、東京大学教養学部教授をつとめていた廣松渉氏を講演に招聘《しようへい》しようとしたが、何度掛け合っても断られた。同志社だけでなく、京都大学の講演も断っている。一九五〇年代に日本共産党が分裂していたころ立命館大学広小路キャンパス地下で国際派（当時の少数派）に属する廣松氏らが所感派（当時の主流派）の学生たちから凄惨《せいさん》なリンチを加えられたので、廣松氏は京都の街にトラウマをもっており、講演に応じないのだという噂がまことしやかに流れた。最近になって知ったのであるが、廣松氏がリンチを受けたというのは噂話ではなかった。一九五二年六月二十六〜二十八日、京都で全学連第五回大会が行われ、当時、東京学芸大学生だった廣松氏らが立命館大学の地下に拉致される。このことについては晩年、廣松氏自身がこう告白している。

《それで結局地下室に連れ込まれて、何やらされるかっていうと、マッカーサーが一番上に書いてあって、出隆《いでたかし》（引用者註：当時東京大学教授）、宮本顕治（引用者註：後の日本共産党議長）というように、要するに［でっち上げの］スパイ図ですね。マッカーサーが一番上にいて、宮本顕治と国際派に担がれて東京都知事に立候補した出さん、それからもうちょっと下のところにはおそらく武井さん（引用者註：初代全学連委員長だった武井昭夫《てるお》）だとかの名前が書いてあったと思うけど、僕は宮本顕治と出隆しか明確には記憶がない。そういうスパイ相関図みたいなものがあって、お前はいったいどのあたりに位置するのか、こういう組織があるってことを認めるか、［というようなことを言われるわけです］。それで、認めるとか認めないとか、そんなこと知らないと言うと、今度はぶん殴るってみたいなね。（中略）スパイだとか自白しろだとか言ってる連中自身、そんなこと信じちゃいなかったと僕は思うんだけれども、わりとインテリジェンスのある連中だったよ。ある意味では無茶苦茶な殴り方するんだけれども、だからといって焼け火箸を押し当てるとか、マッチで火傷《やけど》させるというようなことは、少なくとも僕のいた部屋に関してはなかったな。他の部屋であったのかどうか、それは知らないけどねえ。》（廣松渉著／小林敏明編『哲学者廣松渉の告白的回想録』河出書房新社、二〇〇六年、一一三頁）

このような当事者たちにとっては深刻な問題であるが、第三者にとっては、何が真実の争点なのか、まったく理解できないような諍《いさか》いが、学生運動の世界では繰り返されているのである。学生運動の世界だけではない。官僚の世界の派閥抗争もこれと同じような構造をしている。私もその後、何度もこのような諍いに巻き込まれたり、自ら諍いを作り出したりしした。外務省内部の派閥抗争、路線闘争に熱中しているときも、いつも神学生時代に同志社大学で経験した内部抗争を思いだし、私自身を含め人間は本質的なところで進歩したり成長することはないのだという確信を深めた。

一九八二年には、以前から廣松氏がライフワークであると告知していた『存在と意味』三部作の第一巻『存在と意味─事的世界観の定礎』（岩波書店）が上梓《じょうし》され、神学や哲学に関心のある学生の間で大きな話題になった。早速、アザーワールドの常連数名もこの本を買ったが、神学生の知的好奇心をあまり刺激しなかった。私たちが廣松氏に期待していたのは、マルクス主義の現代的解釈だったのであるが、『存在と意味』は伝統的な認識論を踏まえた上で、言語哲学や現象学などむしろブルジョア哲学の受容にエネルギーのほとんどが割かれているように見えたからだ。認識論、存在論、現象学、言語哲学ならば神学部の授業で十分対応可能である。私たちはアザーワールドでは大学の講義では得られない知識を吸収したかったのである。〉（佐藤優『私のマルクス』文藝春秋、二〇〇七年、二〇二─二〇四頁）

廣松を同志社の講演に招聘することは諦めたが、筆者たちは不法占拠部屋のアザーワールドで廣松の著作を熱心に読んだ。

〈滝田君（引用者註：筆者の友人で元神学部自治会委員長。現在は自民党員で千葉県県議会議員）が、廣松氏の著作の中では、新書本で手軽であることから学生に広く読まれていた『唯物史観の原像』（三一新書、一九七一年）を読もうと提案し、他のメンバーもそれに賛成した。この本を読み進めるうちに廣松哲学に対する違和感が私の中で徐々に強まっていった。ひとことでいうと物象化論よりも疎外論に私は共感を覚えたのである。

《疎外論的な発想においては、疎外されざる本来的な在り方、この在り方からの疎外としての非本来的な在り方への頽落《たいらく》、それの止揚としての本来的な在り方の回復、という図式が根底におかれる。このシェーマ（引用者註：図式）は、人類史に〝適用〟されることによって、ユダヤ・キリスト教このかた、さまざまな歴史了解の体系化を生み出し、現状否定的な批判の武器を供与してきた。或る意味では、この疎外論のシェーマなるものは、そもそも現状否定を権利づけ、招来さるべき理想状態を基礎づけるための、前論理的なイデオロギー装置であるということすらできよう。招来さるべき理想状態が一見いかに非現実的にみえようとも、それと同一構造の状態が過去に実在したということで、それの現実的可能性が顕揚されうる。しかも、過去における当の状態が、本来的なものとされることによって、この本来性から背馳《はいち》した現状が告発され、本来性の回復が当為として措定される。適当な道具立てを持ち込めば、それは単なる当為ではなく、必然として定立されうる。

このゆえに、疎外論の論理は、現状否定を志向する人びとにとってきわめて、アトラクテイヴなイデオロギー装置をなす。現状否定の内在的必然性を「科学的」に立証しえないまでも、現状否定の強烈な志向と、招来さるべき理想状態の鮮烈なイメージは浮かんでいる、という状況にある場合には、それはとりわけ魅力的になる。

それは、しかし、所詮は前論理的なイデオロギー装置たるにすぎない。本来性の回復ということの必然性が、当の論理そのものでは実際には説けないという点は措くとしても、謂《い》うところの本来性なるものが、そもそも過去の現実ではなくして、実は、自己の表象する理想状態を〝過去〟に振り込んだものにすぎない。マルクスの指摘を俟《ま》つまでもなく、ルソーの「自然状態」「自由・平等な自然人」は、近代市民社会とそこにおける人びとの在り方を抽象的に理想化し、過去に読み込んだものであるし、ヘーゲル学派の類的共同体なるものは、「実体的諸個人」のゲゼルシャフトたる近代市民社会に対する批判、これに代わるべきゲマインシャフトの漠然たるイメージを過去の共同体と二重写しにしたものにすぎない。本来性と称されるものは、実は自分の抱懐する理想状態の別名以上のものではなく、それが本来的なものであるということの歴史的な根拠はない。》（「唯物史観の原像」『廣松渉著作集　第九巻』岩波書店、一九九七年、五二四―五二五頁）

大山君（引用者註：筆者の一年先輩。現在は日本基督教団膳所《ぜぜ》教会牧師）が「佐藤、浮かない顔をしているけれど、何か文句があるんだろう」という。

「そうなんだよ。うまく説明できないんだけど、何か嫌な感じがするんだ。廣松渉が『本来性の回復』になんであれほど抵抗感をもつのかがわからないんだ。人間に『本来的なるもの』を持ち込むのが人間主義で疎外論の限界であるというならば、われわれはまったく何もない更地の上で思想を組み立てていくことになるのだと思う。ここのところがどうしても引っかかるんだ。更地にすべてを因果関係の上で組み立てるのは、（インド仏教の）アビダルマ哲学（倶舎論《くしゃ》）のように思えてならない。嫌な感じがする。すっと腹に入っていかないんだ」

滝田君が「佐藤の言うことが何となくわかる。結局、マルクス主義の解釈にもキリスト教型と仏教型があるんじゃないのだろうか。佐藤はキリスト教型で解釈し、廣松渉は仏教型で解釈しているんじゃないだろうか」といった。私は「よくわからない」といって、この議論は終わりになった。〉（前掲書、二〇六―二〇八頁）

ここに筆者の廣松観が先取りされている。キリスト教の鋳型で世界を見ている筆者には、「本来性」が刷り込まれているのである。それを回復することは、いわば当たり前に見える。これに対して、廣松は、「無の論理」「場の論理」である日本の思想的伝統の上に立って真摯に思索を進めている。廣松の哲学的営為は、知の世界から、明示的な神を追放するだけではなく、あらゆる神の痕跡も追放することを目論《もくろ》んでいたと筆者は認識している。そして、廣松が唱える「関係の第一次性」は、筆者が見るところでは、アビダルマ仏教の縁起観ときわめて親和的なのである。仏教は無神論であるので、標準的日本人にとって、無神論的世界観の方が「地の思想」なのである。廣松はこの「地の思想」を、マルクス主義哲学を含む西欧哲学の伝統を踏まえた上で、日本人に理解可能な言葉で表現する努力を最後まで続けた哲学者であり、思想家なのである。

本書において、結論はあらかじめ決まっている。筆者は廣松哲学の立場には立たない。それは、基本的立ち位置が異なるからである。従って、世界観の基本において、廣松哲学と対決したり、対話することは、不可能であるし、また、意味がないと考える。しかし、廣松がどのような立ち位置から、この世界をどのように把握していたのかについては、筆者にも了解ができ、それを筆者の言葉に変換して、読者に提示することは可能であり、意味のある作業であると考える。

これはキリスト教神学的アプローチである。神学の場合、イエス・キリストが人間の救世主であるという結論は、どのような神学的立場を取る論者においてもあらかじめ決まっている。しかし、結論は同じでも、どのような論理的経路によって、その結論に至るかが神学においては重要なのである。廣松が描く事象を読者と共に追っていく過程で、この傑出した哲学者、思想家の世界をわれわれも楽しみたいと思う。それとともにそこから現下日本の閉塞した状況を打破する契機を見出したいと考えるのである。

第二章　カルバン主義者としての青年エンゲルス

廣松の『ドイツ・イデオロギー』（マルクス、エンゲルス）解釈

廣松渉については、同じ作品でも読む時期ごとに印象が大きく異なる。それは、廣松の知に対する独自の態度と密接に関係しているように思える。

廣松の自己意識では、第一義的に革命家なのである。「哲学や思想は、革命のための道具に過ぎない」。とりあえず、そう言い切ってしまう。しかし、そこには収まりきれない何かがある。その「何か」は、マキャベリストに徹することができない、廣松の知的誠実さでないかと筆者は考えている。

それと同時に、廣松には、「革命の成就」という「認識を導く関心」から生まれる狡《ずる》さがある。それは、知識人が、衒学《げんがく》によって真意を読者の前から隠すような狡さではない。革命への愛に起因する狡さである。

たとえば、廣松の一連の『ドイツ・イデオロギー』解釈にそれがあらわれていると思う。廣松の弁によれば、大学の演習で、『ドイツ・イデオロギー』を講読していた際に、当時流布していたテキスト（アドラツキー版）に編纂《へんさん》上の問題があることに気づき、独自の新編纂を行ったということであるが、筆者はそれを「物語」と考えている。

『ドイツ・イデオロギー』については、アドラツキー版以前のリャザノフ版が、戦前、三木

清によって『ドイッチェ・イデオロギー』（岩波文庫、一九三〇年）として邦訳されている。早熟なマルクス少年であった廣松が同書を読んでいなかったとは考えがたい。同書を読んでいれば、その後のアドラツキー版との間で、編纂上の大きな差異があることはわかる。しかし、そのような話では、インパクトが少ない。従って、原典講読を通じて、編纂上の問題点に気づいたという「物語」を廣松が作ったのだと筆者はみている。

それは、若手研究者としての業績を誇示するためというようなケチな衒学的態度に基づくものではない。『ドイツ・イデオロギー』に過剰な読み込みをして、そこから日本の左翼運動の再編を行いたい、具体的には「疎外論から物象化論へ」というスローガンを顕揚するという、革命家・廣松としての「認識を導く関心」があったのだと思う。

廣松による問題提起後、偽書に等しいアドラツキー版は、スターリン主義の哲学体系を構築するために必要だったという了解が、思考する左翼の陣営ではできあがった。しかし、この了解は正しいのであろうか？　アドラツキー版の編纂によって、リャザノフ版と比較して、どのようなゲシュタルト転換が起き、その中の具体的にどのような意味内容がスターリン主義であると認定されるのか？　そもそもスターリン主義において、マルクスやエンゲルスのテキストが死活的に重要な位置を占めるのか？（筆者は、スターリン主義において、マルクス、エンゲルス、レーニンのテキストが占める位置は、それほど大きくないと考える。「お筆先」のように、独自の着想がわき出して、文字に受肉したスターリンのテキストだけが大切なのだと思う）。仮にスターリン主義にとって、テキストを改竄《かいざん》してまで作り上げる必要があったアドラツキー版『ドイツ・イデオロギー』が死活的に重要ならば、何故にスターリン主義国家であるソ連や東ドイツで、『ドイツ・イデオロギー』の改訂が行われたのか？　これら一連の疑問が出てくる。

筆者は、アドラツキーは「何となく」あの編纂をしたのだと考えている。先行のリャザノフ版とは製品差別化をしなくてはならない。リャザノフにせよアドラツキーにせよ、『ドイツ・イデオロギー』は未完の草稿であるという了解があった。その場合、全権を委《ゆだ》ねられた編纂責任者が、鋏《はさみ》と糊《のり》で、自らが信じるテキストに仕上げるというのは、それほど異常なことではない。アドラツキーは、同人なりに誠実な編纂を行ったのだと思う。事柄の本質は、リャザノフ版であれアドラツキー版であれ、そこからどういう意味を読み取るかという解釈の問題である。

実は、廣松は解釈の重要性をわかっていた。廣松においては、「疎外論から物象化論へ」という結論が先行しているのである。そのためには、『ドイツ・イデオロギー』は、未完の草稿ではなく、基本的に完成していた原稿であるという「物語」が必要だった。廣松は、この物語の組み立てに、見事に成功したのである。

岩波文庫から、二〇〇二年に廣松渉編訳／小林昌人補訳『新編輯版　ドイツ・イデオロギー』が上梓されたことを、廣松ファンの一人である筆者も歓迎する。しかし、それを機に岩波文庫のアドラツキー版をもとにした古在由重訳の『ドイツ・イデオロギー』の重版がなされなくなったことはおかしいと考える。

思想に関しては、それがいかに優れているか、あるいは編纂が正確かつ精確であるかということと、それが実際の思想界、哲学界、政治運動に影響を与えたかということは、基本的に別の問題である。過去のマルクス主義運動に影響を与えたのはアドラツキー版なのである。世界中のマルクス主義者、非マルクス主義者が『ドイツ・イデオロギー』について言及するときは、基本的にアドラツキー版を念頭に置いている。そのような状況において、仮に偽書に等しいとしてもアドラツキー版『ドイツ・イデオロギー』を読む意味はあるのだ。

聖書における加筆

ちなみにキリスト教神学の世界では、一八世紀の啓蒙主義以降の文献批評学の発展により、新約聖書テキストの構成における挿入や改竄について、実証的に相当部分が明らかにされている。例えば、「マルコによる福音書」には、イエス・キリストの復活に関する記述はそもそもなく、後世において挿入されたことが明らかになっている。しかし、キリスト教にとって、復活は重要な教義なので、この部分を削除すると、面倒な騒動がキリスト教の内部で起る。そこで、括弧をつけるということで、キリスト教の世界では神学上の問題をうまく誤魔化しているのである。

〈〔 〕

新約聖書においては、後代の加筆と見られているが年代的に古く重要である個所を示す。

旧約聖書続編においては、主な写本に欠けている節を底本が別の写本で補った個所のテキストの字体に大小の区別がある個所を示す。〉（『新共同訳 聖書 旧約聖書続編つき 引照つき』日本聖書協会、一九九九年、凡例）

「マルコによる福音書」の第一六章を具体的に見てみよう。

〈一 節 安息日が終わると、マグダラのマリア、ヤコブの母マリア、サロメは、イエスに油を塗りに行くために香料を買った。

二 節 そして、週の初めの日の朝ごく早く、日が出るとすぐ墓に行った。

三 節 彼女たちは、「だれが墓の入り口からあの石を転がしてくれるでしょうか」と話し合っていた。

四 節 ところが、目を上げて見ると、石は既にわきへ転がしてあった。石は非常に大きかったのである。

五 節 墓の中に入ると、白い長い衣を着た若者が右手に座っているのが見えたので、婦人たちはひどく驚いた。
六　節　若者は言った。「驚くことはない。あなたがたは十字架につけられたナザレのイエスを捜しているが、あの方は復活なさって、ここにはおられない。御覧なさい。お納めした場所である。
七　節　さあ、行って、弟子たちとペトロに告げなさい。『あの方は、あなたがたより先にガリラヤへ行かれる。かねて言われたとおり、そこでお目にかかれる』と。」
八　節　婦人たちは墓を出て逃げ去った。震え上がり、正気を失っていた。そして、だれにも何も言わなかった。恐ろしかったからである。
〔九　節　イエスは週の初めの日の朝早く、復活して、まずマグダラのマリアに御自身を現された。このマリアは、以前イエスに七つの悪霊を追い出していただいた婦人である。
一〇節　マリアは、イエスと一緒にいた人々が泣き悲しんでいるところへ行って、このことを知らせた。
一一節　しかし彼らは、イエスが生きておられること、そしてマリアがそのイエスを見たことを聞いても、信じなかった。
一二節　その後、彼らのうちの二人が田舎の方へ歩いて行く途中、イエスが別の姿で御自身を現された。

一三節　この二人も行って残りの人たちに知らせたが、彼らは二人の言うことも信じなかった。
一四節　その後、十一人が食事をしているとき、イエスが現れ、その不信仰とかたくなな心をおとがめになった。復活されたイエスを見た人々の言うことを、信じなかったからである。
一五節　それから、イエスは言われた。「全世界に行って、すべての造られたものに福音を宣《の》べ伝えなさい。
一六節　信じて洗礼を受ける者は救われるが、信じない者は滅びの宣告を受ける。
一七節　信じる者には次のようなしるしが伴う。彼らはわたしの名によって悪霊を追い出し、新しい言葉を語る。
一八節　手で蛇をつかみ、また、毒を飲んでも決して害を受けず、病人に手を置けば治る。」
一九節　主イエスは、弟子たちに話した後、天に上げられ、神の右の座に着かれた。
二〇節　一方、弟子たちは出かけて行って、至るところで宣教した。主は彼らと共に働き、彼らの語る言葉が真実であることを、それに伴うしるしによってはっきりとお示しになった。」

二一節〈婦人たちは、命じられたことをすべてペトロとその仲間たちに手短に伝えた。その後、イエス御自身も、東から西まで、彼らを通して、永遠の救いに関する聖なる朽ちることのない福音を広められた。アーメン。」〉

つまり、原テキストとして確定できるのは、一節から八節に記された三人の女性がイエスが葬られた墓に行ったが、墓が空になっていて、死体がないので、恐《こわ》くなって逃げたというところまでなのである。

しかし、後世に、挿入された復活に関するテキストも、このような形で『聖書』は残している。現実の生活（政治・社会運動を含む）に影響を与えたテキストを消し去ってはならないと筆者は考える。

廣松の『エンゲルス論』読み解き

さて、廣松の『ドイツ・イデオロギー』論には、二つの柱がある。一つは、マルクス、エンゲルスとともに第三の著者であるモーゼス・ヘスの役割の再評価だ。ヘスは、その後、シオニズムのイデオロギー構築に向かう。この点については、別の機会に論じたい。

二つ目は、『ドイツ・イデオロギー』において、新しい世界観を確立するにあたっては、エンゲルスが主導的役割を果たしたということである。

従って、『ドイツ・イデオロギー』の真性版編纂による「疎外論から物象化論」への転換の問題設定と、初期エンゲルスの思想形成の解明は、廣松にとって表裏一体の関係にある。廣松は、『ドイツ・イデオロギー』に関する問題を中心とした論文集『マルクス主義の成立過程』を刊行した直後に『エンゲルス論　その思想形成過程』を上梓している。

本書では、この廣松の『エンゲルス論』を読み解いてみたい。

筆者なりの作業仮説をあらかじめ、三点述べる。

1　エンゲルス主導説は基本的に正しい。しかし、それはエンゲルスの思想過程を廣松が史的（historisch）に解明することによって導かれたのではない。『エンゲルス論』は、自然に浮かび上がってくる史実としての歴史（Historie）に関する研究ではなく、廣松が重要と思った出来事に対し意味づけを与えた歴史（Geschichte）に関する研究である。

2　西欧哲学を研究する際にキリスト教を迂回《うかい》することはできない。廣松は、エンゲルスがキリスト教から離脱する過程を追体験することによって、キリスト教神学研究を果たした。その結果、キリスト教教理の本質が疎外論であることをつかんだ。「疎外論から物象化論へ」という廣松の問題設定は、徹底した無神論によって、マルクス主義を再編するということと同義である。

3

廣松の初期エンゲルスに対する高い評価は、後に廣松にとって桎梏《しっこく》になる。なぜなら、廣松が克服しようとする近代科学主義的なロシア・マルクス主義の源泉は、エンゲルスにあるからだ。また、アソシエーション（共産主義共同体）の初期段階としての社会主義ではなく、国家社会主義へのエンゲルスの傾斜は、革命家・廣松にとっては、看過できる範囲を超えていた。廣松がライフワークとして取り組んだ『存在と意味』は、内容的にエンゲルス主義からの脱却という問題を孕《はら》んでいる。

『エンゲルス論』における問題意識を、廣松は次の如く提示する。

〈マルクス主義の成立過程を歴史的に再構築する作業が、ここ数年来、欧米でもようやく盛んになりはじめたように見受けられる。今後数年も待てば、いわゆる〝ロシア・マルクス主義〟によって流布され、既成観念をなしてきたマルクス主義像が、或いは大幅に画《えが》き改められることになるかもしれない。その際、恐らくや、ヘーゲル左派運動の具体的な展相と初期マルクス主義との動力学的な関係、そこにエンゲルスの持込んだ彼特有の契機の追認と再評価、これに枢軸が懸るものと予料される。

本書は、及ばずながらも、この趨向《すうこう》に棹《さお》さそうと試みるものであって、伝記的な紹介ではない。尤《もっと》も、我が国では、これまで、初期エンゲルスの基礎資料でさえ殆《ほと》んど紹介されておらず、従って――彼が当初「若きドイツ派」運動の若手代表者格として十九歳の頃にはすでに論壇の寵児《ちょうじ》であったことや、彼がヘーゲル左派時代に書いた一連の著作が〝フォイエルバッハのそれに優るとも劣らぬほどの一大センセーションを捲《ま》き起こした〟ことなど、幾つかの事実そのものは知られているにしても――ヘーゲル左派の主流でさえまだ体制内在的であった時期に、弱冠二十歳前後の彼が一体いかにして反体制運動の旗手となりえたのか、その後いかにして彼がヘーゲル左派運動に参加しえたのか、また、マルクスですら共産主義に対して批判的な態度をとっていた時点で、彼が一足先に共産主義者となり、いちはやく理論的・実践的運動を開始することができたのは何故か、この種の事実と経緯については殆んど識《し》られていないのが実状ではないかと忖度《そんたく》される。〉（『エンゲルス論』情況出版、一―二頁）

廣松の問題意識は鮮明だ。なぜ、ヘーゲル左派の理論家であった青年エンゲルスが、いかなる契機で、従来のヘーゲル主義の枠組みを破り、共産主義者になったかということだ。ヘーゲル体系とマルクス主義の間にある「命がけの飛躍」を青年エンゲルスの言説の中で探ろうとする試みである。

〝ロシア・マルクス主義〟という概念

ここで、読者の御教示を得たいことがある。廣松は、どこから〝ロシア・マルクス主義〟

という概念をもってきたかだ。この場合の「・」の解釈である。ロシアのマルクス主義という意味か、ロシア・マルクス主義という、マルクス主義の変種なのか、それともロシア・マルクス主義とは、スターリン主義と同義で、マルクス主義と基本的に異なるものであるという解釈かが、廣松の〃ロシア・マルクス主義〃という概念からは、よくわからないのである。

因みに、廣松はキリル（ロシア）文字を読むことができ、ロシア語に関する基本知識は有していたと著作から想定される。しかし、その知識は、率直に言って、中途半端であった。例えば、一般にロシア語の名字で、アもしくはヤで終わる場合、女性である。しかし、これは一般論だ。『ドイツ・イデオロギー』のロシア語新版の編纂（基本的にリャザノフ版への復古）を行ったバガトゥーリヤを廣松は女性と誤認している。イヤ、もしくはアヤで終わる人名が、グルジア西部のメグレリア地方に多いという知識が廣松になかったから生じた誤認と思われる。

ロシア・マルクス主義という用語を用いることで、ソ連体制をスターリン主義と見るか否か、更にスターリン主義をどう評価するかという問題が後景に退くのである。筆者の廣松に対する基本認識は、読者の反発をあえて覚悟して述べるならば、「半スターリン主義」、もしくは「左翼スターリン主義」である。ここでいうスターリン主義とは、階級という切り口と基本的に相容れない、マルクス主義とナショナリズムを理論的に接合する試みを指す。恐らく廣松は、日本・マルクス主義でなければ、北東アジア・マルクス主義の成立は不可能と考えていたのだと思う。マルクス主義を特定の型で理解するという点で、廣松は講座派（日本共産党）の系譜に属するのだ。

ちなみに、現下ロシアの標準的な知識人にとって、〃ロシア・マルクス主義〃という切口よりは、ベルジャーエフが用いた〃ロシア共産主義〃という術語の方がソ連という事柄の本質をよく表していると思う。ソ連を理解するためには、マルクス主義の知識はほとんど役に立たず、ロシア正教の修道院における極端な禁欲主義の伝統、更に、ロシア正教を棄教した革命家の「裏返された修道主義」、すなわち極端に厳しい規律に従い、自己の生命を、他者を救済するために投げ出すという理念が重要だというものだ。ベルジャーエフは、このような理念を決して肯定的にはとらえていない。ロシアの禁欲的修道士であれ、ボリシェビキの活動家であれ、遠くにいる人、抽象的人類に対しては過剰な愛に溢《あふ》れているのに、近くにいる人間を徹底的に軽蔑する傾向が強いからだ。ベルジャーエフは、〃ロシア共産主義〃を一種の病理現象ととらえている。廣松には、ロシアに対する深い関心が欠如している。

第三の道

廣松が問題意識を開陳した部分をもう少し見てみよう。

〈著者は、おこがましくも独自的といえるほどのマルクス主義論を持合わせているわけではないが、ごく最近では、単なる歴史的な研究から一歩筆先をのばして――〝ロシア・マルクス主義〟を典型とするごとき〝科学主義的〟な解釈体系、ならびに、初期マルクスの疎外論を基軸とする〝人間主義的〟な解釈体系の双方に対して異を唱えつつ――著者なりの仕方で、マルクス主義思想をトータルに再構築する視座・視角らしきものを表明しはじめている。本書は、しかし、あくまで歴史〔記述〕《ヒストーリッシュ》的な研究であって、著者の主観を完全に排却するなどということは原理上不可能だとはいえ、努めて主観的な解釈の混入を避けた心算である。〉(前掲書、一頁)

前にも述べたが、廣松はここで、事実と異なることを述べている。ここで、廣松は、〈あくまで歴史〔記述〕的な研究であって、著者の主観を完全に排却するなどということは原理上不可能だとはいえ、努めて主観的な解釈の混入を避けた心算〉つまり、ヒストリッシュ(史的)研究であるということを述べているが、そうではない。あくまでも出来事としての歴史に意味を付与するゲシヒトリッヒ(歴史的)研究なのである。

ここで、〝ロシア・マルクス主義〟の科学主義的態度、西欧マルクス主義の人間主義的態度の双方を排除し、第三の道を切り開こうとする知的野心が明らかにされている。

〈研究者たちは、往々、マルクス・エンゲルスを神格化するの余り(?)後年における彼らの回顧譚《かいこたん》を無条件に信憑《しんぴょう》してしまい――というよりも、元来多義的なうえに時として前後矛盾している懐旧談を、レーニンが『マルクス主義の三つの源泉と三つの構成要素』（一九一三）『カール・マルクス』（一九一四）などで解釈した線で理解し、――それをもとにして成立史を再構成するという方法をとっているように見受けられる。

回顧談はそれ自体貴重な資料であり、十分斟酌《しんしゃく》さるべきことは言を俟たないが、しかし、誰しも記憶違いを免れず、況《いわん》や形成史の時間的展相には目測の過誤が混入され易《やす》いことを云《い》い立てるまでもなく、如上《じょじょう》の手続は思想史的研究の常識・定跡に悖《もと》るものといわざるをえない。〉（前掲書、九―一〇頁）

註に繰り込まれたこの内容は、まさにその通りである。このことは、廣松に対しても適用されなくてはならないのである。廣松の〈回顧譚を無条件に信憑してしまい――というよりも、元来多義的なうえに時として前後矛盾している懐旧談〉を額面通りに受け取ってはならないという視座が重要だ。

下層階級に対する嫌悪

それでは廣松の本論に入ろう。

エンゲルスは、一八二〇年一一月二八日、ドイツの北西部、ライン州バルメンの裕福な一ブルジョアの家庭に長男として生まれた。
〈エンゲルス家は、貴族でこそなかったが、一六世紀にまで遡って家系が明らかなほどの名門であり、楯に橄欖樹《かんらんじゅ》と天使の姿を彫りつけた堂々たる家紋をもつ旧家であった。一族は、わがエンゲルスの曽祖父の代から繊維関係の事業を起こし、そのころ有数の工業地帯であったライン州北部でも、屈指の実業家として知られていた。父のフリードリッヒは、初期資本家の典型ともいうべく、熱心な新教徒であり、人生の喜びをことごとく罪業とみなす敬虔派《ピエティスト》のクリスチャンにふさわしく〃子女に対しては極めて厳格な人物〃であったと伝えられる。彼が政治的には頑迷な保守主義者であったことはいうまでもあるまい（vgl. MEW, Bd. 2, S. 511; G. M., I, S. 5f., S. 317; H. U., I, S. 11）。〉（前掲書、一二頁）
　この記述は奇妙である。敬虔派とは、敬虔主義（Pietismus）を信奉する人々を指す。敬虔主義とは一七世紀後半にドイツで発生したプロテスタンティズムの信仰覚醒運動のことだ。ルター派教会が領邦教会としての地位を認められ、牧師が国家から給与をもらう官僚になった。そのため、信仰が形式化し、教会組織が硬直化していった。そのような状況で行われた、「これは本物の信仰ではない」という異議申し立て運動が敬虔主義なのである。
　敬虔派にとって、神の栄光のために生きることが人生の目標であるので、浪費は戒められる。そのかわり、事業を興して、労働者に雇用の機会を与え、飢えるような状況を防ぐことが愛の実践ということになる。敬虔主義を動機とする初期の資本家は、天国に富を積むという感覚で、浪費を戒め、資本蓄積に邁進《まいしん》した。「お前の名前は、天国で神様のノートに救われる者として書かれているのだから、そのことをよく自覚し、感謝して、神様のために一生懸命に働きなさい。そして、神様に喜ばれるように、自分の能力は他人のために使うのです。それが神様に選ばれた者の責務なのです」というような倫理観をエンゲルスは父親から植え付けられたことが推察される。これは、典型的なカルバン派（改革派）の敬虔主義に見られる特徴だ。

〈政治的には頑迷な保守主義者〉ということで、廣松が具体的に何を言おうとしていたか、明らかでないが、通常、敬虔主義者は、この世の権力に対しては批判的で、政治的には自由主義的立場を取る。革命に対して批判的ということで、廣松は恐らく〈政治的には頑迷な保守主義者〉という評価をしたのであろう。

青年エンゲルスがもっていたカルバン派的な勤労観、倫理観は、労働者に対するまなざしからも明らかだ。

〈彼（引用者註：エンゲルス）が「下層階級」の頽落しきった生活、精神的には一層堕落した「工場主」や「親方」連中の生活を目撃して激しい嫌悪と憤りを感じていたことは間違いないと思われる。その際、少年エンゲルスの〝批判の基準〟は、幼時から植えつけられてきたキリスト教倫理、しかも禁欲主義的・精神主義的な敬虔主義の倫理であった筈である。ヴッパータールの状況、それは少年エンゲルスの信仰が篤《あつ》かっただけに、また純粋であっただけに、神を冒瀆《ぼうとく》するも甚しいものに映じたに違いない。一刻も早く、このようにだらけきった〝罪深い生活〟からわれひと倶《とも》に救われねばならない。〉（前掲書、三〇頁）

エンゲルスは、エルバーフェルトにある改革派のギムナジウム（中高等学校）に入れられ、カルバン派の世界観を徹底的に叩き込まれる。しかし、三年で退学する。その後は資本家である父親の仕事の見習いをしながら、新聞にときどき寄稿し、文才をあらわす。そして、ヴッパータールの労働者の状況について記す。

ちなみに、右に引用した下層階級に対する嫌悪は、同時にそのような状況を許している資本家に対しても向けられる。カルバン派の倫理からするならば、ここで見た労働者、資本家は、ともに神によって選ばれていないからこのような行動をとるのである。

自由主義的プロテスタンティズムの誕生

このような認識をもつには、敬虔主義的潮流に属する神学者のシュライエルマッハーが神の場所を転換したことが大きな意味をもっている。

一六世紀にルターやツビングリ、カルバンが開始した宗教改革は原始キリスト教に戻れという復古主義運動だった。その意味で、カトリシズムよりも、プロテスタンティズムは、反知性的、反文明的なのである。このようなプロテスタンティズムを神学用語では古プロテスタンティズムと呼ぶ。

この古プロテスタンティズムは、一八世紀に入り、啓蒙主義が台頭するとともに大きく変容した。啓蒙主義とは、暗闇の中で、ろうそくに火をつけると周囲が少し見えるようになるというイメージから考えるとよくわかる。一本のろうそくでは暗くてよく見えない部屋の様子が、ろうそくを二本、三本と増やすことによってどんどん見えてくるようになる。ここでろうそくを知識と置き換えてみればよい。知識を増やせば世の中のことがよりよくわかるというのが啓蒙主義の基本的な考え方だ。いくつかの偶然が重なり、プロテスタンティズムの主流派は啓蒙主義をうまく取り込んだ。その結果、自由主義的プロテスタンティズムというものが生まれる。

カトリシズム、古プロテスタンティズムにおいて神は上にいた。「天にまします我らの神よ、願わくは御名《みな》をあがめさせたまえ。御国《みくに》を来たらせたまえ」と現在もキリスト教徒が主の祈りを始めるのも、このような天にいる神という表象が残っているからだ。

しかし、ここでよく考えてみよう。コペルニクス以後、地球は球体であり、太陽の周りを回っていることが証明された。マゼランの地球一周によって、地球が球体であることが実証された。このようなパラダイムチェンジ（世界像の転換）を受け、天と地について、キリスト教徒が従来の上と下という表象を維持することは不可能になった。例えば、日本の裏側はブラジルだ。日本にいて下（地）の方向をどんどん突き進んでいくと地球を突き抜けてブラジルに至るが、ブラジルに住む人から見ればそれは上（天）を指している。物理的に考えて天に神がいないことは明白だ。

この問題を見事に処理したのが、シュライエルマッハーだ。彼は、「宗教の本質は直観と感情である」「宗教は絶対依存の感情である」と定義付けた。神は感情によって把握される。つまり、一人一人の心の中にあるということになる。神の場所を心の中に移動することで、コペルニクス以後の世界像と神が矛盾することなく共存するようになった。ここで近代の自由主義神学が成立した。神が心の中にいるということは、各人が神についてどのような「物語」を作るかで、神の概念が決まるということだ。この時点で人間が「物語る」神と真実の神の区別が原理的にできなくなる。そのような知的環境でエンゲルスは神について考えたのである。

ルター派は半分、カトリシズム

それでは青年エンゲルスのキリスト教観をもう少し細かく見てみたい。

〈派閥的な抗争にあけくれ、はては山師の壟断（ろうだん）を許している〉という〈教会の状態、これが彼の思想形成にとって決定的な意義をもつことになった〉と述べて、廣松はエンゲルスから引用する。

〈「エルバーフェルトの改革派教会は昔から厳格なカルヴィン派の精神で有名だったが、ここ数年来、信心に凝り固まった説教師が任命されたことによって、この精神が、激烈な他宗排斥となっており、ローマ教皇の感覚にまさるとも劣らぬほどである。集会では全くの宗教裁判がおこなわれ、集会に出席しない人々の行状がとやかくいわれる。だれそれは小説を読んでいる。題名はなるほどキリスト教的小説だが、そもそも小説などというものは神にそむくたぐいのものだとクルマッハー牧師が仰言《おつしや》っているとか、だれそれは主の前にぬかずいて聖変化をうけていたようだったが、おととい音楽会で見かけたとか――彼らはこういう身の毛もよだつ罪業を聞いて恐れおののき、両手を頭上で打ち合わせて拝んでいるという次第だ。説教師のだれそれは合理主義者だという風評でも立てられようものなら（彼らは自分の意見とぴったり一致しない者は誰でも合理主義者だと判断してしまう）、引き立てられ、彼の上衣が真黒で、ズボンも確かに正統派の色かどうか、やかましく見とがめられる。もしも彼が、ちょっとでも青みがかった上衣だとか、合理主義者ふうのチョッキだとかを着けていようものなら、彼の身こそ災いなるかな！　である。予定説を信じないものが来れば、のっけからこういわれる。こういうやつは、悪いことにかけては、ルター派の信者と五十歩百歩だ、と。ルター派の信者もカトリック信者にくらべていかほどもましではない。だが、カトリック信者と偶像崇拝者は生来罰あたりだ。で、こういうことを言うのは一体どういう連中か？　といえば、無知蒙昧《もうまい》な民衆で、彼らときたら、聖書が支那語で書かれているか、それともヘブライ語で、またはギリシャ語で書かれているのかさえ殆んど知らず、一度正統派だと承認された説教師の言葉に従って、適切であろうとなかろうと、一切合財を判断するのである。」〉（前掲書、三一頁）

キリスト教の影響が限定的である日本では、あまり理解されないが、改革派から見るならば、ルター派は、半分、カトリシズムなのである。

例えば、キリスト教では、礼拝（ミサ）で、パンをキリストの身体、ブドウ酒をキリストの血であるとする聖餐《せいさん》式が行われる。カトリックは、パンとブドウ酒が実体としてキリストの肉と血に替わるとする。改革派は、カルバン派とツビングリ派の間で神学的解釈に少し開きがあるが、パンもブドウ酒もそのままのパンとブドウ酒で、象徴的意味をもつに過ぎないと考える。ルター派は、カトリシズムと改革派の中間で、パンとキリストの身体、ブドウ酒とキリストの血が共在しているという。

更に偶像崇拝の拒否にしても改革派は徹底している。スコットランド国教会であるカルバン派（長老派）教会には、十字架すら偶像になる恐れがあるとして存在しない。これに対して、ルター派教会には聖画像がある。更に、カルバン、ツビングリは、偉大な教師であるが、神聖性は付与されていない。原理的にはルターもそうであるが、ルター派の信者はルター個人に対しても特別の思いをもっている。

〈魔術では、プロテスタントの象徴さえも利用できた。一六〇〇年代になると、ドイツ北部の多くの村人がルターの絵を家に飾るようになっていた。おそらく、偉大な改革者への愛情の表れだろうが、この絵が邪悪な霊や火事から自分たちを守ってくれるという話も広く信じられていたのである。〉（ダレン・オルドリッジ『針の上で天使は何人踊れるか　幻想と理性の中世・ルネサンス』柏書房、二〇〇七年、三八頁）

ここで窺《うかが》われるエンゲルスの世界観は、自由主義的カルバン主義者の典型である。

教会の実情

さらに廣松によるエンゲルスからの引用を見てみよう。

〈「この精神は、当地で宗教改革が優勢になって以来久しく存在してきたとはいうものの、数年前に死んだ説教師、G・D・クルマッハーが、この教区でそれをひとかどのものに養い育てるようになるまでは、とりたてていうほどではなかった。ほどなく神秘主義が盛んになったが、クルマッハーは実が結ぶ前に死んでしまった。実が結んだのは、甥のフリードリッヒ・ヴィルヘルム・クルマッハー博士……になってからである。……

　さて、彼の教理だが、理性と聖書とに真向うから矛盾するようなことをどうして人間が信じることができるのか合点がいかない。それにもかかわらず、クルマッハーは、教義をきわめて明確にあらわし、首尾一貫して、追究し、固守したので、その結果、人間は自力で善を欲したり、ましてや善をおこなうには無力だという彼の教義の基本を認容するや、人々は彼に対して何ひとつ拒否できないということになる。そこで外部からの能力賦与が必要になる。人間は決して善を欲したりはできないのだから、神がこの能力を人間に賦与しなければならない。そこでこの神の自由な意志から生じてくるのは能力の気ままな授与であって、それはたしかに、すくなくとも外見上は、聖書にもとづいている。――彼の教理はこういう首尾一貫した仕上げを基礎としているのであって、少数の選ばれたる連中は、いやが応でも祝福され、他の連中は永遠に呪われるというわけである。……

　このような教理がクルマッハーの説教をことごとく堕落させている。ただ一カ所、それがさほど強くあらわれていないところがある。それは、彼が地上の豪奢《ごうしゃ》さとキリストの卑賤《ひせん》との対立、または世俗の君主の誇りと神の誇りとの対立について述べているところである。……

彼の説教の美学的価値を評価する者は、エルバーフェルトにはほんの一握りしかいない。彼の三人の同僚は、みんなほぼ同じ程度の聴衆をもっている。……

バルメンの説教師たちのあいだには大した差異はない。みな多かれ少なかれ敬虔主義的なまぜものをもった頑迷な正統派である」。

「何年か前に、信心ぶった連中を恐慌におとしいれた一件があった。アメリカのいかさま師が牧師ユルゲンスという触れ込みであらわれた。彼は何回も説教して大繁昌した。というのも、たいていの連中は、彼はアメリカ人だから茶色か黒に違いないと信じていたからだ。ところが、彼が白人だっただけでなく、教会中が涙にかきくれてしまうような説教をしたので、彼らはみなまったく驚きいってしまった。ちなみに、感動させるあの手この手を使いはたすと、彼自身すすり泣きをはじめたのがその原因であった。いまや驚嘆の声が信者のあいだにひろがった。なるほど、二、三の識者たちは反対したのだが、すると大層な無信仰者とののしられる始末であった。ほどなくユルゲンスは信徒集会をもつようになって、名門の友人たちから贈り物をどっさりと貰いこんで、豪奢な悦楽の生活を送るようになった。彼の説教には、他の何人にもみられないほど数多くの人々がやってきた。彼の信徒集会はあふれんばかりになり、彼の一言一句が善男善女を感泣《かんきゅう》せしめた。いまや、彼は預言者《ママ》といってよいほどの人物であって新イェルサレムを打ち建てるだろうと、すべての人々が信ずるに及んだ。

ところが突然、面白いことが起った。この信徒集会でどんなことがおこなわれているかが突如として明らかになった。ユルゲンス氏は拘禁され、ハムの宗教審問所での二、三年が彼の敬神行為の代償となった。それから、彼は改心するという約束のもとに釈放されて、アメリカへ送り返された。次のことも判明した。彼はその手管をすでにアメリカでも用いていたので、はるばる送り返されてくると、身につけたわざがすたれぬようにというわけで、ヴェストファーレンですでに復習《おさらい》をやっていたのだが、当局の寛大さというよりも微力さのためにさしたる取調べもなく放免され、エルバーフェルトでもう一度興行して、放埓《ほうらつ》な人生に花をそえたのである」（MEW, Bd. 1, S. 419 ff.）

このような状況をつぶさにみていた修学時代のエンゲルスは、——まだ、聖書そのものの教義は信じていたにしても、互いに矛盾し、聖書の教義にも悖る牧師等の教説に疑問を深めてこそすれ——教会に一切の期待をつなぐことは到底できなかった。〉（『エンゲルス論』情況出版、三二一—三二三頁）

人間の心の中に神がいるということになれば、それを巧みに物語ることができる説教師の地位が高まる。この種の説教師には、自己が高く評価されることと、神について語ることを同一視する傾向が生まれる。そこから、金儲け、女性信者とセックスで結びつくといった状況は生まれやすい。エンゲルスにはそのような教会の実情が見えてきた。そこで、エンゲルスは、教会という組織を離れ、神秘主義的手法で個人が神と結びつくことに興味をもつ。

非合理主義へ

さて、〈エンゲルスが踏み出した次のステップは、合理主義の自覚的な否定、いわば自覚的な非合理主義の立場であった。ヤコブ・ベーメ流の神秘主義は、勿論《もちろん》、もはや彼の執りうるところではなかった。一たん合理主義の立場を経たエンゲルスの場合、非合理主義それ自体が合理的なものでなければならなかった。まさしくそのような非合理主義として、十八歳のエンゲルスは、近代神学の父と仰がれるシュライエルマッヘル（引用者註：シュライエルマッハー）（一七六八〜一八三四）の宗教哲学を見出した。この故《こ》ベルリン大学神学教授の〝主観主義的体験主義〟は、若きエンゲルスの敬虔主義的心情ともマッチするものであった。

「先便では――とエンゲルスは早くも七月十二日に書いている――懐疑論的ながらくたをしこたま君に投げつけたが、あの時もしもシュライエルマッヘルの教説を知っていたら、ああいう考えはしなかったろうに。彼のは、何といっても、もっと理性《フエルニユンフテイツヒ》的なキリスト教だ。たといすぐさま受け容れないまでも、彼の教説は明快だし、事の内容には与《く》みしないにしても、その価値を認めることができる。シュライエルマッヘルの教説のうちに見出される哲学的諸原理については、僕としてはもう承認ずみだ。彼の贖罪《しよくざい》論については、まだ決着をつけていない。またもや直《じき》に鞍替《くらが》えという破目にならぬよう、拙速に確説だとみなされることには用心する。だが、時間と機会のあり次第それを研究するつもりだ。シュライエルマッヘルの教説をもっと早く知っていれば、合理主義者なんぞに僕はついぞなりはしなかったろうに。が、わが偽善の谷《ムッカータール》のどこでそういう教説を耳にすることができたろう? ……僕は敬虔主義《ピエティスムス》と字句信仰《ブーフシュターベングラウベン》に対して力の及ぶかぎり戦うつもりだ。……今や学問の発展に全教会史が懸っているのだが、学問が卻《しりぞ》けるもの、それは実生活においても、もはや存在すべからずだ。敬虔主義は以前には神学の発展史上における歴史的に正当な要素だったかもしれないが、……今では、思弁的な神学に途を譲ることを拒んではならない。今日では思弁的な神学からしか確実なものを展開できない。人々がどうして、聖書の逐語的な信仰を維持したり、どこにも証明《あかし》がないのに、神の直接的な干与を弁護したりできるのか、僕には理解できない。

……

宗教的確信は心胸《こころ》の問題《ザッヘ》だ。そして教条《ドグマ》に対しては、それが感情によって反論されるかどうかという限りでしか関わりをもたない。

……

宗教は心胸《ヘルツ》の問題《ザッヘ》だ。苟《いやしく》も心胸をもつ者は誰でも信心できる。悟性や理性に基づいた信心の徒は、実は信心をもたない。心胸から宗教の大樹が生い栄え、全人類を庇《かば》い、理性の大気から養分をとる。高潔なる心血《ヘルツブルート》とこめたその実《み》が教義《ドグマ》である。これを過ぐるは悪より出づるなり。これがシュライエルマッヘルの教説だ。そして僕はそのもとにとどまる」（E. G.［引用者註：マルクス＝エンゲルス著作集　エンゲルス補巻、大月書店版『マルクス＝エンゲルス全集第四一巻』］、S. 403-409）〉（前掲書、五二一―五四頁）

ここでエンゲルスは、シュライエルマッハーと主体的に対峙するのである。

第三章　シュライエルマッハー神学がエンゲルスに与えた意味

マルクス主義に忍び込んでいる神

本書において、筆者はあえて廣松渉ファンの神経を逆撫《さかな》でするような、廣松哲学は「半スターリン主義」であるとか「左翼スターリン主義」であるという表現をしている。筆者の意図を『情況』編集長の大下敦史氏は正確に見抜いている。

〈佐藤さんの連載第二回「カルバン主義者としての青年エンゲルス」に関して。実に刺激的な問題提起の数々です。実践家にもわかるというか、かなり興味のある対象が論じられている。時間がなく画面上の素読なのだが、論点や構想が明確ですね。佐藤さんの思考法というのが最近見え始めてきた感じがする。朝子（引用者註：大下氏の御令嬢）に付き合って、ドラえもんがポケットから次ぎは何を出すのかを想像したりするのだが、そんな感じと言えばいいのかな。ちょっと違う感じもするが、正確に表現しますと、複雑な未分化な問題をキチンと論点化し、大きな構想に確実につなげていくという意味ですが。追体験的再構成は若い頃盛んにやったものですが、ゲバラ特集の関係で、カストロのキリスト教的な原点の凄さ（その基盤）などと絡めて想像の世界が広がり始め、どうにも止まらない感じになりました。他人（何も考えていない老人＝鏡）を思考させていくというか、開かせていくエネルギーの強さには

驚きました。もしかしてシャーマン的体質なのかな。〉（大下敦史「編集後記」『情況』二〇〇八年三・四月合併号）

廣松の場合、初期の作品がきわめて重要であると筆者は考える。

ここには二つの柱がある。

一本目は、『ドイツ・イデオロギー』の再編纂。マルクスとエンゲルスの意図を正確に再現するという表象で、『経済学・哲学草稿』と『ドイツ・イデオロギー』の間に楔《くさび》を打ち込む。そして、「疎外論から物象化論へ」というテーゼを打ち出す。疎外論という「本来の型」を措定するのではなく、何もない更地から、物象化論という革命論を組み立てるという構想だ。「本来の型」を措定する疎外論は、実は改編されたキリスト教に過ぎないと廣松は考える。そのような形で、マルクス主義に忍び込んでいる神を除去するというのが廣松の「認識を導く関心」だと筆者は見ている。廣松哲学は、徹底的な無神論的構成をとるのである。

それ故に、徹底した有神論者で、マルクス主義をユダヤ・キリスト教の伝統に押し込んでしまいたいという欲望をもつ筆者は、廣松哲学と本気で対峙する必要性を感じるのである。二一世紀といういま、日本というここで、神を取り戻すために、廣松を避けることはできないのだ。

大下氏は、筆者が〈複雑な未分化な問題をキチンと論点化し、大きな構想に確実につなげていく〉と見立てているが、これは正しい。未分化の問題と中心となるテーマの一つが、廣松が積極的には語らなかった神の問題である。そして、筆者が考える大きな構想とは、日本のキリスト教神学の再構築である。

ちなみに廣松哲学は、マルクス主義を仏教的に解釈することで、無神論の徹底を図っている。廣松自身は、竜樹（ナーガルジュナ）について言及することが多いが、無神論の構成に関して言うならば、世親（バズバンドゥ）の枠組みを用いているように筆者には思える。上座部（いわゆる小乗仏教）のアビダルマ哲学の宇宙論と物象化論の構えが親和的であると筆者は見ている。この点については、改めてきちんと論じたい。

第二の柱が、前章から扱っているエンゲルスの思想の形成過程における解釈的改釈だ。ここでは追体験的再構成がとられている。大下氏は気づいていると思うが、この追体験的再構築の方法を、筆者は廣松に対しても適用しているのだ。「どんなに離れていても精神は、精神によって解釈される」というのがシュライエルマッハーをはじめとする自由主義神学者、哲学的にはロマン主義者の方法だった。この方法で廣松を解釈しようとしている。当然、これは典型的な観念論の手法である。

廣松は本気で革命を考えていた

さらに筆者は、理論と実践の関係についての廣松の考え方を、虚心坦懐に受け止め、整理したいと考えている。廣松は、ブント（共産主義者同盟）のイデオローグで、新左翼の指導的理論家とみなされていた。同時に、革命はプロレタリアートの事業であるというマルクス主義の原則に廣松は徹底的にこだわった。その観点から、最後まで、廣松は、代々木の日本共産党に対して温かいまなざしをもちつづけたのだと思う。この温かいまなざしの根拠を筆者は追求したい。

代々木共産党に対する廣松の温かいまなざしは、廣松が本気で革命を考えていたことに起因するというのが筆者の作業仮説だ。裏返して言うならば、廣松は新左翼運動を、革命の実現という観点からは、ほんとうのところで信用していなかったということだ。廣松の考える共産主義革命は、プロレタリアートによる革命であるとともに日本の革命なのである。第一章でも言及したが、この点で廣松は、日本資本主義の特殊な型を重視する講座派の伝統を継承している。別の見方からすれば、廣松の思想は、究極的に天皇に包摂される危険をはらんでいる。

廣松を解釈するなかで、革命を志向する運動が、いずれも自己絶対化の罠《わな》に陥り、閉塞した空間の中で、当事者にとっては重要であるが、第三者から見ると、真実の争点が何であるかわからないような問題で対立し、状況によっては、敵対者を物理的に殲滅《せんめつ》するに至ってしまった論理の構造にも踏み込んでみたいと考えている。シャーマンは、人知が及ぶ世界は限定的であるということを、外部から人間に自覚させる機能を果たすのだと思う。

筆者の理解が間違えていなければ、大下氏には、新左翼運動の党派闘争が「内ゲバ」を生み出し、社会に与える影響力を著しく減少させてしまったことを、理論と運動の両面において総括するという問題意識がある。大下氏はこう言う。

〈また構想に関しても、いつかは誰かがやらなければならない課題というか、大きなテーマなのです。新左翼も、五八年頃の思想水準は廣松渉の登場以降、六八年頃（と言っておきますが）大きく変わってきているのですが、やり残したままです。この思想＝哲学問題の大きなズレが組織問題にまで発展しているのが、最近の新左翼の厳しい現実なのです。しかも六八年から四〇年の歳月が過ぎている。八五年ごろのガタリ・ネグリの転換（『自由のあらたな空間』）がありましたが。日本では九〇年代にやるべき転換のチャンスが出来ていない。何がポイントなのか経験の束が多すぎて飛躍できなくなっている。佐藤さんにいうまでもなく、レーニンは節目、節目で思想哲学領域に没入しています。この意味がどうにもよく理解されていない。簡単に言うと、パラダイムチェンジを自己内で強力に推し進めているということなのでしょうか。私もレーニン、レーニンですが、マルクス、マルクスと出来ないわけでもない。マルクスはフォイエルバッハ・テーゼでわれとわが身を振り返り、そして『共産党宣言』と『資本論』さえ読んでいればいいと決めていましたが、これを機に佐藤さんの連載にトコトン付き合っていこうかなと思います。〉（前掲書）

筆者も、大下氏をはじめとするブントの思想をたいせつにする人々との出会いによって、真剣に廣松と取り組んでみようと決意を新たにした。筆者がシャーマンであるかどうかは別にして、自己絶対化を克服するためには、外部社会を意識させるシャーマンの出現は不可欠と思う。

義とどう対峙するか

日本が閉塞状況にあるということでは、有識者の認識が一致している。新自由主義という名で資本主義の純化が進められた。日本が直面している社会問題は、マルクスの『資本論』を援用すれば、資本の自己増殖が生み出す必然的状況で、特段の説明すら必要とされないのであるが、もはやマルクス主義的言語が流通力を失っている日本の論壇では、この現象を「格差社会」という曖昧《あいまい》な言葉でしか説明できなかった。格差社会という言葉と新自由主義的改革が結びつくと、「いまは下流にいても、努力とチャンス次第で上流に移動することが可能になる」という幻想をもつ人がでてくる。確かに一〇〇万人に一人くらい、このような移動に成功する人がいるかもしれない。しかし、構造は何も変わらない。言語の魔力は恐ろしい。格差社会という言葉には抵抗感を示さなかった人々も、「現下日本で生じていることは、格差社会などという生温《なまぬる》いものではなく、絶対的貧困だ。国税庁の発表で、年収二〇〇万円以下の給与所得者が一〇〇〇万人を超えるというのは尋常ではない」と指摘され、はじめて問題の深刻さに気づく。

ここで問われるのは、マルクス主義の洗礼をかつて受けた人々が、この状況をどう認識して、対応するかだ。資本主義の全般的危機が、まさに現在訪れているではないか？　ここで新自由主義と呼ばれている純粋な資本主義に対して、どう対峙するかが、かつてマルクス主義に触れ、資本主義についての真理を知っている各人に問われているのではないだろうか？同時に、ソ連型社会主義の現実が、欧米先進資本主義諸国よりも過酷な地獄絵を描いたことを知っている現代人は、マルクス主義的革命の処方箋をとることもできない。

ここから即時的に新自由主義がもたらす格差や貧困に反発し、マルクス主義を忌避すると、そこから生まれてくるのは、国家社会主義的、もしくは国家資本主義的なシナリオしかなくなる。国家を前提とした社会政策の処方箋は、濃淡の差はあれ、排外主義の要素をもつ。排外主義の要素が比較的薄ければ、福祉国家となり、濃厚になるとファッショ国家が誕生するのであろう。こうして二一世紀にファシズムが甦ろうとしている。

このような現実の中で、廣松渉の遺産を、いまここで甦らせることが重要なのである。廣松を直接知る人々は、同氏の「エロ話」や日本酒のつぎ方の特殊性などの意外な面を、あえて証言することが多いように見える。気むずかしい理論家と見られている廣松の人間的魅力を伝えることを意図しているのであろうと思うが、このようなエピソードだけが集積すると、革命家としての廣松の姿が見えなくなってしまう。

同時に、大学の制度化された学問の中で継承された廣松から、革命家としての廣松の魂を抽出する作業も、なかなか難しい。制度化された枠組みの中にいる学者には、廣松が学問を道具にして何を目指したかが見えないのである。

本質的なところで生真面目で、「革命の現実性」の中で、思索し、生きた廣松に筆者の関心は集中している。思想とは、生き死にの原理である。その意味で、革マル派の黒田寛一にも、革労協（革命的労働者協会）の中原一にもほんものの思想がある。廣松も、ほんものの思想家で、生き死にの原理と思想は表裏一体の関係にある。しかし、廣松は、生活の糧を得る場として、国立大学を選んだ。制度化した知の中にいると、どうしても、言葉と行動が乖離《かいり》する。真面目な知識人は、それを必死に埋めようとする。

その場合、筆者が見聞した範囲では、そのような元左翼系知識人は、国家に引き寄せられていく傾向が強い。筆者の外交官時代の経験でも、とりわけ前科や前歴のある元新左翼系の学者は、過剰なまでに日本政府の国策に積極的に協力した。このような人々は、理論を実践に生かすということについて、実に生真面目なのである。そのような人々の善意や、良心を利用して、金銭、情報、その他の便宜を供与して、国策遂行のためにからめとっていくことが、外務官僚としての筆者の仕事だったのである。しかし、廣松はこれらの元新左翼系教授と本質的に「何か」が異なる。廣松の場合、国家にからめとられない「何か」がある。この「何か」を筆者は知りたいのである。

日本資本主義論争

ところで、筆者が廣松渉とともに宇野弘蔵に対して強い関心をもち、宇野経済学（同時に宇野経済哲学）を二一世紀の日本に甦らせようと努力しているのも、宇野の思想にも、国家にからめとられない「何か」があるからだ。

新左翼運動に多大な影響を与えたにもかかわらず、根源的なところで、新左翼の革命運動を信用しなかったという点では、宇野弘蔵も廣松と同様である。宇野は、人脈的には労農派に属するにもかかわらず、革命に関しては、あくまでもレーニン型の鉄の規律による前衛党（日本の場合は、日本共産党）が実現するものと考えていた。戦前の労農派や戦後の社会主義協会が展開する運動を信用していなかった。

実は、宇野は、戦前の日本資本主義論争（封建論争）における講座派と労農派の論争を、腹の底では、くだらないと思っているのだ。

現在、右翼、保守陣営で、日本資本主義論争を彷彿《ほうふつ》させるような対立がよく生じるので、それについて、宇野のエッセイをよみがえらせ、対立の根源について考える材料にしたいと思い、『情況』の読者はほとんど手にしないであろう『ＷｉＬＬ』（ワック）二〇一〇年四月号（「猫はなんでも知っている」）に、以下の全文を紹介しておいた。

〈「犬・猫・人間――猫は封建的である――

谷崎潤一郎も大体そういうふうにいっていたと思うが、猫は人前では決してフザケないものである。客が来ると主人の方は見向きもしないようなふりをして客の膝《ひざ》の上にあがって愛想をする。また主人の方でもさも御迷惑なものを飼っていますといった態度でこれをつまんで障子の外に出したりする。猫をつれて散歩に出かける主人はない。勿論猫は散歩の連れとして多少小さ過ぎるという欠点は否定出来ない。が、しかし散歩には向かないような小さなのでも犬なら連れて歩く人がある。どうも猫には元来そういう性質が欠けているのではないかと思う。そしてそれは猫が封建的であることの有力な論拠をなすものである。というのは散歩は資本主義の産物の一つであるからだ。わが国でも西洋文明が入って開花するまでは二人連れで散歩というようなことはなかったらしいが、最近では諸君の御覧の通りだ。もっとも僕は人間を猫と混同するわけではないが、最近の資本主義の発展がこういうことにも随分著しい変化を齎《もた》らしたものだということからつい連想する。つまり最近の日本資本主義は猫文明が犬文明にかなりの程度に交替したものだと思われて仕方がないのだ。或る有名な西洋の学者の説によると犬が喰い余した骨を地中に埋めて置くことから人間は資本の蓄積を学んだということだが、犬は何といっても資本主義的である。或《あ》るいはこの学者のいうように資本主義の元祖かも知れない。犬は始めての客であるとしばらくは敵意を示し、漸《ようや》くお愛想を始めても主人にジャレつくことを寧《むし》ろ見せびらかせる。犬はなかなかに西洋風だ。もっともこの頃は日本犬が大分もてはやされることになったが、これなども日本資本主義の特殊性を示すものであろう。とにかく我が国が資本主義化して来たことを表わしているといってよい。犬公方なんかはその点では世に理解されなかった先覚者だったといえる。例えば映画にしても猫が活躍するというものは少ない。芝居の方になると犬が出るとやや滑稽《こっけい》なものになり易い。犬に芝居がやれないというのではないが、すればいわゆる犬芝居になるわけだ、大体糸にのらない。然《しか》るに蓄音器による西洋音楽は犬には理解されるものらしい。もっともあの主人の声に聞き入っているマークは僕の余り好まないところである、あれでは蓄音器愛好者を犬に見たてたものとしか考えられない。何とかして改めてほしいと思うが、不適当とは言えない。先年なくなられたわが国社会主義者の巨頭堺利彦氏は猫が好きだった。これに反して山川均《ひとし》氏の一党は犬が好きのようだ。社会主義者の間にも時代の推移は免れないものと見える。堺氏の理論に何だか古風なものが残っていたのはこの猫のせいではないかと思われる。山川氏の如《ごと》きはしかし最近では鳥が随分気に入ったと見えて犬が万物の霊長だとすれば鳥は万物の次長ぐらいにはなるといって、犬好きの荒畑寒村《あらはたかんそん》氏に答えている。いささか行き過ぎた文明のようである。考えてみると先年来の封建論争で最初はかなり山田君に感心して居られた大内兵衛《おおうちひょうえ》氏はその時分までは猫を飼っておられたようだ。その後間もなく労農派の重鎮として奮闘せられるようになったが、それはセッパードの立派なのを飼われてからのことだ。犬や猫を飼うということも馬鹿にならぬことである。向坂《さきさか》君の犬好きはまた大変だ、僕等は会う度に犬の飼い方の注意を受けている。ことによると山田盛太郎《もりたろう》君なども最近まで猫を飼っていたのかも知れない。われわれの連中では和田君は一時犬を飼っておられたが最近はそうでもないようだ。長谷田君の家には名犬秋田犬がいる。服部君のところにもたしかに犬がいる。僕の処《ところ》には犬も猫もいる。〉(『宇野弘蔵著作集　別巻』岩波書店、一九七四年、七三〜七四頁)

論壇における講座派、労農派の論争は、「犬好き」、「猫好き」の論争と同様の、趣味、もしくは立場設定を巡る論争であると宇野は喝破している。このような立場設定や、趣味を巡る論争は、公共圏でいくら誠実に討議しても収斂《しゅうれん》しないのである。ただし、猫好きも、努力すれば、犬好きの気持ちを理解することができる。逆に、犬好きも、猫好きの気持ちを理解することができる。このような相互理解が、党派闘争が「内ゲバ」に転化することを防ぐために有益と筆者は思料する。

キリスト教信仰から離れたエンゲルス

前置きが長くなったが、廣松の『エンゲルス論』に立ち返る。

前章では、エンゲルスが典型的なカルバン派的世界観をもつようになるとともに、シュライエルマッハーによって、カルバン派的な信念を近代的世界観に適合させていこうとするところまで説明した。これは一八三九年のことで、当時のエンゲルスは一八歳である。もっとも当時も、現在のヨーロッパやロシアでも、思想に目覚めた早熟な若者が、このような「背伸び」をすることはそう珍しくない。二〇歳前のエンゲルスを描く中で、廣松は明らかに自らの同年代の頃の早熟なマルクス青年としての姿を重ね合わせている。

しかし、エンゲルスは、その直後にキリスト教信仰から離れる。この理論的筋道を追ってみたい。

〈一八三九年七月下旬、こうしてシュライエルマッヘルの立場に身を移し、安心立命をえたかに見えたエンゲルスは、しかし、その後三月と経《た》たぬうちに、急転直下、信仰そのものを放擲《ほうてき》するに至る。すなわち、十月八日、彼はヴィルヘルム・グレーバーに宛てて次のように書く。

「おお、ヴィルヘルム、ヴィルヘルム、ヴィルヘルム！　……まあ聴いてくれ。僕は今や熱烈なシュトラウス派だ。さあ、どんと来い。僕は今や、甲冑に身を固め、武器《えもの》をひっさげている。……賽《さい》は既に投ぜられたり Jacta est alea。僕はシュトラウス派だ。天才ダヴィッド・フリードリッヒ・シュトラウスの翼下に、僕は、ヘボ詩人の僕は身を投ずる。……カオスの如き混沌《こんとん》、四福音書ありて、神秘の霞《かすみ》こめ、平伏を誘《いざ》なう風情《ふぜい》あり。見よや、いと若き神のごと、ダヴィッド・シュトラウス立ち出で、混沌の霧を払いて本尊を陽に曝《さら》しければ……。信仰よさらば！　そは腫物のごと脹々《ぶよぶよ》なり。海綿のごと穴だらけなり。さらば、信仰《グラウベン》よ！」（E. G〔引用者註：マルクス＝エンゲルス著作集　エンゲルス補巻、大月書店版『マルクス＝エンゲルス全集　第四一巻』〕, S. 419）。

こうして、十八歳のエンゲルスは、ついに信仰と別れを告げるに至った。〉（『エンゲルス論』情況出版、五五頁）

確かにシュトラウスは、共観福音書の奇跡物語について、その史実性を否定した。キリストの生涯に関する新約聖書の記述は、教団が創作した「物語」であると主張した。しかし、そのような聖書解釈と、神を信じるか信じないかという問題は、まったく関係のないことである。一九世紀において、衝撃だったこのシュトラウスの仮説も、二〇世紀のキリスト教神学においては、ごく標準的な学説として受け入れられるようになった。より正確に言うと、一九世紀半ばにおいて、大学のプロテスタント神学部で研究されている学問的神学の世界でも十分な市民権を得ていた。決して極端な「異端」学説ではないのである。

一九世紀プロテスタント神学の二つの潮流

一九世紀のプロテスタント神学には、二つの流れがあった。

一つは正統主義である。ドイツ語でOrthodoxie、英語でorthodoxyと表現される。ギリシア正教会、ロシア正教会などの正教を表す術語と同じなので、概念が混同されることがあるが、両者にはまったく共通性がない。廣松は、正統主義をキリスト教の標準的信仰と理解しているようであるが、この理解はずれている。正統主義とは、ドイツのプロテスタント神学の中にあるごく限定的な潮流だ。

ルターの宗教改革は、さまざまな歴史的偶然のおかげで、国家によって認知され、プロテスタント教会が持続的に存在することが可能になった。プロテスタント教会は、信仰告白（信条）という自らの信仰的立場を表現した文書を重視する。革命政党の綱領のようなものと考えればよい。ルター派の場合、一五四六年のルター死後、弟子たちが一五七七年にまとめた「和協信条（Konkordienformel）」が成立した。これが綱領的文書である。さらに一五八〇年、和協信条に、使徒信条、ニカイア信条、アタナシオス信条、アウグスブルク信仰告白、アウグスブルク弁証論（佐藤註：弁証論とは、異教に対してキリスト教が正しいことを論証する学）、シュマルカルデン条項、大教理問答書、小教理問答書が加えられた「一致信条書」が作られた。この一致信条書に絶対的真理があるとして形成されたのが正統主義である。

正統主義の特徴について、歴史神学者のカール・ホイシはこう述べる。

〈ルター派教会の内的生活は、和協以来、正統主義すなわち「純粋な教理」の神学によって支配された。正統派神学者は多くの場合、敬虔と神学の間に十分厳密な区別を立てず、信仰告白文書を頑強に固執することが絶対に必要であると考えていた。彼らは聖書を、逐語的に聖霊によって書かれたものであり、神により啓示された教理の集成であるとみなしていた。彼らは聖書と信仰告白に基づいて精巧な教理の体系を建設することにより、一つの新しいスコラ学を創造したが、それは種々の点でその中世の先蹤《せんしょう》に似るものであり、本来のルター主義の危険な狭隘《きょうあい》化、一面化といわれねばならない。〉（カール・ホイシ『教会史概論』新教出版

社、一九六六年、九五―九六頁）

革命的運動を引き起こすドクトリンが、権力を握る側になってから硬直化することは、レーニン主義の事例を見ても明白である。革命的な思想は、革命を成就する瞬間までが革命的なのであり、それ以降は保守思想に転換するのである。正統主義は、ルター派から、宗教改革（それは、西欧におけるカトリック教会の一極支配を崩すという観点で、革命的な意味を持った）の成功を経て生じた保守思想なのである。

このような正統主義は、ルター派のみならず、改革派（カルバン派、ツビングリ派）にもあった。また、聖書が神の霊感によって書かれたという言説は、今日のアメリカ・プロテスタント根本主義者（ファンダメンタリスト）に強い影響を与え、アメリカ政治において「右バネ」の役割を果たしている。

しかし、このような正統主義は、啓蒙主義以降の標準的人間がもつ世界観、宇宙観と矛盾を来す。そして、学問的神学の領域においては、啓蒙主義の挑戦を正面から受け止めるもう一つの神学が生まれた。この流れが、後に一九世紀プロテスタント神学の主流になる自由主義神学である。シュトラウスもその流れに含まれる。神学史においては、シュライエルマッハーを継承する潮流を自由主義神学というが、内容から考えると、ヘーゲルやシュトラウス、フォイエルバッハも自由主義神学の枠内に含まれるのである。事実、大学の神学部で無神論者や唯物論者が、現象としての宗教を取り扱うことも、プロテスタント神学部では可能になった。

信仰を捨てても、エンゲルスの発想はキリスト教的

エンゲルスが信仰を捨てたといっても、問題は、その捨てた信仰の内容で、更に信仰を捨てた後に、何を信じていたか、あるいは何も信じなくなったかという問題である。廣松は、これをキリスト教からの離脱ととらえるが、筆者はここに廣松の大いなる誤読があると考える。

結論を頭出しするならば、既成の教会、キリスト教という宗教を放棄しても、エンゲルスの発想はキリスト教的なのである。筆者の理解では、人間には本来の形態があり、そこに回帰するべきであるという疎外論的構成をエンゲルスは、生涯もっていたのである。それが、例えば、晩年の一八九四年から一八九五年に至っても、「原始キリスト教の歴史」について、エンゲルスが論文を発表する動因になっているのだと思う。

〈原始キリスト教の歴史は、近代の労働運動と、いちじるしい関連をしめしている。近代の労働運動がそうであるように、キリスト教も、はじめは被抑圧者の運動であった。それはまず、奴隷や被解放奴隷、貧者や無権利者、ローマによって隷属させられたり分断されたりし

た諸民族の宗教として、あらわれた。キリスト教も、労働者社会主義も、いずれも隷属と貧困からの解放を説いた。キリスト教はこの救済を死後の彼岸の生活、すなわち天国におき、社会主義はそれを現世、すなわち社会の変革におく。両者は迫害され、追放され、その信奉者は法律の保護のそとにおかれる。前者は人類の敵、後者は帝国の敵、宗教、家族および社会秩序の敵として。しかしどのような迫害をこうむろうとも、いや、迫害によって直接促進されさえして、両者は勝利をかちとり、たえず前進する。キリスト教は成立後三百年にして、ローマ世界帝国の公認国教となり、社会主義は六十年ならずして、勝利をぜったいのものとする地位をかくとくした。

それゆえに、アントン・メンガー教授［一八四一―一九〇六。オーストリアの法学者、法曹社会主義者］が著書『労働の全収権』において、ローマ諸皇帝の治下に土地所有の巨大な集中がおこなわれ、ほとんどもっぱら奴隷からなりたつ当時の労働者階級の苦しみが極度に大きかったにもかかわらず、西ローマ帝国の倒壊後、社会主義がおこらなかったのを、不可解としているのは、教授が、社会主義は当時可能なかぎりにおいて現実に成立し、支配的地位に立ちさえした――すなわちキリスト教という形で――ことを見ていないのである。ただこのキリスト教は、歴史的先行条件によってそうならざるをえないのであるが、社会変革を現世において実現しようとはせずに、それをあの世に、天国に、死後の永久の生活に、到来まぢかい千年王国にもとめただけのことである。〉（「原始キリスト教の歴史について」『マルクス・エンゲルス選集　第一二巻　反デューリング論（Ⅱ）』新潮社、一九五六年、一六二頁）

この論文において、エンゲルスは、時代的制約があったとはいえ、社会主義としてのキリスト教の役割を高く評価している。原始キリスト教に社会主義の起源を認めている。これは、後期において、キリスト教に対する積極的意義をほとんど認めなかったマルクスと対照的だ。

廣松は、エンゲルスに対して、過剰な読み込みをしたのだと思う。廣松は、『ドイツ・イデオロギー』で、マルクスとエンゲルスが疎外論から抜け出して、物象化論という画期的な新しい世界観に到達したとする。そして、この物象化論を先導したのは、エンゲルスであると廣松は考える。その「論証」のために、現在、筆者が読み解いている『エンゲルス論』は、廣松にとって死活的に重要な意味をもつ。

しかし、当のエンゲルスは、晩年になっても疎外論的な思考様式を維持している。公式の教会からは離れ、教会が要求する信仰告白を唱えることはしないとしても、原始キリスト教、すなわち三一三年のミラノ勅令によって、キリスト教が国家（ローマ帝国）と「結婚」する以前の、「本来の」キリスト教に対しては肯定的評価をしている。これでは、エンゲルスが、内容においてはキリスト教信仰を離れたとはいえない。

高校生時代に改造社版『マルクス・エンゲルス全集』を読破したマルクス少年である廣松

が「原始キリスト教の歴史」というエンゲルスの晩年の著作に気づいていないはずはない。物象化論の論証の邪魔になるこの論文を廣松はあえて無視しているのだと筆者は考える。

誤解がないように強調しておくが、筆者は廣松を非難しているのではない。革命家として、革命理論を打ち立てることが廣松の認識を導く関心だ。エンゲルスに関する「記述史(Historie)」という擬装で「物語(Geschichte)」を廣松は書いているのである。そのような廣松の擬装を読み取ることが、反動家であり、右翼である筆者の役割なのだ。

エンゲルスとシュライエルマッハーの関係

議論を廣松の『エンゲルス論』にもどす。

キリスト教信仰を捨てたエンゲルスは、何か別の信仰をもつようになったのか。それともマックス・シュティルナー流の一切を無の上に置くというようなニヒリズムの立場をとるようになったのであろうか。

廣松のこの点に関する説明は明解だ。エンゲルスは、歴史を信じるという信仰を選択したのである。歴史を信じるということは、歴史に参与することである。理論と実践という補助線を引いてみると、エンゲルスの転換がわかりやすくなる。

廣松は、エンゲルスが合理主義的観点から正統主義的信仰に反発し、シュライエルマッハーの非合理主義、心理（心胸）主義に傾斜したが、再び合理主義が頭をもたげて、シュトラウスの無神論に行き着いたという。要するに、エンゲルスは、啓蒙主義、反啓蒙主義の間でジグザグを描いたというのだ。

エンゲルスは〈ムッカータールの正統派的信仰から、寛容な超自然主義を経て合理主義に至り、一転してシュライエルマッヘル流の〝非合理主義〟に傾き、ここから反転してシュトラウスの〝無神論〟にたどりついたのであった。〉（『エンゲルス論』情況出版、五九頁）

エンゲルスの知的変遷に関する廣松の整理の仕方は、かなりの紙幅を割いているにもかかわらず、あまりに乱暴と思う。筆者の理解では、シュライエルマッハーがキリスト教神学に与えた衝撃を廣松が理解していないから、このような乱暴な理解になるのである。シュライエルマッハーを非合理主義、心理主義という形で括《くく》ってしまったため、エンゲルスにとっての真理観の基礎が廣松に見えなくなってしまったというのが筆者の見解である。

ちなみにマルクスは、エンゲルスと異なり、若い時代にシュライエルマッハーの影響をほとんど受けなかった。この辺が、両者の真理観、さらにロマン主義理解に対する差異になっているのではないかと筆者は考えている。

それでは、廣松がエンゲルスとシュライエルマッハーの関係について、整理している部分を見てみよう。

〈内面的な理由というか、エンゲルスがシュトラウス派へ転成した内発的な事情として、［……］シュトラウスの所説に関する研鑽《けんさん》の深まりが、更《あらた》めてエンゲルスの合理主義的な知的態度の琴線にふれたことが考えられる。

既に引証した通り、エンゲルスは四月下旬以来シュトラウスに言及しており、彼の所説を一応知ってはいた。がしかし、その内容をどの程度知っていたか聊《いささ》か疑問であり、高々それは彼の合理主義的な路線での懐疑を刺戟《しげき》するにとどまっていた。宗教的懐疑といっても、当時はまだ、主として教会の教説と聖書のそれとの矛盾に向けられたにすぎなかった。降《くだ》って六月中旬の時点においてさえ、エンゲルスは主として聖書そのものの内的矛盾を衝くという域にとどまっており、シュトラウス的な福音書批判の視角は見られない。七月以前の時点では、孫引き的な知識にすぎなかったのではないかとさえ思われる。

ところが、十月以降になると〝神話学的〟聖書批判の視角が現われるというだけでなく、明らかにシュトラウスの『イエス伝』等の内容を可成り詳しく知っていることが判《わか》る。シュトラウスは、ヘーゲル弁証法の論理を踏まえながら新約聖書の基幹をなす福音書が、「果して歴史的な根拠・基盤に基づいているか、基づいているとしても一体どの程度まで基づいているか」を検討する。シュトラウス自身は決して端的な無神論を引き出したわけではなかったが、イエスの生涯に関する福音書の諸々の記載には歴史的な根拠が欠けていることを立証したことによって、正統派的信仰を根底から揺《ゆす》った。彼にとっては、超自然的な原因、神の干与ということによる〃説明〃は、無知ないしは欺瞞《ぎまん》の表白にほかならない。けだし、神といえども「自然法則」にもとづくことなくしては此の世にはたらきかけることは不可能であって、キリストがおこなったとされる数々の奇蹟はとうてい歴史的事実たりえない。福音書は歴史的事実と論理に悖《もと》るものであり、この限り、正統派的神学が憑拠《ひょうきょ》とするところのものは、学的批判に耐えることができない。福音書は「神話」以上のものではなく、原始教団の内発的傾動がたくまずして生み出した「詩」にすぎない。なるほど神は存在したまうであろう。がしかし、神は有限者に対して外的・超越的に存在するのではなく、有限者に内臨する。しかも神は、唯《ただ》一回限り一人の人間に内臨したまうという、伝統的な神学からヘーゲルに至るまでの臆見《おっけん》は斥《しりぞ》けらるべきであって、神はたえず各人のうちに内臨したまい、「人類の理念」のうちにおいて自《みず》からを実現したまう（vgl. H. U. ［引用者註：ホルスト・ウルリッヒ『若きエンゲルス』］, I, S. 80 f.)〉。

〈エンゲルスは、しかし、シュトラウスの所説から無神論的態度決定を引き出し、先にみた通り「信仰よさらば」Adios Glauben!《アディオス　グラウベン！》と公言して憚らない。因果的連続性、論理的無矛盾性の大理に反するものは卻《しりぞ》けるというシュトラウスの手続きと態度からすれば、シュトラウスの汎神論的な帰結は不徹底というよりも自己矛盾であり、エンゲルスの引き出した態度の方がいかにも自然である。〔……〕エンゲルスはシュライエルマッヘルの立場に移行する過程で、合理主義的なキリスト教信仰はとうてい不可能であることを見極めたうえで、ギリギリの飛躍によって〝非合理主義的〟心胸主義の立場を固め、そのことによって辛うじて〝信仰〟を維持しえたのであった。彼としては、一切の合理主義的批判に対して心胸の原理、心情の原理を対置する限りにおいてしか、もはや信仰を貫くことができない地平にあった。従って、シュトラウスの所説に対して、〝理性を以《も》ってしては宗教の核心的な問題をあげつらうことはできない〟といって心胸の原理に拠《よ》って卻けるのではない限り、――裏返していえば、理性の原理を唯の一歩でも認める限り――もはや信仰を守ることはできなかった。エンゲルス本人は自覚していなかったにせよ、シュライエルマッヘルの立場に移行する苦悶《くもん》の過程で、彼は理性の原理に立つシュトラウス的な立場と信仰とは断じて相容《あいい》れ得ないということ、シュトラウス的な立場からすればアディオス・グラウベンしかありえないことを既に知りぬいていたということができよう。それ故、エンゲルスにとっては、彼がシュライエルマッヘル流の心胸主義という最後の砦《とりで》を棄《す》てて再び合理主義的な曠野《こうや》に誘い出されるということは、とりもなおさず信仰との訣別を意味した。現に「熱烈なシュトラウス派」になるという仕方で、それが現実のものとなったのである。〉（前掲書、五七―五九頁）

心の中に神が居る

まず、廣松は、シュライエルマッハーを非合理主義と決め付ける。これはシュライエルマッハー神学の内在的論理を無視する暴論だ。シュライエルマッハーは、宗教の本質を初期の『宗教論』において「直観と感情」、後期の『キリスト教信仰』において「絶対依存の感情」とした。

中世の世界観を基本的に継承するカトリシズム、さらに一六世紀のルター、ツビングリ、カルバンの宗教改革を経た古プロテスタンティズムにおいて、神は上に位置すると観念された。しかし、一五世紀の大航海時代の到来によって、地球が球体であることがあきらかになり、コペルニクス、ガリレイなどによって地動説が定着すると、「上にいる神」という表象を知識人が維持することは難しくなった。この神がいる場所の問題を首尾よく解決したのがシュライエルマッハーなのである。神は心の中に居る。神の場所を、空間的な天上から、心理的な心の中に移動することによって、合理的世界と神の存在の矛盾を解消したのがシュライエルマッハーの神学的意義である。従って、ヨーロッパの知識人によくみられた、アカデミズムにおける活動は合理主義や実証主義に基づいて行うが、同時に敬虔主義的な信仰をもつという現象は、シュライエルマッハーによる神の場所の転換によって可能になったのである。

心の中に神が居るのであるから、自らの心をどう解釈するかが重要になる。従って、シュライエルマッハーは正しい解釈について考えたので、解釈学の父でもある。個性記述的な解釈という発想の源泉もシュライエルマッハーにある。更に心の中に神が居る、すなわち絶対者がいるのであり、自らの心を掘り下げることによって、宇宙と一体化することが可能になるという真理観は、ロマン主義と結びつきやすい。また、解釈は特定の言語で行うのであるから、同一言語でコミュニケーションする人々の間で共通の真理をつかむことができるという解釈から、シュライエルマッハーの神学はナショナリズムとも結びつきやすい。

シュライエルマッハーの真理観は、一言でいうと、真摯に自分の心を見つめて、そこで正しいと思うことが、真理なのだということになる。主観によって全世界を呑み込んでしまうのだが、それは宗教の世界に限られる。それ以外のこの世の現実においては、実証主義が適用されるのである。

シュライエルマッハーの心理（心胸）主義について、〈一切の合理主義的批判に対して心胸の原理、心情の原理を対置する限りにおいてしか、もはや信仰を貫くことができない地平〉という廣松の要約は不適当である。

シュライエルマッハーの宗教観によって、内面的信仰に純化すると、確かに外部世界はまったく見えなくなってしまう。しかし、逆に宗教や神を心の問題とすることにより、それ以外の領域においては実証主義や唯物論を受け入れることも可能になる。シュライエルマッハーの神学に、近代においてもキリスト教が生き残ることを可能にする狡猾《こうかつ》な仕掛けがあることが廣松には見えていないのである。

エンゲルスの真理観は、廣松が言うような共同主観性と相容れない、心理主義的要素が常にあったというのが筆者の見立てである。確かにシュトラウスは神学界から追放された。しかし、シュトラウス流の宗教批判は、プロテスタント神学の主流になる。

一八世紀において、啓蒙主義の影響を受け、聖書の写本の比較に関する資料が揃った。そこに文献学の成果を適用すれば、シュトラウスの描いたものと大同小異のイエス像がでてくる。これは実証主義的神学の問題である。実証主義的神学でどのような結論がでてこようとも、「直観と感情」あるいは「絶対依存の感情」に基礎づけられるキリスト教信仰に揺らぎは生じない。事実、プロテスタント神学界では、シュトラウスの学説と親和的なフェルディナント・バウルを代表とするチュービンゲン学派が主流になるのである。

〈学問としての神学の進歩にとって重要なのは、歴史的・批判的傾向が興隆し、正統派の激烈な抵抗にもかかわらず、次第に地歩を獲得して行ったことである。この傾向の開拓者の一人は、もとより神学者が多くの場合認めることを甚だ好まないところであるが、『イエス伝・批判的研究』（一八三五年）の著者ダヴィート・フリードリヒ・シュトラウスであった。彼は本書の中で福音書物語の奇跡を「神話」として、キリスト教会の伝説的創作として理解することを試みた。この作品は天下の耳目を聳動《しょうどう》し、このためシュトラウス自身はテュービンゲン大学補習教師（Repetent）の職を失い、神学界から追放されて最後にはキリスト教を棄てたのである。近代歴史神学の本格的基礎作業は批判的な「テュービンゲン学派」の領袖《りょうしゅう》である同大学教授フェルディナント・クリスティアン・バウル（一八六〇年没）によって行なわれた。彼は厳密に歴史的な方法をもってキリスト教の起源を一つの歴史的発展として理解することを試みた最初の人である。ただし彼の歴史解釈の背景になっているのは哲学的一元論、ヘーゲルの精神哲学であって、教会はバウルにより神と人間の統一のイデーの運動として理解されている。また彼の批判的研究の個々の成果には支持され難いものが少なからずあることも証明されているが、それにもかかわらず彼はこの分野の研究に永続的な刺激を与えたのであった。〉（カール・ホイシ『教会史概論』新教出版社、一五二―一五三頁）

グツコウの影響

一八三九年末から、エンゲルスはカール・グツコウ（Karl Gutzkow 一八一一―一八七八）の手引きで、本格的な文筆活動を開始する。グツコウは、シュライエルマッハーの下で神学を学んだ。グツコウは「青年ドイツ派」の中心的人物だった。シュライエルマッハーの影響を受けたロマン主義的知識人が極度に内省的になり、また、個人に過度の歴史的使命を負わせるのにグツコウたち「青年ドイツ派」は違和感を覚え、文学者の社会的行動を考えた。〈グツコウは、歴史は「人間の自由意志の結果」として作られていくのであるから、そこには予定された必然的な帰結など存在しない。この意味では、「歴史は偶然的な行為の勝利」であることを主張する。グツコウの目からみれば、歴史に法則的必然を認めるヘーゲルの歴史哲学のごときは、カルヴィン主義的な〝予定説〟の変種たるにすぎず、これを以ってしては、社会変革の実践も〝理性の狡智《こうち》〟の操縦ということになり了《おわ》り、革新運動の自己否定に陥らざるをえない。グツコウはあくまで、歴史における「主体的要因」の自発的能動性、〝自由〟を主張するが故に、彼にとって歴史哲学は「諸事件の比較解剖学」以上のものではありえない。

これに対してエンゲルスは、「歴史の結果を見極めようとしない」点をはじめ、ヘーゲルの歴史哲学から一定の距離をとってはいるが、歴史に法則的必然性を認め、それを螺線《らせん》運動として表象する点では、ヘーゲルの立場をほぼそのままに採っている。とはいえ、それを、エンゲルスが幼少の頃から叩きこまれてきたカルヴィン派的予定説の残渣《ざんさ》として評し去ることはできない。既に見た通り、エンゲルスは合理主義に傾いた頃から予定説的な決定論に対して聖書そのものを典拠として反駁《はんばく》し、「人間は自由に生まれついている、人間は自由だ」という提題を掲げるに至っていた。その彼が、予定説的な宿命論に簡単に逆もどりすることは考え難い。しかも、彼がヘーゲル派に移行するに際して、他はともあれ、殆んどもっぱら「歴史哲学の研究」を踏み台にしたこと［……］を想起するとき、諸個人の自由と歴史的法則性との関係について一応の諒解《りようかい》をつけたうえで、そこで初めて彼はヘーゲル歴史哲学を受け容れたものと考えねばなるまい。詳しくは後に当該の箇所で引証する通り、「自由と必然とは同一事であるというヘーゲルの思想」(vgl. E. G., S. 51) を彼が「わがものとした」こと、これがグツコウの「一面的な自由」概念を批判しつつ、ヘーゲルのそれに近い歴史的法則観を固めた契機であったろうと思われる。

ともあれ「シュトラウスのかざしてくれた灯《ひ》に導かれて」ヘーゲルの歴史哲学に親しんだことが、三九年の春以来一辺倒だったグツコウに対して——またフライリヒラートに対して——距離を置かせることになった。われわれは先に若きドイツ派内部の分派抗争に関して、エンゲルスがもっぱらグツコウ派の側に立って事態を眺めた次第を引証しておいたが、今やエンゲルスは大局的な観点からこの論争をとらえ直す。それは決して、単に公平に見直すというだけのものではなかった。それはエンゲルスが持つに至ったより大きな視角、両派を含めた「若きドイツ」全体を超出する視点に関わるものであった。『現今の論争』と題する独立の論文で、彼はそれを主題的に論評するのであるが、既に『時代逆行の兆し』のなかでも基本的な姿勢だけは打出されている。〉（『エンゲルス論』情況出版、六七―六八頁）

アルント論

グツコウの影響を受けて、エンゲルスは、実践の世界に乗りだしていこうとするのである。具体的には文芸批評を通じて世の中に影響を与えようとした。廣松は、エンゲルスが二〇歳のとき、すなわち一八四一年一月に公表した『エルンスト・モーリッツ・アルント論』に注目する。ここでの問題意識は、アルントのドイツの特殊性を重視する「ドイツ主義」と南ドイツで影響力をもっていたコスモポリタニズムの対立をエンゲルスがどのように止揚しようとしたかについてである。

〈ブレーメン時代にエンゲルスの到達した思想的水準を知るうえで是非とも留意すべきものとして、彼が四一年の正月早々、『テレグラフ・フュア・ドイッチュラント』に連載したかなり長文の『エルンスト・モーリッツ・アルント論』にだけは、簡単にふれておくべきであろう。かつてシュタインの改革の際、助手を勤めたボン大学の教授モーリッツ・アルント（一七六九～一八六〇）は、ウィーン反動体制のもとで迫害され、一八二〇年には教職を追われるに至っていたが、一八四〇年、彼は再び教壇に返り咲くことになった。エンゲルスは彼に対してしかるべき敬意を表しながらも、彼を悪《あ》しき独逸《ドイツ》主義の代表的な思想家として扱いつつ、より大きな射程で論考している。

この論文においてエンゲルスが真に云わんとするところは、狭義のアルント論を超えて、実は次のところにあったと思われる。〉(前掲書、七六頁)

そして、『アルント論』から、廣松は、かなり長文の引用を行い、以下のように結論づける。

〈〃プロイセン国家の御用哲学〃とみられてきたヘーゲルの哲学体系と〃フランスかぶれの一面的な自由主義〃とみられていたベルネ主義とを、それぞれ〃その真実態〃において把握《ベグライフエン》することによって、エンゲルスは両者を真に統一しようと志向する。彼はこの統一を思想《ゲダンケ》と行為《タート》との統一という言葉でスローガナイズしているが、それはしかし抽象的一般的な意味で思想と行動との統一を云々《うんぬん》するものではなく、ヘーゲルの〃体制変革的な〃理論体系を革命的な実践運動に移すこと、裏返していえばベルネの体制変革的な実践運動を、〃その真実態において捉え直した〃ヘーゲル哲学で武装すること、これを具体的な含意としている。〉(前掲書、八〇頁)

廣松の理解では、ここからエンゲルスは急速にヘーゲル左派に接近していくのである。

第四章　神の疎外

廣松の物象化論の実践的意義

廣松渉の大きな業績の一つがヘーゲル左派の現代的意義を再発見したことである。この作業は、逆説的な形で行われた。

廣松は、『ドイツ・イデオロギー』がマルクス主義が成立する分水嶺であるという作業仮説をたてた。そして、「マルクス主義以前のマルクスの思想」を疎外論であると規定し、疎外論から物象化論という道筋で、マルクス主義の成立過程を解説した。現在、筆者が読者とともに細かく読み解いている『エンゲルス論』（盛田書店、一九六八年）もそのような「認識を導く関心」に貫かれて書かれた作品である。同時期に刊行された『ドイツ・イデオロギー』のテキストクリティークを主内容とする論文集『マルクス主義の成立過程』（至誠堂、一九六八年）の「認識を導く関心」も基本的に同じだ。アドラツキー版『ドイツ・イデオロギー』の「第一章フォイエルバッハ　唯物論的見方と観念論的見方の対立」が事実上の偽書に等しいと批判し、新編纂を提示することで、マルクスとエンゲルスが発見した物象化論という地平を提示した。要するに、疎外論のように本来的なるものを一切想定しないで、関係だけで存在の構造を明らかにする試みである。

もっとも日本の思想的伝統からするならば、具体的には、仏教、特に南都仏教の法相宗《ほっそうしゅう》のようにアビダルマと唯識を重視する学派を念頭に置くならば、実体を措定せず、関係だけで存在の構造を明らかにするという試みは、それほど珍しいことではない。ただこのような仏教的解釈をマルクス主義に持ち込んだことがユニークなのである。

裏返して言うならば、日本におけるそれまでのマルクス主義がユダヤ・キリスト教的な伝統に即して解釈されていたということである。人間性、革命、社会主義、共産主義などの理想が「本来こうあるべきだ」という実体で措定されると、それは形を変えた神なのである。キリスト教神学の立場からするならば、それは疎外された神、もしくは神の疎外態なのである。

廣松は、疎外論では、神が除去されないと考えた。裏返されたキリスト教で、ヘーゲル左派の枠組みを抜け出すことができていないという点に警鐘を鳴らすために、ヘーゲル左派と物象化論の差異について、廣松は何度も詳しく言及した。

このことには、一九六〇年代末の新左翼間のイデオロギー闘争の意味合いがある。あえて乱暴な整理をする。革マル派、中核派、革労協、ブントなど新左翼の大多数は、「本来の人間」「本来の人間社会」など疎外論の構成をとっている。それでは、最終的に神を除去することができないので、共産主義運動が宗教運動に転化されてしまう。そして、そこで生じる党派闘争は容易に宗教戦争の性格を帯びる。物象化論に立つことによってはじめて、神を除去することができるので、共産主義から宗教的要素を除去し、その結果、宗教戦争も止揚することができる。筆者は、廣松の物象化論の実践的意義をこのように解釈している。

この先は、立場設定の問題である。筆者やニコライ・ベルジャーエフのように、人間は本来的に宗教的動物なので、何か超越的なものを信じる、真の神を信じることを拒否するならば、人間が創《つく》った偶像を信じることになる、と考える者には、物象化論から生まれてくる観念も一つの神なのである。キリスト教神学の立場からすれば、疎外論と物象化論の間に本質的差異はない。強《し》いて言うならば、繰り返しになるが、疎外論の構成がユダヤ・キリスト教的で、物象化論が仏教的なのである。

ドイツ主義対コスモポリタニズム的自由主義

さて、エンゲルスがカルバン主義からヘーゲル左派の無神論に移行し、急進的社会主義者となる思想的発展過程において重要な意味をもつと廣松が考える『エルンスト・モーリッツ・アルント』論に立ち返ろう。

エンゲルスは、当時の思想状況にドイツ主義対コスモポリタニズム的自由主義という二項対立を導入する。ドイツ文化の特殊性に第一義的意義を認めるのがドイツ主義である。この主張には、同一の文化をもつ人々が単一の政治単位をもつべきであるという国民国家（ネーション・ステイト）の思想とが表裏一体の関係にある。これに対して、コスモポリタニズム的自由主義は、個人がすべてであり、個人が普遍的世界と直結している。従って、その中間に存在する国家や民族、あるいは文化に積極的意義を認めない。

エンゲルスは、ウイーン反動体制によって迫害され、一八二〇年に教壇を追われたが、一八四〇年に復帰したアルントを、ドイツ主義者であると規定し、批判する。エンゲルスはコスモポリタニズム的自由主義も批判する。ドイツ主義と自由主義を同時に止揚した「何か」を見いだそうとしているのだ。

〈「此の悪しき独逸主義《ドイチュテユーメライ》と対《つい》をなしたのが、南ドイツの世界同胞主義的な自由主義《コスモポリテイツシヤー・リベラリスムス》であって、民族的な区別の否定、しかも大連合を遂げた自由なる人類の形成を志向した。これは宗教上の合理主義と対応するもので、十八世紀の博愛主義《フィラントロピー》という同じ源泉から流れ出たものである。片や悪しき独逸主義は論理必然的に神学上の正統主義に通じた。この一派は殆んど例外なく（アルント、シュテフェンス、メンツェル）次第に正統派になっていった。世界同胞主義的な自由主義の一面性は、独逸主義者の側——いうまでもなくこれまた一面的な立場——から、しばしば曝露されている処であって、この面については詳しく立入るまでもないであろう。七月革命は、当初、彼らに幸するかに見えたが、すべての党派が寄ってたかってこの一件を喰い物にした。悪しき独逸主義の、というよりもその蕃殖《はんしよく》力の実質的な剿滅《そうめつ》は、七月革命の日から始まり、そこで生じたものであった。しかし、世界市民主義《ヴェルトビュルガートゥーム》も、これまた、同時に倒壊した。というのは、フランス民族が列強としての地位を回復したというところにこの革命の対外的な意義が存するのであって、他の諸民族は、各々《おのおの》内的な結束を固めるべく余儀なくされたのであった。〉(『エンゲルス論』情況出版、七六―七七頁)

ドイツ主義者は、プロテスタンティズムの正統主義(正統派)に糾合され、宗教的に正しい領主(王)によって統治される国家イデオロギーを代弁するようになる。ここにおいて、人類に共通の価値というものは、本質的に意味がない。国家がすべてなのである。ドイツ主義は文化的色彩の強いナショナリズムであったが、それがプロテスタンティズムの正統主義と結合することによって国家にからめとられていくのである。

コスモポリタニズム的自由主義も、別の回路から国家にからめとられていく。フランス革命は、自由、平等、友愛という普遍的原理を掲げて行われた。フランスでは王政を打倒し、この普遍的原理を基本にする共和国が生まれた。この共和国は、ナポレオンの武力によって、自由主義原理を世界に力で押しつけようとした。自由の強制などというのは、語義矛盾そのものである。フランスが力で広めようとした、自由、平等、友愛は、第三者的に突き放して見るならば、大国フランスが世界に覇権を確立するための方便に過ぎなかった。

これと同じことが二一世紀において、アメリカによって繰り返されている。力によって自由と民主主義を世界に定着させようとするアメリカの政策は、ナポレオンの反復なのである。そして、ナポレオンと同じようにアメリカも蹉跌《さてつ》する運命にある。覇権主義をともなう普遍主義は、最強国以外には災いをもたらす。

ベルネとヘーゲル

さて、ドイツ主義とコスモポリタニズム的自由主義を同時に止揚することは、どのようにすれば可能になるのだろうか。

〈世界を震撼《しんかん》させた此の最近の事件に先立って、すでに二人の人物がひとしれずドイツ精神の、すぐれて現代的と称さるべき展開に従事していた。［……］ベルネとヘーゲルである、ベルネは甚だ不当にも、世界同胞主義者のレッテルを貼られること屢々《しばしば》であるが、論敵たちよりも彼は一層ドイツ的であった。『ハレ年誌』は、最近、〃政治的実践〃をフォン・フローレンクール氏と結びつけて《〃フローレンクール氏と政治的実践のカテゴリー〃という標題のもとに》論評したが、しかし実際には、氏は政治的実践の代表者ではない。彼は独逸主義と世界同胞主義という両極の接点に立っている。しかも彼の場合、世界同胞主義といっても、学生組合《ブルシエンシャフト》で生じたような、そしてその後ひきつづいておこなわれた民族精神の形成には無頓着な代物《しろもの》である。ベルネこそ政治的実践の人であって、彼はこの天職を全うした。これが彼の占める歴史的地位である。彼は独逸主義から高慢ちきな金ピカ飾りをはぎ取り、力もなく叶《かな》いもせぬ望みを抱いていた世界同胞主義の恥部を情《なさけ》容赦なくひんめくってみせた。彼はドイツ人たちに、〝手のない舌よ、一体お前が何を喋《しやべ》ろうというのか?〟というスペインの英雄チートの言葉をつきつけた。行為の栄耀をベルネほど生き生きと描き出した者はいない。一切が生であり、一切が生の力である。彼の人物ではなく著作だけをとりあげても、それら自体、自由のための行為にほかならなかったと云うことができる。〝悟性規定〟〝有限的カテゴリー〟を持出して喋々《ちようちよう》しないでほしい。ベルネがヨーロッパ諸民族の地位と使命をとらえたやり方は、《なるほど、ヘーゲル的な良い意味での》思弁的ではない。がしかし、ドイツとフランスとの関係を、ベルネが初めてその真実態において展開したのであって、この一事によって彼は当のイデーに対して、ヘーゲル派より以上の貢献をなしたのである。ヘーゲル派の連中は、その間、ヘーゲルの『エンチクロペディー』の暗誦《あんしよう》にこれつとめ、それで以って世紀の現実《ヤールフンデルト》と十分に関わりをもった心算でいた。まさしくかの論述そのものが、世界同胞主義の平面をベルネがいかに超出していたかを証示して余りある。ヘーゲルにとって過度の図式主義がそうだったのと同様、ベルネにとって悟性的立場の一面性が必然的であった。この点をつかむことなくしては、荒けずりで、しかも往々にしてやぶにらみな『パリ通信』の公理を超えることはできない。〉(前掲書、七七―七八頁)

ベルネは、エッセイストであり文筆家だった。ヘーゲルが、円環を描く『エンチクロペディー』のような壮大な知的体系を構築しようとしたのに対し、ベルネは、ドイツの中で正義と平等を実現しようとした。ベルネはキリスト教社会主義の提唱者の一人でもある。エンゲルスは、このような国家的、民族的、文化的、宗教的に限定された社会主義に肯定的意義を見いださない。そのような限定された社会主義は、排外主義に容易に転化するからである。

それでは、この時点でエンゲルスはヘーゲルをどのように評価していたのであろうか。〈ヘーゲルは、完成品の体系を民族の前につきつけた。為政者当局《アウトリテート》は、この体系の錯綜《さくそう》した形式とヘーゲル一流の堅い堅い文体のなかみをかみわけて徹底的に検討するという労を払わなかった。当局は、この哲学が理論《テオリー》という静謐《せいひつ》な波止場から大事件のさかまく大海原にやがて乗り出していくということ、現行の実践《プラクシス》に切りつけんものと既に剣を抜き放っているということ、これを知る由《よし》もなかった。いや、それどころか、ヘーゲル自身、堅気の正統派的人物であって、彼の論戦は、国家権力《シュターツマハト》によって忌避された相手、つまり、合理主義や世界同胞主義的な自由主義に向けられていたではないか！　だがしかし、ヘーゲルがこれと戦ったのは一層高い視座に席を譲らせるためであったということ、新しい教説がその生き生きとした帰結を自由に展開しえんがためには、前もって一旦、民族の承認に根差さねばならぬということ、国家の舵《かじ》を取っていた旦那衆は、これをお見通しではなかった。［……］ヘーゲルの死後、彼の教義に清新の気が吹き寄せ、〝プロイセン国家哲学〟から、どの党派も夢想だにしなかった若枝がすくすくと伸びてきた。シュトラウスは神学の分野で、ガンスとルーゲは政治の分野で、それぞれ劃期《かっき》的な業績の名を留めるであろう。今日を迎えてようやく、思弁の星雲が散り分かれ、世紀の動向を照らし出す理念の星となって輝やき始めた。ルーゲの美学的批判《エステティッシエ・クリティーク》に関しては、なるほど、無味乾燥で教義の図式にとらわれているという論難を絶えず差向けることができよう。しかし、ヘーゲル体系の政治的側面を時代精神にマッチする仕方で叙述し、民族の信望をかちうるように復権したことは、何といっても彼の功績である。ガンスは、この作業を間接にしかおこなわなかった。すなわち、彼は歴史哲学を現時点までひきのばすにとどまった。ルーゲは、ヘーゲル主義の自由主義精神《フライジンニッヒカイト》を公然と表明した。ケッペンが彼に伍《ご》した。両人はいかなる憎悪の眼をも恐れることなく、学派の分裂する危険を賭《と》してまで、自己の途をつき進んでいった。それ故、名誉は挙げて彼らの勇気に！〉

〈ヘーゲルとベルネをとことんまで透徹させることが当代の課題をなしている。青年ヘーゲル主義には、すでに可成りのベルネが入り込んでおり、『ハレ年誌』の論文にはベルネが署名をためらわぬと思われるものが少くない。しかし、思想と行為との結合がまだ十分には自覚されておらず、それはまだ民族〔国民〕のうちに滲透《しんとう》してはいない。依然として多くの方面から、ベルネはヘーゲルの正反対だと見做《みな》されつづけるであろう。だがしかし、現代に対するヘーゲルの実践的な意義は（永遠に対するヘーゲル哲学の意義に非《あら》ず）、彼の体系の純粋理論という方面から評価されてはならず、また、否《いな》みがたい一面性と行きすぎをとらえての、ベルネに対する皮相な論判も当らないのである」（E. G.［マルクス＝エンゲルス著作集補巻Ⅱ、邦訳全集第四一巻］, S. 122 ff.）〉（前掲書、七八―七九頁）

ここで、エンゲルスは、ヘーゲル哲学がもつ両義的性格から、左派が生まれる必然性について述べている。

そもそもヘーゲル哲学がこれだけ大きな影響をもつようになったのは、一八一八年にヘーゲルがベルリン大学の哲学教授に招聘されたからである。ちなみに、ベルリン大学に神学教授として招聘されたのがシュライエルマッハーである。プロイセンの首都の大学で制度化された枠組みを与えられたから、ヘーゲル哲学、シュライエルマッハー神学は、それぞれ時代を画する影響を与えたのである。

どのような学問でも、制度の枠組みに入れられれば保守化する。特に国家運営と直接に結びつく法哲学、国家論を担ったヘーゲル哲学の場合、保守化の傾向が強かった。

ヘーゲルの存命中から、神学陣営は、ヘーゲル哲学に対して、人格神を認めない汎神論ではないか、またキリスト教を哲学に解消してしまう究極的に非宗教（非キリスト教）的性格を帯びているのではないかという疑惑をもっていた。それが、一八三五〜一八三六年にシュトラウスが『イエスの生涯』を公刊したことによって、疑惑ではなく、現実になった。

ヘーゲル左派への接近

エンゲルスは、兵役に就くことでヘーゲル左派に接近するというユニークな選択をした。〈一八四一年の九月、エンゲルスは「国民としての義務を果たすために、すなわち云い換えれば、出来ようことなら軍役から免れんために」(E. G., S. 488)一年志願兵としてベルリンの近衛徒歩砲兵連隊に入隊した。〉ベルリンを選んだのは魂胆があってのことで、〈彼は到着早々にヘーゲル左派の集まり「ドクトルクラブ」と連絡をとり、ヘーゲル左派の運動に積極的に介入した。彼はベルリン時代の一年間に、軍務のかたわら、何と三冊の単行本を公刊したほか、『テレグラフ』『アテネウム』『ドイツ年誌』『モルゲンブラット』『ライン新聞』などに数々の論稿を発表するという健筆ぶりを示した。彼は、この一年間、すなわち、二十歳から二十一歳にかけて、ほぼ〝共産主義への門口に立つ〟に至った。〉(前掲書、八二頁)

一八四〇年六月、フリードリヒ・ヴィルヘルム三世が没し、皇太子がフリードリヒ・ヴィルヘルム四世として即位した。当初、ヴィルヘルム四世は、アルントを大学に復職させたり、グリム兄弟をベルリン王立科学アカデミーの会員に登用するなど、自由主義的傾向を示した。

しかし、エンゲルスがベルリンで生活を始めた一八四一年には、反動的方向に政策を転換した。

〈文芸百般に通ずる教養人であった新王は、しかし、確固たる〃哲学〃をもっていた。彼はいわゆる歴史学派の『ベルリン政治通報』の主要寄稿家だったほどで、れっきとした理論家であった。彼は決して単純な保守反動家ではなかったが、彼の国家哲学、彼の政治理論は、キリスト教正統主義の原理を国家の次元においても貫徹しようと試みるものであり、それは結局のところ、中世的封建制度の完全なる復興に通ずるものであった。従って彼のロマン主義〃哲学〃が施策となって現われるとき、到底ブルジョアジーの志向とは相容れることができなかった。〉（前掲書、八三頁）

フリードリヒ・ウィルヘルム四世の思想は、ヘーゲル主義に対して疑惑をもつプロテスタント教会指導部と親和的なのである。

〈新王はヘーゲル学派の庇護《ひご》者であった文相、アルテンシュタインの後任にアイヒホルンを任命し、彼の手でヘーゲル学派を次々に大学から放逐していった。ベルリン大学では［……］ヘーゲル哲学体系を〃根こそぎ〃にすべく、老シェリングが鳴物入りで招聘された。このシェリングとの対決がベルリンにおけるエンゲルスの初仕事となるのであるが、この対決とそこにおけるエンゲルスの思想を理解するためにも、ヘーゲル学派そのものの展開過程

について予《あらかじ》めみておかねばならない。〉（前掲書、八五頁）

廣松はヘーゲル学派の展開を次のように整理する。

〈万有の悉《ことごと》くを絶対精神の自己疎外と回復の過程における逓駅として詠み入れた〝壮大な叙事詩〟とも云うべきヘーゲル哲学体系においては、宗教と哲学とは、本質的には同じものであった。両者は、「その客観性そのものにおける永遠の真理」という一個同一の「対象」、同一の「内容」を共有する。宗教が「表象」の形で象徴的に表わすところのものを、哲学は概念的に表現する。哲学の方が一段高次であるのは、唯この限りたるにすぎない。だがしかし、まさしくヘーゲルのこの基本的態度と意想そのもののうちに、——たとえヘーゲル本人は自覚していなかったにせよ——啓示宗教に対する全面的な否定が内蔵されている。ヘーゲル学派の展開過程は是《これ》を白日のもとに曝していった。〉

ヘーゲル式の態度を採れば、表象的象徴的な宗教の所説が概念的な把握と相容れない場合、「表象」の方が棄てられるべきことになってしまう。この危惧《きぐ》は現実のものとなった。

〈シュトラウスは、決して、啓示の真理を否んだわけではなかった。彼は、しかし、キリスト教の教義、聖書の教えを、概念的哲学的な、合理的な体系に翻刻できないことに気付いただけでなく、キリスト教という啓示宗教と、ヘーゲル宗教哲学の根本意想とは、原理的に相容れないことに気付いた。正統派的信仰によれば、神はイエス・キリストという一人格において、一回起的に地上に現われ給《たま》う。しかるに、ヘーゲルの根本意想からすれば、神は人類の世界史的展開の全過程を通じて次第に自己を顕《あら》わし給うのであって、それは決して一回起的な事件ではありえない。ここにおいて、ヘーゲル哲学徒としてのシュトラウスは、あくまでヘーゲル哲学の立場で趣意にとどまりつつ、この矛盾の除去を図った。すなわち、彼は一方において、福音書の〝実証的〟研究を通じて、合理主義的・学問的な批判に耐えぬ聖書の所説を「神話」として処理しつつ、他方において、彼はこの神話の象徴する意味を解く。福音書は、神は人類史を通じて自己を顕現する――ということはすなわち、全人類の各人格において化肉する――という真理をイエス・キリストという一人格に即して象徴的に表現している、とシュトラウスは考える。ところで、ヘーゲル・シュトラウスに則《のつと》って、神が世界史的にすべての人間、すなわち、人類（Menschheit＝人間性）において自己を顕わにするとすれば、神はこの人類＝人間性において定在するということになり、人間性の総体＝人類と神とが等置されることになる。こうして、〝神とは人間なり〟というテーゼへの第一歩が踏み出されたのであった。哲学そのものに即して云えば、ヘーゲル体系の主体＝実体、実体＝主体たる絶対精神を「人間」（といっても個人ではなく、類としての人間、その本質的性格の総体）として改釈する途が踏み出されたのであった。〉（前掲書、八六―八七頁）

三つの論点

ここでの論点は、三つある。

第一は、神学と哲学の対称性の問題である。

第二は、啓示の一回性の問題である。

第三は、受肉（廣松の用語では化肉）の性格を巡る問題である。

第一に、神学の側から見るならば、人間の側からの知的営みである哲学では蔽《おお》いきれない残余が常に神について語る場合には存在する。有限な人間が、無限な神について、語ることは原理的に不可能なのである。しかし、原理的に不可能だからと言って、神について語ることを諦めてしまってはならない。神学とは「不可能の可能性」（カール・バルト）に挑戦することなのである。従って、ヘーゲル学派のように神学と哲学が対称的で、同じ事柄を別の言葉で語っているとする思想の構え自体が、神学の側から見るならば、人間の傲慢《ごうまん》さを反映したものなのである。

第二に、啓示の一回性の問題について、旧約聖書の時代に、神は預言者に何度も啓示を行った。しかし、そのような啓示は、神がひとり子であるイエス・キリストをこの世に送ったことによって、完成したのである。啓示は、イエス・キリストの生涯によって、明らかにされた。従って、イエスの死後、この世界で預言者を通じた啓示が行われることはない。われわれは、救済の根拠として聖書に証されたイエス・キリストの物語を解釈することによってのみ、神の啓示に現在的に触れることができるのである。

第三に、受肉の問題は、第二のイエス・キリストにおける啓示の一回性の問題と表裏一体の関係にある。イエス・キリストにおける受肉が、神による一回だけの、最大の啓示である。この啓示によって、神は、イエス・キリストに受肉することによって、人類の「最も深い深淵」にまで、降りてきたのである。神が人類や人間性に受肉しているというのは、イエス・キリストのみが救い主であるというキリスト教のドクトリンを根本から破壊する危険性をもった謬説なのである。

ヘーゲル左派の三つのグループ

ヘーゲル左派で重要なのは、右派から転回をとげたバウエルである。廣松は、バウエルとフォイエルバッハを同一陣営に括り、以下のように特徴づける。

〈第一に、シュトラウスのヘーゲル宗教哲学の批判的継承を遂行した系譜ともいうべきもので、ブルーノ・バウエルとフォイエルバッハがその代表的な論客である。バウエルは、三八年までは右派の一人であったが、同年の『啓示史の批判』を契機にして左旋回を始め、旧約・新約両聖書は同値の啓示を現わしているとみる正統派的理解を批判し、両者は人類の発展史の相異った段階に照応するもので、それぞれ絶対的真理の時代的に制約された相を表わしていると主張するに及んだ。となれば、新約聖書といえども、超時代的永遠的な絶対的真理そのものではないことになる。あまつさえ彼は、四〇年以降の〝実証的〟研究を通じて、シュトラウスの『イエス伝』(三五〜六年)が認めていたキリストの歴史的実在性と無意識的神話という論点を否認し、イエス・キリストの歴史的実在を否定しただけでなく、ヘーゲルの絶対精神を普遍的な人間の自己意識で置換することによって、神性即人間性のテーゼを一歩推し進めた。彼は、四一年には、ヘーゲルを論難するかのごときマヌーヴァーを使って『無神論者にして反キリスト者たるヘーゲルを裁く最後の審判のラッパ』を発表し、ヘーゲルの〝絶対精神〟を人間の〝自己意識〟と解釈することによって、ヘーゲルを以って神とはその実人間の自己意識なりとする無神論者に仕立てあげ、ひいては、ヘーゲルの全体系に左派の見地を読み込む姿勢をみせた。フォイエルバッハの『キリスト教の本質』が出たのも同じ四一年のことである。彼はヘーゲルにおける〝主語と述語との顚倒《てんとう》〟を指摘しつつ、神性即人間性を、しかも、神とは人間本質の自己疎外なりとして捉え、三位一体という超自然主義的教義の人間学的意味を解いて、我の完全性には汝が必要であり「共同生活のみが真の生

活、神的な生活である」ことを説いたのであった。〉（前掲書、八七―八八頁）

ここにおいて、ヒューマニズムが完成する。しかし、ここでいう本来の「人間なるもの」は実にあいまいな概念である。人を愛する、同情心をもつ、自己犠牲を行うことを、本来の「人間なるもの」と措定することは、もちろん可能だ。しかし、その逆に、人を殺す、戦争を行う、他人の所有物を奪取することなどを本来の「人間なるもの」と措定することも可能だ。性悪説を基礎にして「人間なるもの」を規定する場合、戦争、略奪、殺戮《さつりく》がもっともヒューマンな現象ということになる。ヒューマニズムによって、人間性を回復するという思想は、性善説、性悪説のいずれを採用するかによって、まったく異なった絵が描かれることになる。

廣松は、ヘーゲル左派の内、法哲学を重視するガンス、ルーゲ、また初期のマルクスを第二のグループに括る。ヘーゲル体系において、法哲学と国家論は表裏一体の関係にあるので、国家と社会を重視する人々という括りとみてもよい。

〈第二の系譜ともいうべきヘーゲル左派内部の流れは、ヘーゲル法哲学の批判的継承の線を基軸とするもので、ガンス、ルーゲ、一時期のマルクス、を代表的な論客とする。ガンス――彼は三九年に歿《ぼっ》した――はむしろ中央派に数えるべきかとも思われるが、リベラリズムを以って絶対精神の史的展開の表現とみただけでなく、サン・シモン主義を取り込んで早くから可成り具体的な議論を展開していた。〉ルーゲは〈ヘーゲル法哲学の構図そのものは維持しつつ、より大がかりに法哲学の批判的継承を遂行していった。ヘーゲル法哲学においては、市民社会の諸矛盾が――コルポラチオンや植民によっては――結局のところその内部では解決できず、国家によって解決されるという構図になっている。しかし、その際ヘーゲルの考えた国家は、理想化されたプロイセン国家にほかならなかった。ルーゲは、市民社会の止揚としての国家、そのことによる市民社会の矛盾の解決という図式だけは維持しつつも「国家」の内実をプロイセン国家に替えてフランス革命期の理想化された共和制で置き換え、こうして四一年には憲法の発布・立憲君主制という自由主義的ブルジョアジーの志向を超えて、共和制（王制の廃止！）を政治的スローガンとするに至った。〉（前掲書、八八―八九頁）

工場の構成を、資本家による経営から、協同組合方式に転換し、利益を組合員が分配する。国家もこれと類比的に、王を廃して、人民が人民を支配するという共和制に転換することを主張する。共和制という形態での国家を認めているが、協同組合を中心とする下からの共同体によって社会を強化していくという発想は、アナーキズムとも親和的だ。

第三は、ヘーゲルの歴史哲学を発展させたヘーゲル左派だ。廣松は、ヘス、チェスコーフスキーを代表者とする。

〈第三に、ヘーゲル歴史哲学の批判的継承を基軸とする流れで、チェスコーフスキー、モーゼス・ヘスが代表的な論客である。ヘーゲルの歴史哲学によれば、世界史は「自由の意識を実質とする原理の発展の段階行程を表現する」。東洋においては専制君主ただ一人が自由であり、ギリシャ・ローマでは若干の者が自由の主体となる。そして「ゲルマン系の諸国民に至ってはじめて、人間が人間そのものとして自由であるという意識が獲得される」。この自由実現の行程は、しかし、ヘーゲルの考えでは「世界理性の狡智」によるものであり、いうところの自由の実現にしても「国家を産み出すことにほかならず」、それは結局のところ、理想化されたゲルマン・プロシャ的国家に托《たく》される。チェスコーフスキーは、『歴史哲学序説』（三八年）において、ヘーゲルが歴史発展の法則性を明確に取り出した功を評価しつつも、〔……〕歴史が人間の意志行為の所産たることが覆われていることを批判し、過去に関する歴史の哲学から未来を実践的に切り拓《ひら》く行為の哲学への転換を唱導した。〔……〕モーゼス・ヘスは、元来、スピノザ主義的な立場から出発しつつ、『人類の聖史』（三七年）において、歴史を「神の生」の顕現として把《とら》え、人類史の最初の段階に財産の共有制を基盤にして無意識的に存立していた自由・平等・調和を――これが歴史的必然的に崩壊したあとを承《う》けて――今度は意識的な人間の活動によって回復していく過程として人類史を描き上げていたが、やがてチェスコーフスキーの流れに棹さすようになった。すなわち、四一年の『ヨーロッパの三頭政治』では、ヨーロッパの政治・社会史から〔……〕社会主義を基礎づけようと試みる。彼は、こうして、唯物史観に近い史眼をもって社会主義的・共産主義的未来像を可成り具体的に思い描き、それを以ってヘーゲル・チェスコーフスキーの世界史的未来像に置き換えただけでなく、歴史の哲学から行為の哲学への転換をいちはやく身を以って実行し、四一年には共産主義運動の渦中に身を投ずるに至っていた。〉（前掲書、八九―九〇頁）

この潮流は、ヘーゲルの目的論を継承している。終末論と言い換えた方が適切かもしれない。歴史には終点があり、そこでは終焉《しゅうえん》、目的、完成が一体となっているのである。その歴史を突き動かす動因が「神の生命の顕現」であるか、社会経済構成体であるかは、本質的問題ではない。「神の生命」の疎外態を社会経済構成体とみれば、論理構成は同じになるからである。人間は、言葉で十分な表現をすることはできないが、超越的な力によって、終末に向かって突き動かされているのである。唯物史観の背後にはユダヤ・キリスト教的な終末論が存在する。

廣松は、ここでヘスを高く評価する。ヘスは、ヨーロッパの政治・社会史を研究することによって、人類史が社会経済的に規定されたものとして、社会主義を基礎づけようと試みる。ヘスは、事実上、唯物史観によって社会主義的・共産主義的未来像を具体的に思い描き、「歴史の哲学」から「行為の哲学」への転換をとげ、一八四一年には共産主義運動の渦中に身を投ずる。

シェリング哲学

この頃、エンゲルスは、ベルリン大学でシェリング哲学に触れる。シェリングが宗教的傾向を強めていた時期である。

〈「もしも諸君が世界に対する精神の威力を聊《いささ》かでも予感する者に向かって、——とエンゲルスは、シェリングが開講して間もなく『テレグラフ』に載せた『ヘーゲルを超えるシェリング』を次の言葉で始めている——今日、ここベルリンで、政治や宗教の方面におけるドイツの公論の、それ故、ドイツそのものの支配をめぐって、彼我の鎬《しのぎ》を削る戦場が奈辺《なへん》にあるかを質《たず》ねるならば、天王山は大学に、しかも、シェリングが啓示の哲学を講ずる第六番教室にありという答えを、諸君は受取るであろう」(E. G., S. 163)。

右の云い方はいささか大仰だとしても、シェリングの講義が内外の注目を集めたことは事実であって、聴講者の列には、老学者、僧職者、高級軍人、外国人——留学生のみならず外交官——の姿もみられたという。彼の講義は純学問的にも関心を集める条件をそなえていた。というのは、三十年ほども前にヘーゲルによって乗り超えられてしまったかつての〝同一哲学〟を、シェリング自身も乗り超えたこと、さらには彼がヘーゲルをも超える立場を築いていることが喧伝《けんでん》されていたにもかかわらず、シェリングはそれを文書の形では発表しておらず、ために、ミュンヘンで彼の講義を聴いた比較的少数の者以外、人々は後期シェリングの「積極哲学」を知る由になかったからである。［……］

「私がかつて樹《た》てた同一哲学は――とシェリングは開講講演でいう――哲学の一側面、つまり消極哲学たるにすぎなかった。」私はこの同一哲学には満足することができず、積極哲学を追求していたので、この消極哲学の完成は安んじて他人の手に委ねておいたのである。そこでヘーゲルが、私の消極哲学を絶対哲学に仕立てあげた。私の同一哲学は主客の無差別《インディフェレンツ》を出発点にするのであるが、ヘーゲルはおこがましくも、私がこの無差別の現実存在《エクシステンツ》、存在《ザイン》、をば知的直観によって証明しようとしたかの如くに誤解し、論難を加えた。同一哲学は、しかし、そもそも現実存在の体系ではない。本質存在の学たる同一哲学・消極哲学は、現実存在に関わることが出来ず、その原理、出発点を与えることすら出来ず、ただその課題を提起しうるのみである。ヘーゲルはそこに問題をすら見ないのであるが、私はまさしく、現実存在にかかわる積極哲学を志向するのである。云々。

シェリングが問題を感じ取った枢軸点は、抽象的・哲学的にいえば、quid と quod、ドイツ語で云い直せば Was と Daß、との断絶的な隙間《すきま》である。すなわち、Was-sein（何であるか）という本質存在《ヴェーゼン》、と、Daß-sein（在るということ）現実存在《エクシステンツ》とのギャップである。理性の立場では、ものごとの Was-sein は規定することができるにしても、そのものごとが現実に存在するということは立証できない。この問題点の指摘そのものは別段新しいものではなく、経験論者やカントをまつまでもなく、Was-sein はアプリオリに規定できてもDaß-sein はアポステリオリに、経験的直観によってしか確証できないという通論が人口に膾炙《かいしや》している。シェリングの場合には、しかし、信仰と知識、哲学と啓示との宥和《ゆうわ》が問題意識の背景をなしている関係もあり、実証主義的な経験的直観によってDaß-sein を片づけることはできない。彼はそこで、超越的存在、ひいては啓示を介在させることで問題の解決を図る。〉（前掲書、九一―九三頁）

本質存在と現実存在の間に間隙《かんげき》があり、それを「命がけの飛躍」によって乗り越えなくてはならないということを認めるのは、実存主義の特徴である。その意味で、シェリングは、実存主義を先取りしているのである。シェリングは、この間隙を積極的な啓示によって乗り越えることを考える。その意味では、カール・バルトの啓示積極主義を先取りしているといえよう。

エンゲルスは、ヘーゲルを全面的に肯定するわけではないが、『ヘーゲルを超えるシェリング』のほか、相次いで二冊の小冊子『シェリングと啓示』『シェリング、キリストの哲学者』を書き〈「ヘーゲルとシェリングとの間にはシェリングの自称するところとは正反対の関係」がなりたっていることを主張する。〉（前掲書、九一頁）

エンゲルスは、このようなシェリングの「積極哲学」に惹かれない。その理由を廣松は〈正統派的信仰を棄てた者にとっては魅力に乏しい〉とするが、この評価はすこしずれていると思う。プロテスタント正統主義の伝統から見た場合、シェリングのこの立場は、宗教や教会に対する信頼があまりにも弱い。個の救済に対する不安が強すぎるのである。実存主義を正統主義は嫌う。正統派的信仰から離れた者ならば、シェリングの立場に惹かれる可能性も十分にある。

エンゲルスが、シェリングを評価しなかったのは、同人に「存在の根底にあるひび割れに対する不安」という類の実存的問題意識が稀薄《きはく》であったことに求められるべきと思う。なお、実存主義に対する対決を、『ドイツ・イデオロギー』におけるマルクスとエンゲルスのシュティルナー批判に廣松は読み込む。裏返して言うならば、『ドイツ・イデオロギー』を執筆する時点では、実存主義的問題意識をエンゲルスももつようになるということだ。シュティルナーの『唯一者とその所有』を実存主義の問題として読み込んだのは、廣松の慧眼《けいがん》である。このことを別の切り口から見るならば、実存主義批判はニヒリズム批判と通底することになる。

〈エンゲルスのシェリング批判は、「すべての哲学が、これまで、世界を理性的なものとし《アルス・フェルニュンフティッヒ・》て把握《ベグライフェン》することを課題としてきた。理性的なものは、もとより、必然的でもある。必然的なものは、現実的に存在する、乃至《ないし》は、やがて存在するようになる、筈である。これは近時《ノイエレ》の哲学のもたらした偉大なる実践的成果への橋渡しである」(E. G., S. 180) という基本的な了解を基礎にして遂行されている。

理性的なものは現実的であり、現実的なものは理性的である、というヘーゲルの命題を立場的前提とする限り、シェリングの提起した、理性的なもの＝本質存在、と、現実的なもの＝現実存在との断絶は初めから存在しないことになり、シェリングのヘーゲル批判ならびに積極哲学はそもそも無用のものとなる。従ってエンゲルスは、ヘーゲル哲学体系の第一部「世界創造に先立っての神の思惟《しい》」たる論理学の最後の項として立てられている理念が、第二部の自然哲学で化肉して自然存在となる次第をめぐってシェリングの批判した論点――まさしくこの天地創造の必然性と現実性の問題がWas-seinとDaß-sein云々の真の問題性をなすことは先に述べた――に関して、聊《いささ》か安直にこう云い切ってしまう。

「ヘーゲルの諸カテゴリーは、……それに則ってこの世界の諸々の事物が創造された原像であるだけでなく、それによって世界の事物が創造されたところの創造力でもある、……これは、諸カテゴリーは世界を思想の形で総括したものであり、かつ、理性の定在からの必然的な帰結《フォルゲ》であるということを言表するものに外ならない。しかるに、シェリングは、実際、理性を目して何かしら世界組織《ヴェルトオルガニスムス》の外部にも現存しうる或るものと見做し……」「理念をまたもや超世界的な本質存在、人格的な神として表象する。かくのごときはヘーゲルの夢想だにせぬところであって、ヘーゲルにおいては、理念の実在性《レアリテート》は、自然と精神に外ならないのである」（E. G., S. 190, S. 196 f.）〉（前掲書、九四―九五頁）

〈理性的なものは現実的であり、現実的なものは理性的である〉というテーゼは、単なる同語反復（トートロジー）ではない。そこにおいても、本質存在と現実存在の間隙という問題意識はあるのだが、エンゲルスはヘーゲルを表面的にしか理解していない。廣松は〈聊《いささ》か安直〉と柔らかい言葉を用いているが、実際は暴論である。

ただし、ここでエンゲルスが、シェリングにおいて、〈実際、理性を目して何かしら世界組織の外部にも現存しうる或るもの〉があると指摘していることは正しい。この世界に包摂することができない外部性を認めるということは、啓示の独自性を認めるということである。ヘーゲルにおいては、神の疎外が創造という形態で現れる。この創造は、世界の変容でもある。外部を想定することなくして、世界が変容していくという形で、創造を解釈することが可能になる。この場合の構成は、汎神論と親和的になり、外部に、積極的にこの世界、あるいは歴史に関与する人格神を認める必要はなくなる。

これに対して、シェリングの場合、創造は外部の何者かによって作られるという論理構成ではなく、アイザック・ルリヤ流の「カバラーの知恵」に近い、神の収縮という構成をとっている。神が収縮することによってできる隙間がこの世界なのである。そして、この隙間＝無と神の間に存在するのが「底」で、神の側からこの「底」に触れる行為が啓示なのである。

第五章　神の収縮と悪の起源

廣松渉は正義感が強い。

それは人生の持ち時間が少なくなった廣松が、ライフワークの『存在と意味』第二巻の全体構成を崩してまでも、最後の「第二篇　第三章　実践の間主体的規制と規範的当為性」の末尾に「第三節　間主体的妥当と正義」という形で正義論を据えたことによって如実に表れている。筆者は、廣松の正義論は以下の部分に要約されていると考える。

〈義務感は一種の当為感なのであるから、先の規定（引用者註：廣松による行為評価の分類）に鑑《かんが》みるとき、義務感に〝もとづく〟行為は「善良な行為」（義務感に背馳して敢行される行為は「邪悪」な行為）と認定される。但し、われわれの立場では、〝主観的〟な当為感に〝もとづく〟善行であっても、〝客観的〟に規範的当為不適合であれば「不当」なる行為であり、――それでもなおかつ「正義」的である場合を別とすれば――、広義での〝悪行〟に算入される。〉（「存在と意味　事的世界観の定礎　第二巻」『廣松渉著作集　第十六巻』岩波書店、一九九七年、四六六頁）

自らが主観的に善であると思っていることに従事しても、それが客観的には悪である可能性が排除されないということを廣松は強調しているのである。この正義観は、パウロに近い。

〈わたしは、自分のしていることが分かりません。自分が望むことは実行せず、かえって憎んでいることをするからです。もし、望まないことを行っているとすれば、律法を善いものとして認めているわけになります。そして、そういうことを行っているのは、もはやわたしではなく、わたしの中に住んでいる罪なのです。わたしは、自分の内には、つまりわたしの肉には、善が住んでいないことを知っています。善をなそうという意志はありますが、それを実行できないからです。わたしは自分の望む善は行わず、望まない悪を行っている。もし、わたしが望まないことをしているとすれば、それをしているのは、もはやわたしではなく、わたしの中に住んでいる罪なのです。それで、善をなそうと思う自分には、いつも悪が付きまとっているという法則に気づきます。「内なる人」としては神の律法を喜んでいますが、わたしの五体にはもう一つの法則があって心の法則と戦い、わたしを、五体の内にある罪の法則のとりこにしているのが分かります。わたしはなんと惨めな人間なのでしょう。死に定められたこの体から、だれがわたしを救ってくれるでしょうか。わたしたちの主イエス・キリストを通して神に感謝いたします。このように、わたし自身は心では神の律法に仕えていますが、肉では罪の法則に仕えているのです。〉（「ローマの信徒への手紙」第七章一五—二五節）

パウロの場合、〈自分の望む善は行わず、望まない悪を行っている〉ということの根拠を悪の実在に求めている。悪の背景には人間の原罪がある。実は、この世界に存在する悪をどのように根拠づけるかということは、キリスト教神学にとってたいへんな難問である。

キリスト教神学の場合、悪の根拠が神、すなわち神が悪を作ったというニュアンスがいささかでも出ると、そのような悪の起源である神は、実は悪魔ではないかという疑念が生まれてしまう。これはキリスト教の公理系からして受け入れられない。

他方、悪を「人間の善の欠如」程度の問題ととらえれば、神の悪に対する責任の問題は容易に回避することができるが、この世における悪の実在に対する認識が稀薄になる。「一人ひとりが清い心をもって、それを実践すれば、理想的な社会ができる」という結論が導きだされてしまう。しかし、現実に存在する人間社会の悪は、「人間の善の欠如」といったレベルの問題ではない。悪は確実に存在するのである。

罪の観点から、悪の問題を見ることも重要だ。悪を「人間の善の欠如」としてしまうと、「人間の原罪」が、「けがれ」程度の問題に矮小化《わいしょうか》されてしまう。これはキリスト教の人間観に反する。

キリスト教神学は、この世に悪が実在するということを、その責任を神に帰せずに解決するという必要に迫られている。神学の業界用語でいうと、「神義論」もしくは「弁神論」と訳される theodicy の問題である。

筆者の理解では、廣松の場合には、形を変えた「神義論」が存在する。

われわれの立場では、〈〝主観的〟な当為感に〝もとづく〟〝善行〟〉であることが、〈〝客観的〟に規範的当為不適合であれば「不当」なる行為であり、広義での〝悪行〟に算入される〉という認識を持つ場合、「善行」と「悪行」を判断する基準が求められる。結論を先取りするならば、それは共産主義社会という基準から判断されるのである。共産主義社会は、現時点においては実現していない。ソ連や中国もスターリン主義体制に過ぎない。しかし、廣松が考える共産主義社会は、未来において実現されることが想定されている。ここに廣松哲学に目的論が忍び込む回路が開かれるのである。

資本主義社会には構造悪がある。現実に存在する社会主義社会にも構造悪がある。また現実に存在する共産主義運動にも構造悪がある。この構造悪が端的に現れたのがスターリン主義によって官僚化した日本共産党だ。しかし、反スターリン主義を掲げた新左翼諸党派も構造悪からは免れていない。党派闘争が発展した内ゲバがそれである。共産主義革命を志向する党派の競合関係がなぜ容易に敵対関係に転化してしまうのか？　新左翼諸党派の中でもスターリン主義的な個人崇拝や党物神崇拝、そして官僚主義がなぜ発生するのか？　さらに敵対する党派間では、なぜ相手が、革命運動の中の異論派ではなく、真性の反革命に見えるのか？　これらの問題について、廣松は、その責任をマルクスに帰することなく解明しようとした。キリスト教神学にとっての神と同様に、マルクス主義という公理系には過ちはないという了解をもっている廣松の悪に対する究明は、それ故に神義論的性格を帯びているのである。

悪の起源

初期廣松の『エンゲルス論』と後期廣松の『存在と意味』は奇妙な反復をなしている。エンゲルスに対する解釈という形で、廣松はドイツ古典哲学を読み解いた。追体験的な作業と言ってもいい。この場合、解釈学の定石通り、解釈主体はテキストの著者よりも深くテキストを理解するのである。

廣松は、エンゲルスのシェリング解釈の浅薄さに気づいた。シェリングがもつ神義論に、エンゲルスがあまりに無自覚であることに廣松は違和感をもったのである。この違和感を、廣松は『存在と意味』において、正義論の枠組みで解決しようとしたのだと筆者は考えている。

それでは、廣松は、エンゲルスのシェリング解釈のどの部分に違和感をもったかについて、具体的に検討してみよう。前章でも引用した部分であるが、議論の展開上、もう一度ここで引用しておく。

〈エンゲルスのシェリング批判は、「すべての哲学が、これまで、世界を理性的なものとし《アルス・フェルニュンフティッヒ・》て把握《ベグライフェン》することを課題としてきた。理性的なものは、もとより、必然的でもある。必然的なものは、現実的に存在する、乃至は、やがて存在するようになる、筈である。これは近時《ノイエレ》の哲学のもたらした偉大なる実践的成果への橋渡しである」（E. G., S. 180）という基本的な了解を基礎にして遂行されている。

理性的なものは現実的であり、現実的なものは理性的である、というヘーゲルの命題を立場的前提とする限り、シェリングの提起した、理性的なもの＝本質存在、と、現実的なもの＝現実存在との断絶は初めから存在しないことになり、シェリングのヘーゲル批判ならびに積極哲学はそもそも無用のものとなる。従ってエンゲルスは、ヘーゲル哲学体系の第一部「世界創造に先立っての神の思惟」たる論理学の最後の項として立てられている理念が、第二部の自然哲学で化肉して自然存在となる次第をめぐってシェリングの批判した論点――まさしくこの天地創造の必然性と現実性の問題が Was-sein と Daß-sein 云々の真の問題性をなすことは先に述べた――に関して、聊《いささ》か安直にこう云い切ってしまう。

「ヘーゲルの諸カテゴリーは、……それに則ってこの世界の諸々の事物が創造された原像であるだけでなく、それによって世界の事物が創造されたところの創造力でもある、……これは、諸カテゴリーは世界を思想の形で総括したものであり、かつ、理性の定在からの必然的な帰結《フォルゲ》であるということを言表するものに外ならない。しかるにシェリングは、実際、理性

を目して何かしら世界組織《ヴェルトオルガニスムス》の外部にも現存しうる或るものと見做し……」「理念をまたも
や超世界的な本質存在、人格的な神として表象する。かくのごときはヘーゲルの夢想だにせぬところであって、ヘーゲルにおいては、理念の実在性《レアリテート》は、自然と精神に外ならないのである」(E. G., S. 190, S. 196 f.)〉(『エンゲルス論』情況出版、九四―九五頁)
〈理性的なもの＝本質存在、と、現実的なもの＝現実存在との断絶〉に悪の起源があるのだが、エンゲルスはそのことに気づかないのである。現実的なものとは、当事者にとって現実的なものである。従って、このようなシェリングの現実存在は、実存主義を先取りしたものであると廣松は理解している。筆者も廣松のこの理解は正しいと考える。

ここで、本質存在と現実存在の断絶から、悪がどのようにして発生するかについてのシェリングの論理構成を見てみよう。

〈つまり、世界における悪を説明せんとするとき、反対に善をすっかり抹し去り、かくして汎神論の代りに一つの汎魔論(Pandämonismus)を導入するごとき思想なくしては、当の流出の体系において、善と悪とのあらゆる本来的な対立は消え失《う》せる。最初であるもの(das Erste)は無限に多くの中間段階を通して次第に弱まって行って、もはや善の影もないもののうちへ没してしまう。プロティノスが、巧者ではあるが不充分に、根源的な善が質料と悪とに移行するのを記述しているほぼそのごとくにである。すなわち、従属と遠離とをどこまでも推し進めて行くことによって、その先にはもはや何も生じ得ないような或る最後のもの(ein Letztes)が現われてくる。そしてまさにこのもの（それ以上先への生産に無能力なもの）が悪である。換言すれば、最初のものの次に何かがあるならば、もはや最初のものを少しも含まないような或る最後のものもまたあらねばならぬ。そしてこれが質料であり、また悪の必然性なのである。〉（シェリング『人間的自由の本質』岩波文庫、一九七五年、五四頁）

スピノザは、この世界に神が遍在している、言い換えるならば、その世界の総和が神であるという汎神論を唱えた。しかし、この世界に悪の実在を認めると、実はこの世界は悪魔によって満たされているという汎悪魔論になるというシェリングの見方は妥当である。

ここでシェリングがいう人間が思索を進め最後に突き当たる「最後のもの」とは、言い換えるならば、「底」である。この「底」があるということが悪の起源なのである。この表現では、なぜ「底」が悪の起源なのか、そして、「底」自体は、善でも悪でもない、仏教用語で言うならば無記の存在であるかということが明らかにならない。ここでは、創造は、神が外部からこの世界を作ったのではなく、神が収縮したことをわれわれは創造と考えているという、アイザック・ルリヤ流の「カバラーの知恵」が下敷きにされている。引用の連続になってしまうが、神の収縮に関する理解を正確にしておかないと、シェリングの論理構成がわからなくなってしまうので、しばらくお付き合い願いたい。

ルリヤのカバラー

まず、一般書から、アイザック・ルリヤのカバラーに関する説明の部分を引用しておく。ルリヤが活躍したのは一六世紀半ばで、キリスト教世界にプロテスタンティズムが発生し、カトリック教会と深刻な対立を惹起《じゃっき》し、その関係でヨーロッパ人の知的活動が活性化していた時期である。

〈新学派を代表する人物と言えば、イツハク・ベン・シュロモ・ルリア（引用者註：アイザック・ルリヤ）（一五三四―七二年）、別名ハ・アリ〈ライオンの意〉である。ルリアの父はヨーロッパ中東部出身のアシュケナズ系ユダヤ人であったが、エルサレムに移り住み、スファラド系（引用者註：スペインに起源をもち北アフリカで有力なユダヤ教）の女性と結婚した。カバラー文化の伝授という面から考えると、ルリアは二大コミュニティーの架け橋の役目を果たしたと言える。ルリアはエジプトで取税人をしていた叔父に育てられ、胡椒と穀物を専門に扱う貿易商となった。ユダヤ的な伝統において商売と知的生活（極度に神秘的な思索も含む）の両立は可能だが、ルリアはその見事な例である。彼は死ぬまで商売と研究を両立させている。カバラーが大衆化していった時期に少年ルリアはその説話に親しんだが、青年期には神秘色のない正統派ユダヤ教のハラハー（律法法規）に熟達した。両者の折り合いをつけ、その間も苦もなく行き来できたのは、天賦の才といえる。ルリアはほとんど著作を行なっていない。著書としてわかっているのは『ゾハル』の一部である「隠された書」の注解だけである。

彼がツファトに移り住んだのは一五六九―七〇年にナイル川に浮かぶ島で『ゾハル』についてじっくり考えた直後で、晩年のことであった。ツファトでは各界から弟子を集めたが、みなルリアに魅了された。弟子たちはルリアの教えを暗記し、後にそれを書きとめた（哲学者ヴィトゲンシュタインの弟子も一九三〇年代に同じことをしている）。彼は神聖さだけでなく、力強さと権威でみなぎっていた。ルリアがメシアだと思った人たちすらいた。ルリアは鳥の言葉がわかるようであったし、時には預言者たちと語り合っていた。また、弟子たちを連れてツファトを歩き回ると、誰も知らなかった聖人の墓を直感で言い当てたりもした。そのかたわら貿易の仕事も続けていた。死ぬ三日前にも計算書を一組書き上げている。若くして世を去ったため天に昇ったとも噂され、やがてルリアといえば奇跡の物語がつきものになる。

ルリアは瞑想術で有名になった。それは神の名を記した文字に全神経を集中させることによって強烈な瞑想を成し遂げるという方法である。トーラーに書かれた文字とそれに象徴される数は神に直結する道であると多くのカバリストが信じているが、ルリアも例外ではなかった。これは一度飲み込んでしまえば効験あらたかな薬である。〉（ポール・ジョンソン『ユダヤ人の歴史　上巻』徳間書店、一九九九年、四三二―四三三頁）

ルリヤの瞑想術は、へそに力を入れるという手法で、外形的には、禅やヨガに近い。ルリヤにとってカバラーは、知的活動にとどまらず、瞑想をかならず伴う身体全体の行為なのである。

この瞑想と独自の宇宙観がルリヤの場合、一体になっている。

〈しかし、ルリアはそれだけでなく一種の宇宙論をもっていた。それはメシア信仰に直結し、今日に至るまでユダヤ神秘思想の中で最も影響力のある思想である。カバラーでは、宇宙はさまざまな層から成っているとユダヤ人が苦しんでいるのはその宇宙が崩壊する兆しであるという前提から出発した。ルリアはユダヤ人が粉々になった殻（クリポート）は悪であるものの、神の光の小さな火花（ティキーム）を内包している。この囚《とら》われの光がユダヤ人の流浪である。神のシェヒナー（臨在）自体、閉じ込められた光の一部であり、悪の影響を免れない。この壊れた宇宙においてユダヤ人は象徴と行動という両義性をもった存在である。異邦人がユダヤ人に加える危害は、悪が光をいかにして損なっていくかを象徴的に表している。一方、宇宙が元どおりになるかどうかは、ユダヤ人の行動にかかっている。律法を厳格に守ることによって、ユダヤ人は宇宙の殻に閉じ込められた光の火花を解き放つことができる。こうして宇宙が元どおりになると、光の流浪は終わり、メシアが到来し、救済がなされる。

この宇宙論は一般のユダヤ人を引きつけた。自らの手で運命を切り拓く余地がある、という実感を彼らに与えたからである。古代ユダヤ人は異邦人と悪を相手に戦い、そして敗れた。中世には、どんな仕打ちを受けても黙ってそれに耐えたが、何も起こらず、状況は悪化の一途をたどった。ところが今回は、宇宙のドラマは自分たち次第で、要するに自分たちは主役なのだと言われたのである。ユダヤ人を巻き込む惨事が大きければ大きいほど、ドラマは山場に近づいているという確信が湧《わ》いてきた。自分たちが敬虔であれば、山場が来るのを早めてそれを乗り切ることができる。祈りのうねりを作り出せば、メシアがそれに乗って登場して勝利をもたらす。〉（前掲書、四三三―四三四頁）

神の存在（シェキナー）は閉ざされた光の一部である。この光自体は、悪ではないが、悪の影響を免れないのである。宇宙（世界）という容器は破壊された。しかし、その瞬間にユダヤ人は、容器から漏れてくる光をつかむことに成功したのである。世界の構築は、ユダヤ人がもつこの光をどのように活用するかにかかっている。

シェリングがいう「底」とは、その容器の壁のことなのである。ドイツ・テュービンゲン大学の組織神学教授ユルゲン・モルトマンが、ルリヤのカバラーを援用して、創造の物語を再構築している。少し長くなるが、論理的組み立てを正確に理解する必要があるので、引用しておく。

〈世界の創造は、神の創造者への自己決定に基づいている。創造しながら自己から出ていく前に、神はご自身に対して決心し、決定し、定めることによって、内側にご自身へと働きかける。「神の自己限定」（Zimzum）というユダヤ・カバラ的教義を使って、このような考え方が深められねばならない。そうすることによって、無からの創造（Creatio ex nihilo）の教義について、より深い解釈が得られねばならない。しかし、われわれは神の自己限定と無についての教義を、十字架にかけられた神の子に対する信仰のメシアニズムの光に照らして、取り上げ用いるであろう。〉（ユルゲン・モルトマン『創造における神　組織神学論叢二』新教出版社、一九九一年、一三五頁）

神の偉大さは、無限の力をもつにもかかわらず、神が自らの意志でそれを自己限定したところにあると気づいたところにカバラー思想の重要性がある。神は、世界を外部から創造したのではなく、この世界の中で収縮し、人間にとって自由な場所を作った。この自由な場所で、人間は神によって与えられた自由意志を誤用して、悪を創り出したのである。このようにして、悪の実在を認めるとともに、悪に対する直接的責任を神から切り離したのである。

〈アウグスティヌス以来のキリスト教神学は、神の創造の業《わざ》を外へと向けられた神の働き（operatio Dei ad extra, opus trinitatis adextra, actio Dei externa）と呼んでいる。キリスト教神学は、この働きを、神の三位一体論的関係において起こる内へと向けられた神の働きと区別する。この神の内と外の区別は自明のこととされたので、次のような批判的問いは一度もなされなかった。すなわち、全能と遍在の神が、そもそも「外」を持つのだろうか。仮定される神の外（extra Deum）は、神にとって一つの限界となるのではなかろうか。誰が神にこのような限界を置けるだろうか。神の外に何らかの領域があるならば、神は遍在ではないであろう。この神の外は、神と同じように永遠であるに相違ない。そうだとすれば、このような神の外は神に相反するものであるに相違ないであろう。

しかし事実、神の外を考える次のような一つの可能性がある。すなわち、創造に先立つ神の自己限定の仮定のみが、神の神性と矛盾せずに一致させられる。神ご自身の「外の」世界を創造するために、無限なる神は前もって有限性に対して、ご自身の中の場所を明け渡したに相違ない。神のこのようなご自身の中への退去が、神が創造的にその中へと働きかけることのできる場所を明け渡す。全能と遍在の神が神の現在を撤退し力を制限することによって、またそうする限りにおいてのみ、神の無からの創造のためのあの無が成立する。

最初にこのような考え方を神の自己限定（撤退）論の中で展開したのは、ルーリア・イッハーク・ベン・シュロモー（引用者註：アイザック・ルリヤ）であった。撤退は集中と収縮を意味し、自己内へと退去することを示している。ルーリアは、古いユダヤ的内在（Schechina）論を取りあげた。それによれば、無限の神は神殿の内に住むために、自らの現在を縮小することができるのだという。しかし、ルーリアは内住論を神と創造に適用した。神の外の世界の存在は、神の転位によって可能にされる。この転位によって、神がその中へとご自身から出て行き、ご自身を啓示することのできる「一種の神秘的原空間」が明け渡される。「ご自身からご自身へと撤退される場所で、神は神の本質と存在ではないあるものを呼び出すことができる」。創造者は宇宙を「動かずして動かす神」ではない。むしろ、創造にそれ自身の存在の場所を与える、この神の自己運動が創造に先立つ。神はご自身から出て行くために、ご自身の中へと撤退する。神の現在と力を撤退させることによって、神は被造物が存在するための前提を「創造する」。「その最初の行為において外へと働きかけるかわりに、むしろご自身へと向う神の本質の自己限定（撤退）の中に無が現われる。ここにわれわれは、そこで無が呼び出される一つの行為をもつ」。創造と救済における創造的力となるのは、神の自己否定の肯定的な力である。〉（前掲書、一三五―一三七頁）

神は自発的意志で撤退した。この残余から生じた場所では、神は、神の本質と存在に関係しない事柄を呼び出すことができる。創造の前提に、この場所をつくるという神の自己運動がある。〈神はご自身から出て行くために、ご自身の中へと撤退する。神の現在と力を撤退させることによって、神は被造物が存在するための前提を「創造する」〉と考えるならば、悪の実在と神への関与を切断することができる。

神が支配する場所と、人間が占拠している場所の間の壁＝「底」

それでは、神は、収縮するときに、人間が悪を行うことを見通していなかったのかという疑問がでてくる。これに対する回答は、「見通していなかった」ということになる。悪は、神によって、神同様の自由意志を付与された人間と人間の関係が作り出した構造悪なのである。

〈神の自己限定についてのカバラ的教義は、キリスト教神学の中にも入りこんでいる。ニコラウス・クザーヌス、ヨーハン・ゲオルク・ハーマン、フリードリヒ・クリストフ・エーティンガー、フリードリヒ・シェリング、アレクサンダー・エッティンゲン、エーミール・ブルンナーその他の人々は、神による創造の明け渡しの中に、キリストの十字架においてその最深点に達する神の自己卑下の最初の行為を見たのだった。ここでわれわれは、この思想について言及し、さらに論究してみよう。

1　その現在を撤退することによって、神は被造世界のために席を明ける。被造的存在の否定を含まない無が成立するのは、被造世界がまだそこに存在せず、神がまだ創造者ではない限り、無は神の存在の部分的否定を表わしているからである。神の自己限定によって成立し明け渡される場所は、文字どおり神が去った場所である。そこにおいて神が被造世界を創造し、それの脅威に対して被造世界の生命を生かしめている無は、神の退去、地獄、絶対的死である。もちろん、無がこのような脅威としての特徴を初めて持つのは、罪、神喪失と呼ばれる被造物の自己遮断によってである。したがって、被造世界は、それ自身の非存在によって脅かされているだけでなく、創造者である神の非存在によって、つまり虚無そのものによっても脅かされている。被造世界を脅かす否定的なものの特徴は、被造世界を超えている。このことが否定的なものの悪魔的力を形成している。虚無は被造世界を否定するばかりでなく、神がその創造者であるかぎり神をも否定する。神の無化は、神が創造する前にご自身の中で明け渡したあの原空間へ行き着く。無は、自己限定による創造の可能化として、まだこのような無化する特徴を持ってはいない。被造世界を独立して神の「外で」可能とするために、無が明け渡されたのである。しかし、そうすることによって、無化する虚無のあの可能性も与えられたのである。このことから、虚無的なるものに関する教説にとって次のことが帰結される。すなわち、被造物の非存在、被造世界の非存在、および創造者の非存在は区別されねばならない。虚無について初めて語られるのは、この最後の点においてである。

2　創造を可能にするために、神は、「ご自身からご自身へと撤退される」。この謙虚な神の自己限定が、神の外へと向けられる創造的活動に先立つ。この点において、神がこの世界と関わるかぎり、神の自己卑下は創造によって初めて始まるのではなく、既に創造の前に始まっているのであり、神の創造の前提である。神の創造的愛は、神の謙虚な、ご自身を卑下する愛において、基礎づけられている。このご自身を限定する愛は、ピリピ人への手紙二章が救い主である神の秘義とみなす、あの神の自己譲渡の始まりである。既に天と地を創造するために、神はすべてを実現する全能を譲渡し、創造者として僕《しもべ》のかたちを受け入れたのである。

このことは、創造理解に必要な修正を指示している。すなわち、あるものを存在へと呼び出し実行に移すことによって、神は創造するだけではない。ご自身を放下し、明け渡し、撤退することによって、神はより深い意味において「創造する」のである。創造的な作ることは男性的隠喩によって表現される。しかし、創造的放下は女性的カテゴリーによってよりよく語られる。

3　ご自身が明け渡したあの「原空間」へと創造的に働きかける時、いったい神は「外へと」創造するのだろうか。確かに外（extra）の明け渡しによって、神の外への働きかけ(operatio Dei ad extra) が初めて可能となる。確かに無の明け渡しによって、無からの創造が初めて考えられる。しかし、外への創造が神ご自身によって明けられた場所において起こるとき、神の外の現実は、にもかかわらずこの点においては、外をご自身において明け渡したあの神の中にとどまり続けている。それなしに創造が考えられない創造者と被造物の差異は、創造物語が帰着するいっそう偉大な真理によって包括され続けている。なぜなら、創造物語は、神がすべてにあってすべてであるという真理に由来しているからである。この真理は、被造世界を神の中に汎神論的に解消することを決して意味するものではなく、被造世界が神の中に見出すべき究極的なかたちを意味している。そうすると、創造を可能にするあの最初の神の自己限定は、そこで全被造世界が輝かしく変容される讃美を伴った限定解除となる。「その中ですべての事物が動いている神の栄光が、想像された世界に浸透する」（ダンテ）。

被造世界を顧慮しての神の最初の自己限定から終末論的限定解除への動きは、創造の出来事が新しい創造の出来事と比較される時に最もよく理解される。祭司資料伝承によれば、初めの創造はことばによる創造であり、それ自体は創造者によってたやすい。創造者は、このような創造の業の働きから安息日に休むのではない。しかし、人類の災いの歴史における神の救いの創造は、全く相違しているように思われる。この創造はたやすくないからである。イザヤ書四三・二四以下は、神の民のとがを消すことについて次のように述べている。「あなたの罪の重荷をわたしに負わせ、あなたの不義をもって、わたしを煩わせた。わたしこそ、わたし自身のためにあなたのとがを消す者である。わたしは、あなたの罪を心にとめない」。イザヤ書五三章によれば、救いのない者たちに救いをもたらす選ばれた者は神の僕（ebed Jahwe）と呼ばれる。彼の魂は「苦しんだ」（イザヤ五三・一一）。彼は担ぎ人夫のように罪と病を負う（イザヤ五三・四）。だから、このような仕方で、彼は勝利するであろう（イザヤ五三・一一～一二）。ピリピ人への手紙二章のキリスト賛歌の中で、救い主（メシア）の秘義は、「僕のかたち」への譲渡と卑下として説明されている。新しい救いの創造は、神の「働きと骨折り」から起こる。神は自己譲渡によって解放をもたらし、自己卑下によって高める。そして、神の代理の苦難によって罪人たちの贖罪がもたらされる。「すべてが終わった」（ヨハネ一九・三〇）とイエスの十字架上での最後の言葉を伝える時、ヨハネもこの「働き」を意味している。パウロによれば、聖霊の生命の力は、いつも「キリストの苦難にあずかること」（ピリピ三・一〇）においてのみ働きかける。キリストの苦難にあずかることによって、復活と新しい創造の力が知られ効力を生じる（Ⅱコリント四・七以下、六・四）。この力は弱いところに完全にあらわれる（Ⅱコリント・一二・九）。最後に天と地の新しい創造も、神の苦難の歴史から出てきて、この苦難をその中心に持つことになっている。この苦難の中心が、十字架にかけられたイエス・キリストの国であると言われる。すなわち、「ほふられた子羊こそは力と、富と、知恵と、勢いと、ほまれと、栄光と、讃美を受けるにふさわしい」（ヨハネ黙示録五・一二、七・一四以下、一一・一五、一二・一〇、二一・一三）。多くのキリスト教会のドームの「神秘の子羊」として見ることができるように、栄光の国は小羊讃美からなる。十字架のイエス・キリストは、天と地を新しくする栄光の国の基礎と中心となる。今すでにこの国はキリストの復活と讃美と共に始まっている。説明された創造の出来事を比較するならば、われわれは、初めの創造を神の無前提の創造として、すなわち、無からの創造として理解し、歴史的創造を災いを克服する骨の折れる救いの創造として理解する。最後に栄光の国の終末論的創造は、罪と死、すなわち無化する無の克服から出て来る。被造物の運命をご自身に負い、罪と死の上にある無を神の永遠の存在において克服することによって、神は被造物の罪と死を克服する。〉（前掲書、一三七―一四一頁）

神が収縮した後で生じ、現在は人間によって占有されている場所と神が直接支配する場所とのあいだには、壁があり、それは人間の側からするならば「底」あるいは「天井」なのである。シェリングの「底」とか「無底」という、一見、言葉遊びのように見える記述は、アイザック・ルリヤ流のカバラーによる創造の物語を哲学的に言い換えたものなのだ。

啓示は「底」を突き抜ける

再度、シェリングに立ち返ってみよう。

〈神の以前又は以外には何ものもないのであるから、神はその実存の根底を自己自身のうちに有しておらねばならぬ。これはすべての哲学の言うことである。が、彼らがこの根底について語るのは単なる概念としてであって、これを何か実的な現実在的なものとしているのではない。神の実存のこの根底は神が自己のうちに有するものであるが、それは絶対的に見られた神、すなわち実存する限りの神ではない。なんとなれば、それは言うまでもなく単に神の実存の根底にすぎない。それは自然――すなわち神のうちの自然（die Natur in Gott）である。神と離し得ざるものではあるが、しかもなお区別ある存在者である。この関係は、自然における重力と光との関係によって類比的に解明せられ得る。重力は光の永遠に暗い根底――それ自身現勢的（actu）には存在しないところの――としてこれに先行し、光（実存者）が登れば夜のうちに逃れ去る。光ですらもそれを閉じ籠《こ》めている封印を解きおおせない。それはまさにその故に絶対的同一性の純粋なる本質でもなければ、それの現勢的存在でもなく、それの自然から出てくるものにすぎない。言いかえればそれは有る――すなわち特定の潜勢においてて見れば。というのは、重力との関係から見て実存するものとして現われるものも、やはりまた自体的には再び根底に属し、従って自然一般は絶対的同一性の絶対的存在の彼岸に存するものの一切であるから。なお、かの先行ということに関して言えば、それは時間上の先行とも本質の優先とも考えるべきではない。一切が発生してくる源たる円環のうちでは、一者（das Eine）がそれによって生産されるものが自身また一者によって生み出されるということもなんら矛盾ではない。ここでは初めのものもなく、終りのものもない。一切が相互に予想し合い、一はいずれも他ではなく、しかも他なくしてはあり得ぬからである、神は自己のうちに自己の実存の内面的根底を含み、この根底はその限りにおいて実存するものとしての神に先行する。が、同様にまた、神は根底の先者（Prius）である。というのは、神が現勢的に実存しなかったならば、根底は根底としても有り得ないだろうからである。〉（シェリング『人間的自由の本質』、五九―六〇頁）

「底」は、人間の実存に先行するのである。人間の力では「底」を破壊することはできない。このような限定の中でわれわれは生きている。従って、人間がもつ自由は、常に限定の中における自由なのである。前にも述べたように、この限定の中における自由を誤使用して、人間は、人間と人間の関係から悪を創り出すのである。人間は悪を創り出すという本性を克服することができない。裏返して言うならば、そこから人間の原罪が見えてくるのである。

悪の起源に関するシェリングの言説を見てみよう。

〈悪の説明に対しても、われわれに与えられているものは、神のうちなる両原理のほかには何もない。精神としての神（両原理の永遠なる紐帯）は最も純なる愛である。しかし愛のうちには決して悪への意志はあり得ない。同様に観念的原理のうちにもあり得ない。しかし神自身は、存在し得んがためには或る根底を要し、（ただ、その根底は神の外にあるのではなくしてその内にある）、また、神自身に属しながらしかも神と異なるごとき或る自然を含んでいるのである。愛の意志と根底の意志とは二つの異なった意志であり、その各々はそれ自身としてある。しかし愛の意志は根底の意志に抗うこともできないし、それを廃棄することもできない。もしそうでなかったら、その意志は自己自身に反抗せねばならぬことになるであろう。というのは、愛が存在し得るためには根底が働かねばならず、また愛が実的に実存するためには、根底が愛とは独立に働かねばならぬからである。しかるにもし愛が根底の意志を破砕しようと欲するならば、それは自己自身に抗争し、自己自身と不統一になり、かくしてもはや愛ではなくなるであろう。かく根底の働きを許すということが、許容（Zulassung）という概念の考え得る唯一の場合であるが、これは、人間への通常の関係においては、全然認容され得ない。同様にまた根底の意志の方も、愛を破砕することはできず、またしようとも望まない。そう見えることがしばしばあっても、実はそうではない。なんとなれば、根底が愛に背を向けて、独自にして特殊なる意志とならねばならぬわけは、やがて愛がそれでもなおその根底を通して、光が闇を通してのごとく発現してくる時、その全能の姿において現われんがためである。根底とは顕示への意志作用（ein Willen zur Offenbarung）にすぎない。しかしまさにこの顕示が存せんがために、根底は独自性を、従ってまた対立を、呼び起こさねばならないのである。であるから愛の意志と根底の意志とは、彼らが分かれておりまた初めから各々が自分だけで働くというまさしくそのことによって、一つのものになる。従って根底の意志は、第一の創造において、すぐ同時に被造物の我意をも一緒に激発するのであるが、これはやがて精神が愛の意志として昇りくる時、それがそのうちにおいて自己を実現し得るべき或る反抗者を見出さんがためである。〉（前掲書、八九―九〇頁）

「底」によって、悪が生まれる。そこから、神は愛の力によって人間を救済しようとする。しかし、神は「底」を破壊することができない。「底」が破壊されるときは、人間がいるこの場所が破壊されるときで、そこにはもはや人間が存在しなくなってしまうからである。ここで特殊な機能を果たすのが啓示（Offenbarung）だ。啓示には、「底」を突き抜ける力がある。壁を突き抜ける光線のようなイメージである。しかし、啓示は「底」を壊さない。

神がそのひとり子であるイエス・キリストを「底」を突き抜けて派遣したことが最大の啓示であり、神の愛だ。神について知ることは、イエス・キリストによって証された神の啓示について知ることによってのみ実現されるというのがプロテスタンティズムの基本的考え方だ。このような形で、シェリングは、本質存在と現実存在の断絶から生じる問題を解決したのである。シェリングの積極哲学は、プロテスタント神学の原理を哲学の言葉で表現したものである。

本質存在と現実存在の裂け目

エンゲルスが気づいていないこのことに、廣松は気づいているのである。廣松の問題意識を見てみよう。

〈シェリングが提起した本質《ヴエーゼン》と実存《エクシステンツ》、本質と存在《ザイン》の問題、ひいては理性に対する存在の優位の主張は、「神は、現実的なものであって、単に潜勢的、可能的なものではないのであるから、理性の直接的な内容たりえない」という関心にもとづくにせよ（vgl. E. G., S. 183）、問題そのものとしてはヘーゲル的観念論の根本的な欠陥に関わるものであって、エンゲルスのように、理性的＝必然的＝現実的といって片づけることはできない。この間の事情について、エンゲルス自から後年に気付いたことは周知の通りであるが、この問題点は、すでに二年前から、フォイエルバッハによるヘーゲル批判の主要論点の一つをなしていた。エンゲルスは『キリスト教の本質』に言及しており（E. G., S. 200）、或る種の論点にはフォイエルバッハの影響もみられるが（vgl. E. G., S. 220 f.）、本質と存在をめぐるシェリングの問題提起の重要性にはまだ思い到らなかったようにみうけられる。現に彼は、シェリングの quid と quod との区別を「本質」と「現実存在の概念」との区別として紹介しており（E. G., S. 166）、ありていに云えば、肝心の論点を理解していなかったのではないかという疑いを禁じえな

い。〉

〈エンゲルスがシェリングの提起した問題を十全に理解することができず、あまつさえ、理性的＝現実的という大前提を立てていた限り、「消極哲学」をめぐる彼のヘーゲル弁護は整合的ではあっても、特に新しい思想を打出しているわけではない。［……］『シェリングと啓示』の後半部における積極哲学を扱った部分では、エンゲルスは〝知らしめることは即《すなわ》ち忘れしめることとなり〟という戦術に訴えている。〉

エンゲルスは〈『シェリング、キリストの哲学者』においては、徹底的な嘲笑《ちようしよう》に転じた。彼はシェリングの主張を〝茶々〟を入れながら〝祖述〟してい〉く。〈聖書から縦横に引用を重ねながら、シェリング批判というよりもむしろキリスト教信仰そのものへの揶揄をくりひろげる〉のである。

〈「哲学とキリスト教との不可両立性は、シェリングを以ってしてさえ、ヘーゲル以上の酷《ひど》い矛盾に陥らせるところまで来てしまっている。ヘーゲルは、見せかけだけのキリスト教を伴ったにせよ、ともかく哲学をもっていた。しかるにシェリングが持出すものは、キリスト教でもなければ況《いわん》や哲学でもない」(E. G., S. 217)。エンゲルスの〝アンチ・シェリング〟は、帰するところ、この一句に集約することができよう。〉(『エンゲルス論』情況出版、九五—九八頁)

廣松は〈シェリングの積極哲学は——わけても正統派的信仰に動揺を来たしていた当時の

知識層にとって――およそ鳴物入りの前宣伝を裏切るものであった〉（前掲書、九六頁）というが、それはシェリングが遅れていたからではなく、その七〇～八〇年後に思想界で本格的に意識されるようになる本質存在と現実存在の裂け目がこの世に引き起こす破滅（具体的には二度の世界大戦という形で現れた）に対する予感を先取りしていたからである。シェリングの洞察力に同時代の知識人がついていけなかったのである。エンゲルスもこのようなシェリングの洞察についていくことができなかった知識人の一人なのである。

恐らく、マルクスがシェリングの積極哲学と本気で取り組んでいたならば、別の結論がもたらされたであろう。もっともマルクスは、シェリングではなく、マックス・シュティルナーの『唯一者とその所有』に対峙することにより、本質存在と現実存在の裂け目の問題を認識している。そこからマルクスの神義論を導き出すことが、恐らく可能であると筆者は考える。

エンゲルスに対する批判

話を廣松のエンゲルス解釈に戻す。

廣松は、エンゲルスが本質存在と現実存在を区別しないが故に、この世界の矛盾を自覚せず、宗教的な予定調和に陥っていることを、表現の上では柔らかいが、内容的には、手厳しく批判する。

〈『エヴァンゲリッシェ・キルヒェン・ツァイトゥング』をはじめ、反動派が、エンゲルスの小冊子のうちに、ジャコバン主義を読み取ったのは、しかし、恐らくや単なる急進主義の故ではなかったと思われる。この間の事情を知るためにも、シェリング批判のうちに顕れているエンゲルス自身の哲学——もしそう云えれば宗教哲学——に目を向けなければならない。

「ヘーゲルは、意識の旧時代を完成することによって、意識の新紀元を拓いた当の本人である。彼が今日まさしく二方面から敵視されているのは、すなわち彼の先行者シェリングと彼の最も若い後継者フォイエルバッハとの両方から攻撃されているのは、見物《みもの》である。フォイエルバッハは、ヘーゲルはまだ〝旧〟に深く足を突込んでいるといって批難するが、それにしても彼は、〝旧〟についての意識は、もうそれだけで〝新〟だということ、旧いものは、まさしくそれが完全に意識にのぼされることによって、歴史の領域に移管されるのだということ、この点を考慮してしかるべきであろう。ヘーゲルは、たしかに、旧としての新、新としての旧、なのである。というわけで、キリスト教に対するフォイエルバッハの批判は、ヘーゲルが礎石《いしずえ》を築いた思弁的宗教論の必然的な補修である。思弁的宗教論はシュトラウスにおいて絶頂に達し、教義はそれ自からかの歴史〈的研究〉を通じて客体的に哲学的思想に溶解する。同時に、宗教的諸規定をフォイエルバッハが主体的人間的諸関係に還元し、そのことによってシュトラウスの成果《レズルタート》を廃棄してしまうことなく、却《かえ》って、両者とも神学の秘密は人間学であるという同一の結論《レズルタート》に達するということの追検をやってみせたわけである」(E. G., S. 219)。

エンゲルスは、ヘーゲルならびにヘーゲル左派の宗教論を右の視角で受けとめながらも、或る意味ではまだフォイエルバッハよりもヘーゲルの宗教論に近い位置にとどまっている。

既にみた通り『時代逆行の兆し』以来の持説であるが、エンゲルスはシェリング論においても「必然性をうちに含む自由、これのみが真の自由である」ことを再確認し（E. G., S. 217)、ここから「ヘーゲルの神は決して個体的人格ではありえない、けだし、ヘーゲルの神からは一切の恣意が除かれているからだ」と主張する（*ebenda*)。彼は、しかし、右の消極的な論点に加えて、「ヘーゲル的弁証法思想を駆動する、この強力な、留まることなき、発動力は、純粋思惟における人類の意識、普遍者《ダス・アルゲマイネ》の意識、ヘーゲルの〈抱く〉神意識にほかならない。ヘーゲルの場合にそうであるように、一切が自から自からを作っていくところでは、神的人格性といったものは余計である」（*ebenda*）ことを積極的に主張する。こうして、ヘーゲルの絶対者、絶対精神、世界理性、絶対理念——何と呼ぼうとも——は人格神ではないこと、しかもそれは、その実「人類の自己意識」にほかならないことを主張しながらも、エンゲルスはまだ本質存在と現実存在とを区別せぬことにも足もとを攫《さら》われ、人類の自己意識、エンゲルス流に改釈し直した絶対理念に対する物神崇拝に陥っている。

「理念を一度《ひとたび》識《し》った者は、理念の栄光を語り、理念の全能を告げ知らせることを、もはや止めることはできない。理念を識った者は、理念がそれを命ずるとなれば、爾余《じよ》の一切を投げ捨てるに吝《やぶさ》かでなく、理念が世におこなわれるとだにあれば、全身全霊を捧げ尽す。これぞまことに理念の力である。理念を一度まのあたりに見た者は、理念を見棄て去ることはできず、……たとえ死に至ろうとも、どこまでも理念につき従わずには居れない。けだし彼は、天上地上の万象にいやまさる理念の力を、理念は敵する者すべてを屠《ほふ》り去って切り進むということを、知っているからである。理念の全能に対する、永遠の真理の勝利に対する此の信仰、たとえ全世界が立向かおうとも理念は決してたじろいだり揺らいだりしないという確固たる信念、これこそが本物の哲学者たちすべての真の宗教であり、真の積極哲学の、すなわち、世界史の哲学の、土台《バジス》である。これこそが至高の啓示……人間の人間に与うる啓示である*」云々（E. G., S. 220 f.）。

ジャコバン主義という評言が生じたのも――われわれは今ここでエベール派の「理性の祭典」やロベスピエールの「最高存在」の祭典、またいうところの理性や最高存在の何たるかに立入るいとまを欠くが――右のごとき〝檄文〟中の表現を捉えてのことであろう。

＊この一文は聖書の表現を随所でもじったものであること、啓示云々をはじめもっぱらシェリングに対

するアンチテーゼとして立言されること、この点は容認されねばならない。エンゲルスは、しかも、「自然の最愛の子、人間は、……幾世久《いくよ》しき疎外《エントフレムドウング》を経て、今や自由なる偉丈夫となって母の御許に立帰る」（E. G., S. 220）とも書いており、フォイエルバッハの所論にもあながち暗いわけではない。しかし、当時におけるエンゲルスの発想が、以下の本文で今一度指摘する通り、「人類の自己意識」の物神崇拝に陥る構造になっていることは否めない。〉（前掲書、一〇〇―一〇二頁）

『ドイツ・イデオロギー』における（マルクスに対する）エンゲルス主導説を唱えたために、巷間《こうかん》、「廣松渉はエンゲルス主義者である」との見方もなされたが、それは誤っている。初期エンゲルスは、近代がかかえる本質存在と現実存在の裂け目という決定的問題が見えていなかった。この決定的な一点に、廣松はエンゲルスのシェリング論を読み解くことによって気づいたのである。しかし、それについて、恐らくは、諸般の政治的配慮から、目立たない形で書いたのだと筆者は理解している。

第六章　救済の根拠としての民族への受肉

廣松渉は、自らが考える革命家の倫理を基準に常に行動する。

廣松は、エンゲルスのシェリング理解が浅薄であることに気づいた。しかも、それは、近代人がかかえる本質存在と現実存在の裂け目という根本問題にエンゲルスが気づかなかったという、思想を扱う者のセンスとして決定的に重要な事項である。通常の学者や評論家ならば、「エンゲルスの限界を発見した」ということを最大限に強調した記述をするであろう。

しかし、前章で紹介したように、廣松は抑制された筆致でこの問題を記述している。廣松の目的は、初期エンゲルスを読み直すという形で、マルクス主義の形成過程、廣松の理解では物象化論の形成過程における「エンゲルス主導説」を提示することで、共産主義運動に再び革命の息吹をふき込むことである。廣松は、あくまでも革命家の視座から、エンゲルスを読み、語り、書いているのだ。

だが、廣松の革命家としての自己意識は、制度化されたアカデミズムの枠内にいる「廣松学派」の学者には追体験が難しい。この点について、黒田寛一の熊野純彦批判が興味深い。熊野が師・廣松の革命家としてのあり方を根源的なところで理解できていないところに黒田は苛立ちを感じているのである。

〈（引用者註：廣松が）十代で日共党員になっただけでなく、五〇年分裂の当時、「国際派」の一員として立命館大学地下室において三日間リンチをうけた、という若き廣松が経験した事実は、澄みきって明るく、しかもたおやかなメンタリティの持ち主である著者（引用者註：熊野）を、かなり困惑させているかのようである。そもそも、哲学者としての廣松と、政治運動に時折アンガージュしてきた彼との、この二重構造が、彼にはなかなか見えてこないかのごとくである。いや、見ようとしても見たくない、といったほうがよいかもしれない。〉（黒田寛一『〈異〉の解釈学　熊野純彦批判』こぶし書房、二〇〇八年、五二頁）

黒田は、制度化されたアカデミズムの中にいる「廣松学派」の学者の特徴を端的に指摘している。熊野は、哲学者としての廣松と革命家としての廣松を「なかなか見えてこない」というよりも「見ようとしても見たくない」という態度をとっているのである。これは、思想とどう対峙するかというまなざしの問題で、人間の生き方の根源的な問題でもある。思想は現実に受肉して、はじめて思想としての意味をもつ。この点で、廣松と黒田は共通の地平をもつ。

黒田は、熊野が廣松の何か重要なところを見落としているのではないかと、こう続ける。

〈哲学者が学理的思弁の雲上の学ではなくして現実的学であろうとするかぎり、「現実への切りむすび」を基軸にして廣松の歩みを論じないわけにはいかない。こうした観点にたって、なかば強制されたかたちで、戦後日本の全学連運動の人物史的記述に、本書の冒頭部分は捧げられている。だが、著者自身が経験していないところの、疑いもなく戦後史を限《くま》どった諸事件が、——とりわけかの凄惨な一事件を非難する情感もなく、ノンポリ丸出しのかたちにおいて、——淡々と綴《つづ》られている。人物運動史とでも評すべき本書の稚拙さについては、ここではどうでもよい。

たおやかな著者の回想は、次の点に象徴的にしめされている。すなわち、友人たる忽那《くつな》から「廣松渉の死」を報《しら》されながらも、この事態をにわかには信じがたいとうけとめた自己を、さらに、師・廣松を「それ以上・それ以下のもの」としてとらえ、あたかも「父親」であるかのように錯認してきた自己の過去を、臆面もなく滲みださせていること。師に愛され師を愛し、「弟子」としては師を尊敬してきたことのゆえに、著者にとって廣松は「擬似父」として意義をもつ存在にまで昇華されたかのごとくである。彼の肉体的死にもかかわらず、「廣松の生」という物象化的錯認のもとに生きたい、という著者の願望は、彼をして「廣松の死に顔を見たくない」という衝動に駆りたてたのだそうである。だが、彼は見た、「目を閉じた廣松の顔」を。……

たおやかな心根のわが哲学者は、推察するところ、なんとなく弱気である。

一九七六年～七八年のころの熊野（十九歳）が初対面した廣松渉、この彼の大きな顔についての印象が書きとめられているが、この時の廣松の顔を〃顔相〃として意識することさえ、熊野はできなかった。それだけではない。死の約六か月前に北海道から呼びだされて対談する機会があったにもかかわらず、廣松がそれ以前から黄疸《おうだん》になっていることにさえ気づかなかったほどなのである。いや、いや、一九九四年三月に催された廣松退官パーティにおいて、気管支切開後の廣松の車椅子姿を眼前にしていながらも、そうなのである。それにもかかわらず、「廣松の死」は見たくない、と。自意識においてはともかくとして、廣松は熊野にとって、明らかに「師それ以上のもの」（他なるものではない）であることが、如実にしめされているといえる。〉（前掲書、五二―五三頁）

筆者には、むしろ熊野の「ノンポリ丸出し」のところが羨ましい。筆者のように日本の官僚として、革命家とは反対の側から、悪しき政治を知り、またソ連崩壊を内側から見た者には、物象化的錯認であれ、恩師の死を見たくないというほどの強い愛情をもって廣松渉という思想家のテキストを読むことができないのである。

重要なのは、黒田のこの先の指摘だ。

〈したがって当然にも、「日中を軸とした東亜新体制を」（「朝日新聞」一九九四年三月十六日付）にたいする熊野の違和感が生ずるのは必然的である。〈壁の崩壊〉についての廣松の危機感を熊野は共有しえてもいない。ソ連崩壊以降に現出した世紀末的状況について、亡国ロシアの悲惨な現状と「現代化中国」の輝かしい前進について、なんら配視することなく、「中国東亜の共同体」構想にかんする師の遺言に戸惑ってしまうのである。これこそは、著者熊野のノンポリ性を臆面もなくさらけだしたところの、お坊ちゃん的心性をしめすものであるといってよい。

かの遺言は、哲学者廣松の髪の毛のポニーテールのようなものではない。現代の革命的哲学者／哲学者的革命家としての廣松渉の神髄をしめすものにほかならない。

わが哲学者のたおやかな心性のゆえに、「政治家としての廣松」という側面を忌み嫌い、「二人の廣松」はあってほしくないと思念しているかのようであり、事実そうなのである。たとえ明言されてはいないにしても、行間から、そのように読みとれる、「現実への切りむすび」というこの一点において、廣松哲学の政治的側面を熊野が是認してはいないことが、滲みでている。こうした断定的推論は間違っているだろうか。……〉（前掲書、五四頁）

熊野にとっては、一種の躓《つまず》きの石になった廣松の「日中を軸とした東亜新体制を」という東亜への回帰は、黒田が指摘するように〈かの遺言は、哲学者廣松の髪の毛のポニーテールのようなものではない。現代の革命的哲学者／哲学者的革命家としての廣松渉の神髄をしめすものにほかならない〉と筆者も認識している。マルクス、エンゲルスから東亜新体制に至る廣松の思想的回路を解き明かすことが、本書の隠された目的でもあるのだ。

いずれにせよ黒田の廣松に対するまなざしは温かい。それが熊野に対する苛立ちという形で表現されているのである。マルクス主義を含め思想とは人間の生き死にの原理である。大学で制度化されてしまうと、マルクス主義から「何か」が抜け落ちてしまうのである。東京大学という官僚を輩出することを本来の目的とする制度化された知の世界にいながら、廣松はその「何か」を失わないように、常に革命家であるという倫理規範を踏み外さないようにしていた。廣松にとって大切であるこの倫理が、廣松の忠実な弟子であるはずの熊野には皮膚感覚として理解できないのである。革命家である黒田は、そこに廣松の悲劇を見る。

観念論こそ思想の王道

少し話が脇にそれた。廣松の『エンゲルス論』に話をもどす。

革命の息吹をふき込むためには、本質存在と現実存在の裂け目、廣松が嫌う言葉をあえて用いるならば、「疎外された自己」に対する認識をもつことが不可欠である。もっとも疎外された自己という認識をもつことは、当事者が自ら疎外された状況に置かれていることを対象化するということだ。その意味では、疎外された状況から抜け出そうという気構えをもつ一歩手前にまできているということだ。疎外された人間は、自らが疎外された状態に置かれているという意識をもたないというのが常態だ。要するに、時代における主流のイデオロギーから抜け出すことができていないからである。

それでは、時代の主流のイデオロギー、あるいは常識から抜け出すためにはどうすればよいのだろうか。それは、確固たるイデオロギー、すなわち「イデア（理想）の体系」をもつことだ。当初において、体系化を要請することは無理である。ひらめきでも思いつきでもいい。理想が重要なのだ。理想は観念でもある。従って、新しい思想は観念から出発する。観念論こそが思想の王道なのである。

具体的思考、現場から出発する発想は、実は観念論と対立する。なぜなら、具体的であるということは、既成の体制を前提とし、その上で思考し、行動するということである。ヘーゲル哲学の魔力は、弁証法と運動を導入することによって、現実と理想の間の橋渡しに一応成功しているところにある。エンゲルスが一時期、「ヘーゲルの徒」となったのも、現実と理想の結合を真剣に考えたからだ。廣松もこのようなエンゲルスの心理を見事に描いている。

〈しかるにエンゲルスは、理性的＝現実的というヘーゲルの立場をそのまま踏襲することによって、世界精神、絶対理念——といっても人間の自己意識として改釈し直した理念——を全能化し、その前に拝跪《はいき》する偽神崇拝を払拭《ふっしょく》しきれていない（vgl. E. G., S. 221）。この点で、彼は、かつて自称した「シュトラウス学徒」たるに留まっていると評されねばならない。因みに、彼は、『イエス伝』を三九年に出た第三版で読んだ筈であるが、そこには次のように書かれている。

「教会がキリストに賓述《ひんじゅつ》する諸々の述語の主語として、個人の代りに理念を――しかもカント的な非現実在としての理念ではなく――実在的なものとしての理念を措定すること、これが全クリストロギーの鍵である。……人類《メンシュハイト》〔人間性〕は両自然〔いわゆる精神と自然〕の統一体であり、人間となった神《デア・メンシエンゲヴォールデネ・ゴット》である」（*Das Leben Jeus*, 3. Aufl., 1839, Bd. II, § 149, S. 767）。

エンゲルスの所説がフォイエルバッハのそれに近く見える場合にも、それは右のシュトラウスと重なる限りにおいてであることを看過できない。理念を物神化するこの立遅れ――理念は敵対する者をことごとく屠り去って切り進み、たとい全世界が反抗しようとも必然的に自己を貫徹し実現していくという諒解が、「世界史の哲学の土台」（E. G., S. 221）とされていることは先にみた通りである。

この事実は、唯物史観との関連において、格別な興味を惹く。先にグツコウの歴史観に対するエンゲルスの批判をみたわれわれは、ここであらためて次の問題に逢着《ほうちゃく》する。エンゲルスは「全能なる理念」という物神を、後日放擲《ほうてき》したにしても、その際、「理念」に代えて、必然的に自己を貫徹し実現していく〝歴史法則〟という新しい物神を持込んだにすぎないのではないか？　それとも、彼は抜本的に新しい視座を拓くことによって、この問題を別様に解決するに至ったのであろうか？　エンゲルスの思想形成を辿《たど》るにあたって、以下常に留意

して進むべき懸案として此の問題の所在を銘記しておこう。〉（『エンゲルス論』情況出版、一〇三―一〇四頁）

ここで廣松が紹介するシュトラウスの〈実在的なものとしての理念を措定すること、これが全クリストロギー（引用者註：キリスト論）の鍵である〉というのは、正統派キリスト教神学の常識である。神が神のままでとどまることを潔しとせず、人間（イエス・キリスト）となったという受肉（Fleischwerdung, incarnation）の構成をとるところにキリスト教の特徴がある。ここで、受肉は、イエス・キリストにおいてしかあらわれない。ただし、キリスト教神学では、この世界を受肉の類比（アナロジー）としてみる。そうすると、このアナロジーを個人に対してのみ、すなわち一人一人の実存、そして倫理の問題としてとらえるか、民族や国家などの人倫（Sittlichkeit）に対して適用されるかで、キリスト教を基礎に据える世界像も大きく変わってくる。

キリスト教神学には、教会論という分野がある。ヘーゲル哲学の概念では、教会も、当然、人倫に含まれる。ここには、受肉を人倫に対して適用するという了解がある。エンゲルスは、他のヘーゲル左派の人々と同様に人倫を「ドイツの民族性」と考える。神学的に見れば、これは教会論の変形なのである。従って、「ドイツの民族性」には、教会が人間を救済するということの類比から生じるドイツ人の救済という問題意識が潜んでいる。この点についても、廣松は論点が浮き彫りになるようにまとめている。ここからもテキストから本質的な部分をえぐり取る類稀《まれ》な能力を廣松はもっていることが明らかになる。

〈第三に、ドイツ民族の統一と自由化に関するエンゲルスの実践的な構想が可成り具体的にあらわれ始めていること。すでに『アルント論』以来、エンゲルスは、南ドイツの世界同胞主義の一面性と、同じく一面的な悪しき独逸主義との双方を批判しつつ、しかし、「思想と行為」とが民衆の間に浸透・定着するためには一旦「民族性」に根ざさねばならないことを主張していた。彼はこの見地からヘーゲルを再評価しただけでなく、自からも相当に激しい口調で民族主義的な発言をおこない、――ライン左岸の住民たちに、彼らが現在もっている立憲的自由を保証しうるに至るまでは、われわれは失地回復の資格に欠けると述べて問題を一たん屈折させ――畢竟《ひっきょう》するに、自由主義的統一ドイツの確立、このドイツとフランスとの対決、ライン左岸一帯の失地回復、そのうえでの世界同胞主義的善隣、という構図を打出していた。とはいえ、そこにはいかにも不明確な何物かが残されていた。しかるに今や、「北ドイツ自由主義の志操は民族的努力の必然的な所産として、そしてこの自由主義自身、民族的なものとして現われる」（E. G., S. 248）ことを述べ、北ドイツ自由主義は、かつての南ドイツ自由主義が解決できなかった「手段と目的との確然とした関係」をつけうるに至っているいることを揚言する（*ebenda*)。〉（前掲書、一〇九―一一〇頁）

エンゲルスは、救済は個人に対してではなく、ドイツ民族という人倫に対してなされると考える。ユダヤ系ドイツ人であったマルクスやモーゼス・ヘスと異なり、生粋のドイツ人であるという自己意識をもつエンゲルスにとって、自己をドイツ民族と同一化することに抵抗がなかったのは当然のことだ。〈「思想と行為」とが民衆の間に浸透・定着するためには一旦「民族性」に根ざさねばならない〉というのは、世俗化された受肉論なのである。その先には救済が待っている。それが、具体的にはアルザス・ローレン地方の失地をフランスから回復するということになってしまう。

敵のイメージ

ここで、廣松は、エンゲルスがもつ「敵のイメージ」について、注目する。キリスト教において、救済は悪との闘いと表裏一体の関係にあるが、そのような論理構成がエンゲルスにも認められるのである。

〈ここでエンゲルスが念頭に描いている内容は、――翌々月、同じく『ライン新聞』に出た『一聴講生の日誌』を援用して考えるとき――大略次のように理解できる。

フリードリッヒ・ヴィルヘルム四世とそのプロイセン政府が推進している逆コースは、好むと好まざるとにかかわらず、イエナの敗戦の再現、一大民族的危機の再現を日々刻々に促しつつある。来るべき危機が、一八〇六年と同様、西のフランスからもたらされるか、それとも東方から押し寄せる汎スラヴィニズムによってもたらされるか、はたまた、挟み打ちによって招来されるか、これを論ずるに遑《いとま》なきほど、危機は深刻にしてかつは焦眉《しようび》である。ライン左岸の失地回復どころではない。［……］われわれは、この存亡の危機からドイツ民族を救うべく自由主義の旗を高くかかげ、プロイセンの反動体制そのものを打倒し、自由主義という基盤のうえに全ドイツの「同質性」を確立し、以って民族的統一を現実のものとしなければならない。ドイツの民族性と自由主義、両者は互いに手段であるとともに目的であり、目的であるとともに手段である。云々。――

エンゲルスは、というよりもプロイセンの反政府派は、このようにして、〝自由が先か統一が先か〟というジレンマを免れつつ、愈々《いよいよ》実践運動の駒を駆り始めたのであった。民族的契機をエンゲルスが一歩色濃く押出した背景には、プロイセン反動の逆コースの進展、これに対するヘニングの批判に示唆を受けて、それを民族的危機として把握したこと、遡っては軍隊における民族主義的教育と民族主義的雰囲気の影響、このような事情を無視することもできまいが、しかし、故知にならって民族的エネルギーを利用しようという技術的配慮がはたらいていたことは間違いないと思われる。抽象的に自由を絶叫するにとどまった文学運動の次元をこえたとはいえ、未《いま》だ評論家的な姿勢から超出できていなかった旧態を脱して、此の『北ドイツの自由主義と南ドイツの自由主義』以降、戦略戦術論的な問題意識が念頭にのぼる緒口《いとぐち》を示したものとして、特に注目に値するという所以《ゆえん》である。〉（前掲書、一〇九―一一一頁）

エンゲルスは、ドイツ民族の救済を「西のフランス」と「東方から押し寄せる汎スラヴィニズム」という「敵のイメージ」によって根拠づけようとする。エンゲルスがプロレタリアートと資本家という線引きの転換をするためには、モーゼス・ヘスから触発された共産主義の洗礼を受ける必要があった。

プロテスタント神学は、「啓示と自然」「信仰と行為」という類の「と（und, and）」で結ばれた神学を嫌う。この「と」で結ばれるのはカトリック神学の特徴だ。そこには安定があり、救済に向けた秩序が保持される。しかし、プロテスタンティズムはそのような安定や秩序をまやかしと考える。神の啓示の出来事の中に、神による自然の創造は含まれる。信仰があれば、それはかならず行為と結びつく。従って、「信仰と行為」というような問題設定がありえないのである。従って、「理論と実践」という問題も、プロテスタント神学の立場からはありえないのである。神学史との類比で見るならば、「理論と実践」を結合していこうという傾向は、カトリック神学からプロテスタント神学への転換なのである。

〈第四に、特に注目したいのは、「理論から実践へ」という命題に関連してである、この命題は、ヘーゲル左派のうち歴史哲学を基軸にして展開したチェスコーフスキーやヘスを連想させるが、当時のエンゲルスが彼らの所説を直接に知っていた形跡はない。先の『アルント論』では「思想と行為」と並んで「理論と実践」という対句が用いられる際、「実践」という言葉には〃政治上の施策の実行〃といった特殊な意味がこめられていた (vgl. E. G., S. 124)。また、『一聴講生の日誌』に〃引用〃紹介されている老ヘーゲル派〃レオポルト・フォン・ヘニング〃の語法でも (vgl. E. G., S. 253)、やはり政策の遂行といった特殊な含意をもつように見受けられる。ところが、今問題の『自由主義』論では――同趣の含意がないわけではないが――、もう少し語義が一般化されていることに気付く。そして、実は、この「理論から実践へ」ということが、エンゲルスの場合〃理性的なものは現実的〃というヘーゲル的命題の受け取り方とも相即しており、迂路《うろ》を介してではあるが、チェスコーフスキーやヘスと同一の志向を、期せずして云い当てている。〉

チェスコーフスキーやヘスによれば、ヘーゲルは歴史の哲学、理論、理性の立場に終始しており、それの実践的現実化が欠けている。彼らはその旨を批判し、歴史の哲学から行為の哲学へ、〃理論から実践へ〃という方向に継承発展させようと志向したが、〈エンゲルスはヘーゲルに対して彼らよりも好意的であり、初めからそれをヘーゲル（世界史の哲学）のうちに読み込んでしまう。けだし、『シェリングと啓示』において、「理性的なものは、勿論、必然的でもあり、必然的なものは、現実的であるに違いない、乃至は、現実的になるに違いない。これは、近時の哲学の偉大な実践的成果への架橋である」(E. G., S. 180) と書いた所以であろう。エンゲルスは、理性的なものは必然的に現実的になるに違いないという〝ミュッセン〟と、現実化しなければならないという〝ゾレン〟とを二重写しにして、ヘーゲル歴史哲学のうちに、〝現実化〟の志向と当為とを読み取る。ということは、チェスコーフスキーの志向を、ヘーゲル歴史哲学そのもののうちに読み取ったということにほかならない。

〈ところで、理性的＝現実的ということの歴史哲学的な意味内容とその背景は何であるか？また、ポーランドの貴族だったチェスコーフスキーを除いて、ヘーゲル派の他の人々が、ルーゲ派も、バウエル派も、人倫理念の現実態としての国家（ザハリッヒには理想化されたゲルマン・プロシヤ国家）というヘーゲルの提題を拳々服膺《けんけんふくよう》し、理性的＝現実的、現実的＝理性的という期望を彼らがプロイセン国家に対して永らく抱き続けた所以のものは何であったか？これを知ることによってはじめて、われわれはエンゲルスのいう「理論から実践へ」の意味を理解することができる。

プロイセンがウィーン反動体制下においても、一方で内国関税を撤廃して関税線を国境線まで押出しつつ、他方で対外貿易における通商の自由を大原則として主唱し、ドイツ関税同盟結成の推進役を演じたこと、また三〇年代後半には鉄道網の敷設をはじめ一連の有効な経済政策をとったこと、その結果ドイツ商工業が飛躍的な発展をとげてきたこと、この上からの政策が、富国強兵を願う国民大衆、わけてもドイツ・ブルジョアジーの共感をかちえたことは前述の通りである。このような事態がイデオロギー的に投影されると、プロイセンは「アダム・スミスやその後継者たちの理論的成果を実践的に貫徹する勇気をもつ唯一の国家」であり、自由貿易主義をイギリスですら十全には実践化しえていないのに、プロイセンの経済政策は徹頭徹尾「近時の国民経済科学」に基づいている（E. G., S. 252）、ということになる。理論の実践化、そのことによる合理的で急速な発展、これを周到に遂行しうる唯一の国家としてのプロイセン！　エンゲルス本人は、ヘニングに輪をかけて「プロイセンは、〝自然生長的な〟国家ではなくして、政策《ポリティーク》によって、目的活動によって、精神によって形成された《エントシュタンデネル》国家だ」とまで考えている（E. G., S. 253)。〉（前掲書、一一一—一一二頁）

ここにおいて、エンゲルスに階級という視座はまったくない。階級は社会において存在する範疇《はんちゅう》である。エンゲルスの人倫は、他のヘーゲル左派の論客にとっても同様であるが、国家に収斂《しゅうれん》されている。そこにおいて社会の要素はきわめて稀薄なのである。エンゲルスがプロレタリア階級を発見するためには、国家から社会へという視座の移動が必要とされるのだ。

ところで、ヘーゲルが『法の哲学』で展開した、「現実的なものは理性的で、理性的なものは現実的である」というテーゼをエンゲルスはどのように受け止めたのであろうか。廣松はこの問題に強い関心をもつ。

〈理性的なものは現実的であるという命題はヘーゲル派の人々にとって（ヘーゲルがこれをはじめて打出したのも『法の哲学』においてであった！）、こうして、「人倫理念の現実態」たるプロイセン国家の歴史的趨向のイデオロギー的追認にほかならなかった。そして、フリードリッヒ・ヴィルヘルム四世の逆コースによってプロイセン国家が桎梏として感受される以前には、このイデオロギー的〝幻想〟には十全な物質的根拠が存在したのであった。しかも、理性的＝現実的ということは、エンゲルスの場合、先にも指摘した通り〝ミュッセン〟と〝ゾレン〟との二重写しを孕んでいた。

「プロイセンは、政策によって、目的活動によって、精神によって形成された国家である」が故に「自己意識にめざめた精神が没意識的な自然に優越するのと同様、プロイセンは〝自然生長的な〟諸国家に擢《ぬき》んでることができる」。しかるに「プロイセンにおいては、地方的な差異が甚だ大であるが故に……Verfassung〔政策、制度、憲法〕は純粋に思想から生成しなければならない」(E. G., S. 253 f.)。しかるにもしも「自然生長」に委ねるならば、地方的差異を解消して統一の基礎たるべき等質性を確立するためには「数世紀」を要する破目に陥ってしまう (vgl. E. G., S. 254)。けだし「プロイセンの幸運《ハイル》は、一にかかって理論に、科学に、精神からの展開に」存し、「理論から実践へと躍入」すべき所以である。〉(前掲書、一一二―一一三頁)

現実に存在するプロイセン国家に理性を擬制する保守的な構成をエンゲルスはとっている。もっともこの構成自体は、後にスターリン主義者のみならず新左翼の大部分や左翼社会民主主義者も、現実に存在するソ連、少なくともスターリン政治体制が成立する以前のレーニン指導下のソ連については、ソ連国家に理性を擬制する保守的な構成をとったのである。

さらに重要なことは、思想から、憲法、政策、制度は生まれるという観念論にもとづいた受肉理解をエンゲルスがしていることである。

マルクスとの「冷たい」出会い

国家主義者であるエンゲルスは、プロイセン国家を防衛することに対して、抵抗感をまったくもたない。従って、嬉々として兵役に就く。

〈一八四二年の十月初旬、一年間の兵役義務を終えたエンゲルスは、一旦、郷里バルメンへ帰ることになった。彼は翌《あく》る十一月にはイギリスに渡り、父親の経営するエルメン・エンゲルス商会のマンチェスター支所で働くことになる。彼が今暫くの間ベルリンに滞在する希望を抱いたということは大いにありそうな推定であるが、何分、ベルリン時代に彼の書いた手紙は妹のマリー宛のもの五通とルーゲ宛の二通が現存するにすぎず、他にも裏付けとなる資料は存在しない。〉

〈ベルリン時代のエンゲルスを論ずるうえで最後に是非とも言及しておくべきことは、彼が帰途、ケルンに立寄って『ライン新聞』社を訪れた一件である。ケルンにおけるマルクスとの最初の出会いは「甚だ冷たい」ものに終わったが、モーゼス・ヘスと相識ったことによって、エンゲルスの思想は決定的な転換を遂げることになる。〉（前掲書、一二一―一二二頁）

マルクスとエンゲルスの初めての出会いが、冷たいものであったということは、マルクス主義者のうちで周知のことだった。しかし、廣松はこのエピソードと同時進行する形で、エンゲルスがモーゼス・ヘスとの出会いにより、マルクスよりも先行して共産主義者となっていったと読み解く。この読み解きは正しい。それとともに、イスラエル建国の理念であるシオニズムの立役者であるためにマルクス主義陣営からは偏見を伴って受け止められていたヘスを、マルクス主義の成立過程に等身大に位置付けたところに廣松の功績がある。

まず、マルクスとの冷たい会見についてである。

〈マルクスとの会見は、何故〝冷たい〟ものになったのか？　また、彼は何故、如何《いか》にして、モーゼス・ヘスの〝哲学的共産主義〟に〝共鳴〟したのか？

エンゲルスが訪れた頃、マルクスはベルリンのヘーゲル派と決裂寸前の状態にあった。第二代の編集責任者ルーテンベルグが当局の干渉によって辞職を余儀なくされたあと、十月十五日、マルクスがあとをついだのであったが、当時のマルクスは思想的にはまだ、バウエル・マイエン派よりもむしろ右寄りであった。彼みずから書いている通り、ベルリンの「自由人」たちの送ってくる「無神論や共産主義を混入した駄文」を「検閲官におとらずどしどし没にした」（ルーゲ宛の手紙、四二年十一月三十日、MEW, Bd, 27, S. 411 f.）。ベルリン・ヘーゲル派にとっては、これは彼らの〝機関紙〟つまり『ライン新聞』の〈性格と運動方針の根幹に関わる由々しい問題〉であった。片や、〈マルクスとしてはそもそも〝機関紙〟扱いと遠隔操作の態度に〝我慢がならなかった〟様子で、感情的な反撥《はんぱつ》をつのらせていた。〉そんな折に訪れたエンゲルスは、〈ベルリン派の〝使徒〟としてマルクスの眼に映じた〉のであった。〈エンゲルスの側でもマルクスを心よからず思っていた様子であって、しかるべくして「われわれの最初の非常に冷たい出会い」unser erstes sehr kühles Zusammentreffen に終わらざるをえなかった。〉（前掲書、一二二頁）

当時、マルクスの思想は、エンゲルスたちベルリンの「自由人」たちよりも守旧的（右寄り）であったという廣松の指摘は重要である。それとともに、遠隔操作されることに対するマルクスの苛立ちという指摘もポイントを衝いていると思う。マルクスとエンゲルスの和解は、マルクスが思想的にエンゲルスに接近することによって得られることになる。その核となるのが共産主義に対する評価だ。当初、共産主義に対して懐疑的であったマルクスもヘスの影響を受けて共産主義者になるのである。

もっともヘス自身は、晩年、共産主義から離れシオニズムに帰依する。マルクス、エンゲルスたちの共産主義は一九一七年にロシア革命という形で受肉し、一九九一年のソ連崩壊まで二〇世紀の国際秩序に決定的な影響を与える。これに対して、ヘスたちのシオニズムは、一九四八年にイスラエル建国という形で受肉し、このユダヤ人国家は、二一世紀の今日、唯一の超大国であるアメリカ合衆国にもっとも影響を与える怪物国家に成長したのである。

ヘスとの「温かい」出会い

それでは、エンゲルスとヘスとの出会いについて見てみよう。

〈四三年の六月、ヘスが友人に宛てた手紙にはこう書かれている。

「ヘーゲル派のもう一人のが、目下イギリスに居て、この問題に関する大きな本を書いている。僕はこの男と緊密な関係を保っている。彼は、去年、僕がいよいよパリを発《た》とうというときに、ベルリンからやってきてケルンに立寄った。僕達は時事問題 Zeitfragen について話合った。そして、彼、一年生の革命家は熱烈な共産主義者として私と別れた」(Brief von Moses Hess an B. Auerbach, 19. Juni 1843, Moses Hess. *Briefwechsel*, Herausgegeben von E. Silberner, 1959, S. 103)。〉(前掲書、一二四頁)

マルクスとの場合と異なり、ヘスとの出会いはエンゲルスにとって、とても温かいものだった。ヘスの思想のどこがエンゲルスにとって魅力があったのであろうか。

〈ヘスの政治社会思想と革命理論は、エンゲルスの急進自由主義を、袋小路から救い出すことのできるものであった。四〇年の初め以来「王宮の窓が粉々に砕ける」ような状況を作り出すことなくしては自由の実現が不可能なことを知っていたエンゲルスは、「民族の危機」「民族の統一」という契機を自由主義と接合することによって運動エネルギーの開発を企てたことにみられる通り、戦略戦術論的問題意識をもつに至っていた [……]。それだけに一層、彼は行詰りを実感した筈である。というのも、北部自由主義は、ブルジョア・インテリの間には一定の浸透をみせたが、就中《なかんずく》ふたつの要因によって苦境に立たされていたからであって、第一には、四二年六月二一日の勅令により、プロイセン全地方で「身分代表委員会」Die ständische Ausschüsse が創設され、十月十八日に、その全国会議が招集されることになったため、国会開設・憲法発布という幻想が拡がり、中道派を肥大せしめつつ、人々が選挙に熱中していたこと、第二には、検閲の強化、ひいては新聞雑誌の発禁、の趨勢《すうせい》が明らかになっており、――実際に発禁が相次いだのは、エンゲルスがヘスと会った直後からであるが――自由主義者たちが、事実上唯一の武器を奪われるのがもはや時間の問題となったことである。このような情況下にあって、バウエル派は、大理想の実現を遠い将来におき、フランス革命を準備したかの啓蒙家たちに自からを擬し、一切の妥協と中途半端を排して、ラジカルな、原則的な批判に傾注した。彼らの無神論、その他〝急進的〟な主張が容易に大衆に受け容れられないことは理の当然であったし、そうなればいよいよ孤高を持し、激越な言辞を専らとしつつ、〝検閲と仮借なく戦うヒロイズム〟と自己満足の悪循環が暫くの間つづくのは、これまた自然の勢いであった。エンゲルスの戦略戦術構想からすれば、これでは如何ともしがたいことが明らかだとはいえ、彼は「王宮の窓を粉砕」する部隊を結集すべき方途を見出すことができなかった。〉（前掲書、一二七―一二八頁）

筆者の理解では、エンゲルスが「王宮の窓を粉砕」する部隊を結集すべき方途を見出すことができない理由は、彼が現実的に思考するからである。この当時のエンゲルスは国家改造を考えていた。国家改造は、それを要求する人々の圧力によってしか実現されない。しかし、プロイセン国家は身分制議会を設置することによって、民意が国家に反映されるという幻想を作り出した。廣松はここで「幻想」という整理をするが、実際は幻想でなく、部分的に、ブルジョアや地主の民意を反映することはできたと想定されるので、完全な幻想とは言えない。そして、反対派が中間派に吸収され、革命を起こす主体として期待される人々の力量が低下してきたのである。それと同時に、検閲が強化されたことによって、啓蒙に頼っていたヘーゲル左派の道具（新聞、雑誌）が使えなくなりつつあった。

ここで革命を現実化させるための「新しい力」をエンゲルスは必要としたのである。〈一般に、ブルジョア革命が動員する大衆部隊は、イギリスやフランスの前例をひくまでもなく、〝下層民〟大衆に俟つものであるが、ドイツでは、――シュレジヤの織布工暴動をはじめ、〝下層民〟大衆の蹶起《けっき》が始まったのは四四年からであって――当時はまだ〝鏡の如き静けさ〟を守っていた。当時のエンゲルスは、恐らく、この大衆を啓蒙すべき武器の喪失を危ぶむというよりも、むしろ、彼らが蹶起する場合を想定することすら出来なかったであろう。彼は、バルメンやブレーメンで〝大衆の無気力と無知蒙昧〟を、そしてまたキリスト教信仰の呪縛力を見ていただけに、外国の前例はともあれ、ドイツの〝下層民〟大衆の革命的蹶起の可能性を戦略計画に組み入れることは、到底できなかった筈である。〉（前掲書、一二八頁）

エンゲルスが窮民革命を想定していなかったという廣松の読み解きも正しい。エンゲルスにとっての革命は、あくまでも一七八九年のフランス革命をモデルにした、理性をもち、啓蒙され、武装した市民層、すなわちブルジョアによる革命なのである。

同時にエンゲルスは、革命における思想の重要性を認識していた。ドイツにおける直近の大衆的規模での革命は一六世紀の宗教改革だ。廣松は、エンゲルスが〈キリスト教信仰の呪縛力を見ていただけに、外国の前例はともあれ、ドイツの〝下層民〟大衆の革命的蹶起の可能性を戦略計画に組み入れることは、到底できなかった〉という認識をもっていたとするが、この評価も正しいと思う。

そうなると、革命を現実化するためには、市民革命の土壌を整えるか、あるいは下層民を決起させるキリスト教信仰に代わる思想を作り出すことが必要とされるのである。その両方の可能性がヘスが唱える共産主義に内包されているとエンゲルスは感じたのであろう。

〈しかるにヘスによれば、〝下層民〟大衆は蹶起すべき歴史的必然性をもっており、しかも彼ら大衆にコミットしていく基本的な手段は、決して文書上の宣伝ではなくして、現にフランスで、そしてドイツ人〝労働者〟の間でも「義人同盟」が〝成功裡に〟推進している通り、革命的結社の方式である。もし、ヘスの云う如くであるならば、エンゲルスは彼の歴史哲学とも整合する仕方で、「王宮の窓を粉砕」する部隊を歴史的必然的に結集することができる。

ヘスと会った時点でのエンゲルスにとって、ここまでは諒解できた筈である。しかし、それは差当り、エンゲルスにとって、大いなる仮説の域を出なかったであろう。ヘスが、そして、彼の「同志」メヴィッセンが、イギリス社会経済の分析、これとドイツとの対比によって、労働者階級の蹶起する歴史的必然性を説いたとしても、エンゲルスは到底、それを直ちに「定説」として受容れることはできなかったであろう。しかし、ともあれ、彼は自己の政治理論と戦略構想の隘路《あいろ》を拓きうべき大いなる仮説——それを検証する最大の試金石が、まさに彼の赴かんとするイギリスにある仮説——これを刻み込んでヘスと別れることが出来た筈である。四二年十一月の末、イギリスに渡ったエンゲルスは、短時日のうちに〝仮説〟を検証し、この確定された〝真理〟を核にして、ベルリン時代の思想を、一次元引上げて結晶させることになる。〉（前掲書、一二八―一二九頁）

ヘスの中にある、これまで潜在力としてとどまっている力を引き出し、顕在化させる神秘的能力にエンゲルスは着目したのである。前に述べたように現実的に思考し、行動すると既成のシステムを前提とするので、それは結果として保守的な結果、既存のシステムを維持するという結論を導き出すことになる。しかし、現実的に思考し、行動しながらも、保守的にならず、既存のシステムを破壊し、新たな「何か」を創り出すものを、ヘスが唱える共産主義の中にエンゲルスは認めたのである。

第七章　資本家としてのエンゲルス

資本家にも革命を呼びかける

　エンゲルスは資本家である。それも一時期資本家であったのではなく、引退後も資本家時代の蓄えを処分して生計をたてたということを考慮すれば、生涯、資本家だった。エンゲルスが資本家であり、労働力商品化による搾取をしていたからこそ、マルクスに対して援助することが可能であった。資本家エンゲルスの存在がなければ、マルクスはおそらく生計を維持することができず、知的営為を継続することもできなかった。

　マルクスの経済基盤を客観的に見るならば、資本家であるエンゲルスによって支えられていたので、階級的帰属は資本家なのである。

　マルクスとエンゲルスは資本家の視座をもっていた。『資本論』においても、（著者である）マルクスと（第二巻、第三巻の編集者である）エンゲルスは、プロレタリアートに対して語っているのではない。将来、資本家になることを志望する「資本家見習い」に対して、共同体と共同体の間から発生する商品が貨幣、資本を生み出す論理を説き、ひとたび資本が社会全体を蔽《おお》ったときにどのような動きをするかを説明していると考えた方が、テキストの構成と整合性がある。マルクスとエンゲルスは、資本家に対しても革命を呼びかけているのだ。このことは廣松渉が嫌う疎外論の枠組みを用いると簡単に説明できる。

プロレタリアートとともに資本家も疎外された状況におかれている。資本家を疎外から解放し、（ここでも廣松の嫌う人間主義的用語を用いると）人間性を回復するためには、プロレタリアートによる共産主義革命が必要なのである。イエス・キリストによる福音（共産主義革命）が、ユダヤ人（プロレタリアート）のみならず異邦人（資本家）を救済するという論理と類比的だ。

マルクス主義者は、資本家としてのエンゲルスを正面から見据えようとしない。これに対して、廣松は『エンゲルス論』においてマンチェスター時代のエンゲルスを紹介し、解釈する中で、資本家としてのエンゲルスという問題に正面から取り組む。

エンゲルスは、貿易大国であるとともに「世界の工場」となったイギリスに、自由主義的要素と保護主義的要素が混在していることに着目する。

〈イギリスは、工業立国という国是から、必然的に、生産と関税とを間断なく引上げるべき内的論理をもつにもかかわらず、関税の廃止と生産の制限という、まさにそれと矛盾した施策の採用を余儀なくされている。エンゲルスはこの「二重のディレンマ」を指摘したうえで、次のように言葉をつづける。

「しかし、工業生産の制限も、禁止関税制度から自由貿易への移行も、いずれおとらず断行することができない。というのは、工業は一国を富ませるが、無一物の、絶対的な貧民の階級、手から口への生活を送り、急速に増加する階級、……をつくり出すからである。そしてイギリス人全体の三分の一、ほとんど半分がこの階級に属している。商業が少しでも停滞すると、この階級の大部分が、そして大商業恐慌が起これば、この階級全体が、パンのない状態におかれる。こういう事態がはじまれば、こういう人々には暴動を起こす以外になすすべがあろうか?」

「ところで、この階級は頭数が多いことによって今日イギリスでもっとも強力な階級になっており、この階級がそのことを自覚したら、イギリスの金持はそれこそ災難だ。今までのところ、この階級は、もちろん、まだそこまではいっていない。イギリスのプロレタリアはやっと自分たちの力を何となく感じとったばかりであり、この予感の結果が夏の騒擾《そうじょう》であった。……この事件は総じて、準備されず、組織されず、指導されなかった。……労働者たちやチャーチストたち……の頭にうかんだ唯一の指導理念は、合法的な方法での革命という理念であった。これは自己矛盾であり、実際上不可能なことであり、それを実行して彼らは失敗したのだった。……しかし、無産者にとってそこから生まれた利得は依然として残っている。それは、平和的方法による革命は不可能であり、現存の不自然な諸関係の暴力的変革、門閥貴族政治と産業貴族政治の根本的打倒だけが、プロレタリアの物質的状態を改善できる、という意識である。彼らをひきとめて、この暴力革命を差控えさせるものは、イギリス人に独得な遵法観念である。しかし、上述のごときイギリスの状態からすれば、近いうちに必ずや、プロレタリアの全面的な失業が生ずるであろうし、そのときには法律に対する恐れよりも餓死に対する恐れの方が強くなるであろう。この革命はイギリスにとって不可避である。しかし、イギリスで起こることのすべてがそうである通り、主義ではなくして利害関係が、この革命の口火を切り、それを達成するであろう。……すなわち、革命は政治革命ではなく、社会革命であるであろう」。〉（『エンゲルス論』情況出版、一三一―一三三頁）

資本の目的は自己増殖だ。資本にとっては、外国貿易による市場間の差異から価値を獲得する商人資本であっても、生産によって価値を獲得する産業資本であっても、一向に構わない。価値増殖が実現すればよいのである。ここでエンゲルスは、外国貿易については、とりあえず括弧《かっこ》の中に入れ、一国内の産業資本についてのみ考察している。そして、つぎの点に着目する。

その一。産業資本主義は、イギリスという国家を豊かにするが、イギリスの労働者階級を絶対的貧困状態に陥れる。

その二。恐慌の発生によって、絶対的貧困状態にある労働者階級は暴動を起こし、暴力的爆発を起こす潜在的可能性がある。〈現存の不自然な諸関係の暴力的変革、門閥貴族政治と産業貴族政治の根本的打倒だけが、プロレタリアの物質的状態を改善できる〉のであるにもかかわらず、〈イギリス人に独得な遵法観念〉が暴力的変革を押しとどめている。

エンゲルスが〈イギリス人に独得な遵法観念〉を重視したことは正しい。一六世紀のヘンリー八世の離婚・再婚問題を契機に始まったイギリス宗教革命がジグザグをかさね、ピューリタン革命という大混乱を引き起こしたことへの反省から、名誉革命のような平和革命路線がイギリスの政治と社会に浸透している。これが〈イギリス人に独得な遵法観念〉の原因だ。

その三。ドイツでは政治革命が社会革命に先行するのに対して、イギリスでは社会革命が政治革命に先行すること。そして、この社会革命が先行するという発想が共産主義への道ぞなえをする。

エンゲルスの労働者階級観

ここで興味深いのは、資本家であるエンゲルスは、労働者階級の絶対的窮乏化という当時の革命家たちの「常識」に対して疑念をもったことだ。

〈まさに経営者としての関心から、イギリス産業の直面する問題点と政治経済状勢を検討したことが介在していると思われる。［……］ランカシア、ヨークシャの総罷業《そうひぎょう》（引用者註：ゼネラルストライキ）が賃金値上げの要求ではなく、それまで比較的高かった「賃金の切下げ」に端を発したものであることもエンゲルスは知っていた（S. 459）。「こちらでは労働者は毎日牛肉を食べ、ドイツ第一の金持が買うよりももっと栄養分のある焼肉を買う。彼は一日に二度お茶をのみ、……昼食には黒ビールを、夕食にはブランデーの水割りをのむことができる。これが毎日十二時間労働をするマンチェスターの普通の労働者の生活様式である」（十二月二五日付の通信記事。S. 464）。敬虔主義のドイツ・ブルジョアの家庭に育ったエンゲルスには、これは驚きであったろうし、経営者の立場から賃金の「過度の高さ」（vgl. S. 459）に〝不満！〟を抱くにつけて、平時における労働者の窮乏化傾向ということは、この時点でのエンゲルスには〝神話〟に思えたであろう。〉（前掲書、一三四頁）。

ただし、資本家であるからこそ、エンゲルスは労働者が暴動を起こし、それが社会革命を引き起こすということを皮膚感覚で感じたのである。

人間には表象能力がある。何をもって窮乏とするかは、人間の表象能力によるところが大きい。一般論として述べるならば、資本主義による生産力の増大は、労働者階級の物質的欲望の充足を拡大する傾向にある。なぜならば、資本主義的に生産する商品を購入（消費）するのは労働者だからである。しかし、人間には表象能力があるため、欲望がほぼ無限に拡大する。個別資本は消費者（その圧倒的大多数は労働者）の欲望を刺激し、自己の資本が作り出した商品を購入させようとする。欲望を刺激された労働者は、永遠に窮乏感をもつのだ。この窮乏に、絶対的という形容詞をつけることが適当か否かは、具体的に「絶対的」の中にどのような内容を含むかを明らかにしなくては、ほとんど意味をもたない議論になってしまう。絶対的窮乏の存在の有無にかかわらず、要は労働者階級が社会革命を起こす意志をもつか否かが重要なのである。

浅薄な社会構造分析

社会革命が起きる場所は、市民社会である。そこでエンゲルスは、イギリス市民社会の内在的論理をとらえようとした。この点について廣松は次のような評価をしている。〈ヘーゲルの直接的な影響が全然認められない〉。〈なるほど、エンゲルスは「工業国家という概念のうちにある矛盾」を云々し、ヘーゲルの〝悪無限〟を聯想《れんそう》させる字句をも用いているが（S. 458)、これはヘーゲルの〝英国論〟――正しくは主として英国を念頭においた市民社会論――とは殆んど無縁である。

ヘーゲル『法哲学』の説くところによれば、市民社会は、その第一の契機として「個々人の労働を通して、また他のすべての人々の労働と欲望の充足を通して、欲望を調停し諸個人を満足せしめる――欲望の体系」であるが、「しかるに、労働における普遍的・客観的なもの、それは抽象化《アプシュトラクチオン》してゆくことに存するのであって、この抽象化は、手段ならびに欲望の特殊〔種別〕《シュペチフィチールング》化を惹き起し、それとともに生産をも特殊化し、労働の分割〔分業〕を生ぜしめる。個々人の労働《ダス・アルバイテン》は、この分割によって一層単純になり、そうなることによって個々人の抽象的労働における技能も、彼の生産量も増大する。同時に、技能の、そして、手段のこの抽象化は、人間の……相互依存《アプヘンギッヒカイト》と相互関連を余すところなく完成し、まったくの必然性《ノートヴェンディヒカイト》にしてしまう。生産《プロドゥツィーレン》の抽象化は労働《アルバイテン》をますます機械的にし、そしてついには、人間を労働から解除して、機械でおきかえることを可能ならしめる」。なるほど市民社会は円滑に作動している間は不断に「人口と産業」の拡充をもたらす。「人々の欲望を通じて、人々の相互連関が普遍化することによって、また、欲望を充足する手段を調達する方法が普遍化することによって、富の堆積《アンホイフング》が増大する。……しかし、他面では、特殊的労働の個別化と局限化が進行し、それとともに、この労働に縛りつけられた階級の依存《アプヘンギッヒカイト》〔隷属〕と窮乏《ノート》が増大する」。そして「イギリスの実例で学ぶことができる」ように、貧困に瀕《ひん》している大衆を救恤《きゅうじゅつ》（引用者註：寄付）事業で救うとすれば「労働に媒介されることなくして」彼らの生計が保障されることになり「市民社会の原理に反する」。さりとて、彼らに労働の機会を与えれば、「生産物の過剰」を来たすこと必定であって、救恤という方法でも、労働させるという方法でも、市民社会は、いずれにしても「禍《わざわい》」を大きくするばかりだというジレンマに陥る。そこで市民社会は、植民政策や職業団体《コルポラチオン》という仕方で、このジレンマの解決を図るが、これでは問題を真に解決することはできず、そこで市民社会は弁証法的な自己止揚によって、「国家」という次の弁証法的段階に高まることになる。（Hegel: Grundlinien der Philosophie des Rechts, § 188, § 198, § 243, § 245, § 248, §§ 252, §§ 259）

エンゲルスの立論をヘーゲルの所説と対比してみるとき、イギリスの直面している具体的な問題点をエンゲルスが知っているという点を割引けば、ヘーゲルの方がより根底に迫っており、また射程も大きいことに気付かざるをえない。〉（前掲書、一三五―一三六頁）

廣松は、〈エンゲルスの議論は、社会構造分析の底も浅く、また、余りにも短絡的である〉と評価するが、なぜ共産主義について、マルクスより先行することになるエンゲルスがこのような浅薄な社会構造分析しかできなかったのかという問題については踏み込んでいない。

筆者の理解では、それはエンゲルスの資本家としての存在基盤による制約だ。資本家としての自己の存在基盤を切り崩す発想をもつには、エンゲルスのプロレタリアートとしての階級意識が不十分だったのである。ここでも人間の表象能力が重要だ。人間には表象能力があるので、プロレタリアートとして存在することができない資本家であっても、プロレタリアートの階級意識をもつことは可能なのだ。

ナショナリズムに対する冷たさ

当時、イギリスにおいて、階級闘争と並んで深刻な異義申し立て運動はアイルランドの分離独立運動だった。この運動に対するエンゲルスの評価は冷ややかである。これはマルクス主義者のナショナリズムに対する基本姿勢を先取りしている。

〈この力学に則って、半意識的、前意識的な大衆の志向を現実の運動にまで組織していたもの、それがオコーナーのアイルランド分離運動であった。彼は、エンゲルスの見るところでは、本気で分離を追求しているというよりも、その実、トーリー党にプレッシャーをかけ、ブルジョアジーに有利な取引を試みているにすぎない。しかし、この「術策にたけた老弁護士」（S. 477）は、「一昨日はコークで十五万、昨日はネナフで二十万、今日はキルケニで四十万」（S. 479）というように、大衆を結集してみせる。「老猾《ろうかい》な」この男は、件《くだん》の政治運動の力学に則って、半意識的・前意識的な大衆のヴェクトルを現実の結集力として定着させている。翻って考えれば、ブリストルの社会主義者チャールズ・サウスウェレも、彼の場合、大衆がより意識的、より組織的だとはいえ、やはり同様の力学を発動せしめている（S. 474 f）。〉

（前掲書、一四五頁）

レーニン以降のマルクス・レーニン主義による軌道修正で、「万国のプロレタリアート団結せよ！」というスローガンに「万国の被抑圧民族団結せよ！」というスローガンが、理論的整合性について深く検討することなく加えられたため、マルクス主義は民族解放思想であるかのごとく捉えられた。しかし、マルクス主義のナショナリズムに対する姿勢はここでのエンゲルスの言説、すなわちアイルランドの民族運動を〈ブルジョアジーに有利な取引を試みているにすぎない〉と見るような冷たさに特徴がある。

共産主義の起源

廣松のエンゲルス解釈からは、イギリスの社会革命から、共産主義につながる理論的経路がいまひとつ鮮明にならない。イギリスの思想的系譜から直接つながらない、一六世紀ドイツの宗教改革急進派にエンゲルスが共産主義の起源を見出そうとしたことに、廣松は着目する。

〈エンゲルスはまず、ルターやミュンツァーというよりも大農民戦争時代の農民の要求から説き起こし、次いで、ヴァイトリング派の共産主義、そして最後に「ヘーゲル派哲学の必然的な帰結としての哲学的共産主義」を論ずる。

農民戦争時代の農民たちは、ルターの主張した「原始キリスト教の教会的な実践」だけでなく「社会的な実践をも要求した」。彼らのおかれていた状態は「初期キリスト教徒の共産体とキリストの教義とに対して極めて対照的であった。だから彼らは起《た》ち上って、彼らの主人に対する戦いを始めたのであった……。彼らが首領とした説教師トマス・ミュンツァーの発した宣言は、……次のごとき諸原則をも含んでいた。すなわち、聖書によれば、……財産の共有制こそがキリスト教徒の社会の唯一の正しい状態であること、善良なキリスト教徒は……他のキリスト教徒に対する支配権や命令権をもったり……することは許されないのであって、すべての人間は神の前で平等であるごとく地上においても平等でなければならないということである」。「これらの教義は、聖書から、またルター自身の著作から論理必然的にひき出された結論にほかならなかった」、にもかかわらず、ルターが「彼らを犬のように打ち殺せ」と叫んだこと、そして農民戦争の最期は、周知の通りであって、それ以降「ごく最近に至るまで、ドイツには社会改革論者の党は存在しなかった」（S. 489）。〉（前掲書、一五一頁）

共産主義革命思想の大枠

廣松は、〈ルターから説きおこした機縁は不明というの外ない〉という評価をするが、神学史的にはルターによる福音の再発見による救済への確信が、ミュンツァーの千年王国思想を生み出し、共産主義を表象することになる。従って、キリスト教神学の視座からは、共産主義の起源をルターにもとめる言説を組み立てることは、それほど難しくない。

廣松は、マンチェスター時代のエンゲルスの思索を中間的に総括し、共産主義の稜線が概《おおむ》ね定まったとして、それを五つの論点に整理する。

〈この時点でエンゲルスが抱くに至った共産主義思想の主要論点として、われわれは以上の行論から、次の諸点を挙げることができるであろう。
（1）共産主義は、現今の「社会的諸関係を財産の共有制を基礎にして徹底的に変革」した新しい社会体制である。
（2）共産主義は、英仏といった「特定の国の特殊な状況からの帰結ではなくして、近代文明の一般的事実のうちに定在する前提からの必然的な帰結」である。
（3）共産主義は、単なる「政治革命」によって実現されうるものではなく、「社会的・政治的福祉の人為的全構築がそのうえに立っている基盤」そのものを変革する「社会革命」によってのみ実現される。
（4）共産主義運動は、教養ある階級から個々の活動家を獲得することはできるが、その担い手は歴史的にみれば「プロレタリアート」である。
（5）共産主義を実現する戦術についていえば、オーウェン派のごとき「共産村づくり」は仏独においては不可能であり、可能なところでも高々「実験にすぎない」のであって、暴力革命に訴えざるをえない。その際、しかし、バブーフ派、ブランキー派のごとき少数精鋭分子の「秘密結社方式」では駄目であって、英国の労働者階級が進めつつあるごとき大衆的・組織的な蹶起でなければならない。
右に取出した諸論点は、たとえ十全な理論的肉づけを欠いていたにしても、結論という点ではほぼ完成していること、この意味において、エンゲルスは一八四三年秋の時点には、彼の共産主義革命思想の大枠を既に確立するに至っていることをわれわれは認めうる。〉（前掲書、一五五―一五六頁）

エンゲルスの『カーライル論』

　ここで廣松は、エンゲルスの思想的変遷を解明する切り口を変化させる。ルーゲ、マルクスの共同編集による『独仏年誌』（一八四四年二月刊行）に掲載されたエンゲルスの『カーライル論』についてかなり踏み込んだ読み解きをする。

〈『カーライル論』（正式の題名『イギリスの状態――トマス・カーライル著〝過去と現在〟ロンドン、一八四三年』）は、イギリスの状態に関する連載論文の第一回目として書かれたものであって単なる書評ではない。この論文は、従来とかく軽視されているように見受けられるが、エンゲルスの思想形成を辿るうえで、極めて重要な意義を持つ文献である。われわれはこの論文によって、彼がなぜ、またいかにしてフォイエルバッハに傾倒したか、シェリング論にみられた彼の哲学がこの時点でいかにして大旋回を遂げることになったか、この間の事情をみることができる。それればかりではない。われわれはこの論文によって、彼の謂《い》う所の「哲学的共産主義」の発想を理解し、彼がマルクスと意気投合しえた所以のものを窺い知ることができる。

カーライルの著書『過去と現在』は、エンゲルスにとってかなりショッキングだった筈である。彼が、イギリスで出版された大小無数の著作のうち、読むに値する事実上唯一冊の書物（MEW, Bd. 1,S. 525）としてこの本を取り上げ、紹介と批判を試みたのも故なしとしない。その経緯を知り、かつはエンゲルスが加えた批判の意味を知るためにも、先《ま》ずはカーライルの所説を一通りみておくことにしたい。

「ドイツでは――とエンゲルスはいう――カーライルといえば、ドイツ文学をイギリス人に親しませた」功労者として知られているが、「近年、彼はイギリスの状態の研究に従事しており」（S. 528）一八三八年には既に『チャーチズム』という小著を著わしている。近著『過去と現在』は、イギリス労働者階級の悲惨な状態の指摘から始まる。保険協会から三ポンド八シリングばかりの僅《わず》かな「埋葬費」を貰うために、わが子三人を次々に殺した両親の話をはじめ、――さながら翌年にエンゲルス自身が書いた『英国における労働者階級の状態』を髣髴《ほうふつ》たらしめる筆致で！――カーライルは公文書記録・報告にもとづいて豊富のなかの貧困を曝き、イングランドとウェールズだけで生活保護をうけている窮民が一四三万人にのぼること、アイルランドではそれが二三〇万を数えること、「世人が救貧法監獄と呼ぶ貧民労役所 Workhouse に閉じ込められている窮民」が好景気の一八四二年にすらイングランド・ウエールズだけで二二万二千人に達すること、「あらゆる種類の物資がみちあふれているこの近代イギリスで、〝情愛《なさけ》深き婦女等さへも手づから己の子等を煮て食となせり〟（旧約聖書エレミヤ哀歌）という〈ブライ人の恐ろしい空想が」日々現実となっているのである（vgl. S. 529 f）。「金持はどういう状態にあるのか？……多くの人々は、以前よりも立派な料理を食べ、以前よりも高価な酒を飲んでいる。……しかし、祝福がどれだけ増したであろうか？……彼ら自身が〝幸福〟と呼ぶところのものの観点からみてさえ、果してよりよくなっているであろうか？……」。「働く主人〔ブルジョア〕も、なまける主人、すなわち地主貴族もより幸福になってはいない」。「あり余る豊かさのなかで、人々は飢え死にしていく。……誰一人として、わが身を安全とは感じておらず、満足してもいない」。（S. 530）〉

〈勿論、カーライルは社会主義としての社会主義を唱えるのではない。彼自身としては社会主義の限界を認識したつもりでいたに違いない。もし彼が社会主義の立場を採りえたならば、彼にとって事は至ってイージーであったろう。彼はそうできなかったが故に〝万能薬〟の処方箋を書くことはできず、かの英雄待望論に身を置いたのであった。この限りで、彼の未来社会は、依然として立憲君主制の枠をこえることはできない。英雄的指導者のもとにおける民主制、しかも〝労働の組織化〟に立脚した〝指導民主制〟！〉（前掲書、一五六―一五八頁）

チャーチスト運動にその最良の形態が示されたイギリスの社会主義運動の動機は、有識者の労働者階級に対する同情である。しかし、同情で社会構造は変化しないので、労働者を階級に組織化する必要性をエンゲルスは自覚したのである。しかし、その自覚は、ぼんやりとしたものであり、戦略、戦術を欠くものだった。しかし、特定の英雄が労働者の社会問題を解決するというカーライルの処方箋に、エンゲルスは違和感をもっていた。

〈エンゲルスにとって、カーライルのこの「アリストクラシー」を批判することは至って容易であったろう。しかし、彼は殊更《ことさら》にこの点の批判には立入らない。けだし、カーライルが既成の社会主義的処方箋に全幅の信を寄せなかった所以でもあるが、彼は現代社会の矛盾を単なる〝豊富のなかの貧困〞にみたのではなかった。彼の洞察した現代社会の病根と症状は、より〝基底的〞である。彼の看取した病根と症状を問うことは、現代社会が何故こういう状態になってしまったのか？　これを問うことにも通ずる。

「一切の普遍人間的な関心の全面的な解体、真理と人間性に対する普遍的な絶望、またその結果として、人間の普遍的な孤立、各自の〝粗野な個別性〞への隠栖《いんせい》、あらゆる生活関係の混沌たる、雑然たる錯綜、万人の万人に対する戦い、全般的な精神の死、〝魂〞すなわち真に人間的な意識の欠如。……混沌、無秩序、無政府……がいたるところにみられ、精神的空虚、無思想、無気力がいたるところにみられる。これがイギリスの状態である。……若干の言い廻わしを除いて、この限りでは——とエンゲルスはいう——カーライルのいうことがまったく正しいことを認めないわけにはいくまい」(S. 537 f)。

どうしてこういう状態になったのか？　カーライルはいう。「われわれは中世の宗教心を投げすてたが、それに代るべきものをえていない。……しかし、古い宗教心が去ったあとを空席のままにしておくわけにはいかなかったので、われわれはそれに代るべき一つの新しい福音を手に入れた。時代の空疎と無内容にふさわしい福音――拝金《マンモン》の福音である。キリスト教の天国と地獄は、前者は疑わしいものとして、後者は不合理なものとして捨て去られた。だが、諸君は一つの新しい地獄をえた」(S. 532)。それは拝金の地獄である。――カーライルのいう富神《マンモン》信仰は、もとより、比喩以上のものではない。「神を忘れた」(vgl. S. 532) ということ、ここに頽落の原因があり、先に列挙した現代の病状を一言で括れば、無信仰、無神論ということに帰する。〉(前掲書、一五八―一五九頁)

エンゲルスはカーライルの現状認識には首肯《しゅこう》できるところが多いと考える。しかし、社会問題の起源に関するカーライルの言説には賛同しない。

カーライルは、スピノザの延長線上で神を考える。神は人格神ではない。世界(宇宙)に神は遍在している。しかし、この世に悪が実在している。労働者階級が置かれた悲惨な状況は悪である。また、カネによって人間は苦しめられる。この世に地獄をもたらすカネは悪そのものだ。それではこのようなこの世の悪は誰が創り出したのか。前述したように、キリスト教神学の術語では神義論（弁神論）の課題になる。もし神が悪を創り出したのならば、そのような神を悪魔と呼んでもいいはずだ。この世に悪が存在することを認めるならば、スピノザのいう汎神論は、汎悪魔論に訂正されるべきである。

カーライルが考える英雄は、この世の悪と闘うのである。ここに悪に対しては、悪をもって闘うしかないという発想が入ってくると、英雄はドストエフスキーが『カラマーゾフの兄弟』で描いた大審問官になる。

エンゲルスはこのような大審問型の英雄ではなく、労働者の組織化に関心を示していくのである。ここにヘーゲル型の有機体思想が影を落としている。エンゲルスが共産主義的世界観を確立する過程は、同時に同人が汎神論を脱却する過程でもあった。

〈もしもエンゲルスがかつてのめりこんでいたシュトラウス哲学の立場ないし発想を維持したうえで、イギリスの状態、わけても労働者階級の状態について件の〝原体験〟をもったとすれば、ここにおいて彼の築いたであろう思想は、カーライルのそれと大同小異だった筈である。彼がカーライルの『過去と現在』を以って、読むに値する唯一の書と称したのも故なしとしない。〉（前掲書、一六二頁）

エンゲルスがイギリスの労働者たちについて〈人間の人間としての尊厳、人間としての自己意識（Selbstbewußtsein ＝自覚）にめざめさせることが併せて必要なこと〉に気づいたというのは、重要なポイントだ。要するに、現状を変更するためには、労働者の自己意識が先行しなくてはならないのである。しかし、この自己意識の主体は人間ではなく、階級としてのプロレタリアートで、自己意識も階級意識（Klassenbewußtsein）でなくてはならない。この段階のエンゲルスは、階級意識の重要性にまで思考を掘り下げていなかった。

〈それでは実際の過程として、エンゲルスは一たんカーライルにほぼ全幅の共感を寄せたのであろうか？　それとも、カーライルを読むことによって、ここに自己の鏡像を対象化して読む結果となり、これを機縁にしてかつての〝偽神崇拝〟を自己批判したのであろうか？〉

〈事実は恐らくこうだったと思われる。それがカーライルを読む前であったか、その直後であったかは知る由もないが[*]、エンゲルスは、『アネクドータ』第二輯《しゅう》（四三年刊）に出たフォイエルバッハの『哲学改革のための暫定的テーゼ』を読んで[**]、自己のシュトラウス的旧態の非を悟り、フォイエルバッハの立場に飛翔し、その地平に立ってカーライルに対質した。

――少くとも、この仮説を設定して読むと以下の行論が極めて判り易い。

＊上註でふれた被救恤民問題から考えてもエンゲルスがカーライルを読んだのは、かなりあとのことと思われる。

＊＊フォイエルバッハの『暫定的テーゼ』を読んだことは、MEW, Bd. 2, S. 543 での言及やその前後で正確な知識をもっていることから判る。詳しい議論は省くが、これを読んだ時期は前稿『大陸におけ

る社会改革の進展』（十一月）の脱稿後であることはほぼ間違いない。もし前稿執筆時に既に読んでいれば、〝哲学的共産主義〟の扱い方、カント、シェリング、ヘーゲルの位置づけ等々が――『カーライル論』ではたしかにフォイエルバッハを踏んだものになっている点からみても――別様になった筈である。

尚『カーライル論』には『キリスト教の本質』を念頭においたかと思われる議論もみられるが――現にこの四三年にその第二版が出た――、しかし、後にふれる通り、エンゲルスは『キリスト教の本質』第二版を直接に読んだのではなく、『アネクドータ』に『暫定的テーゼ』と一緒に収録されたルーゲの『ドイツ哲学の新しい転換〝キリスト教の本質〟の検討《クリティーク》』から得た孫引き的知識に拠った公算が大きい。〉（前掲書、一六一―一六二頁）

廣松は、エンゲルスが汎神論から脱却する契機をやや強引にフォイエルバッハの宗教批判と結びつけている。ここで再度、エンゲルスの宗教批判の深化について解明する必要がでてきた。

第八章　神的人間の発見

大下敦史『情況』編集長からは、編集後記で筆者の連載について毎回コメントをいただいているが、いずれも本質を衝いたものである。これは大下氏の知に対して取り組む姿勢と関係していると思う。大下氏は革命に人生を賭けているだけでなく、革命の成就を確信している。

筆者の用語に転換すると、大下氏が考えている革命は、千年王国に近い。人間の力によって構築されるのではなく、向こう側からやってくるのだ。未来の共同主観性というものも、実際は人間によって生成されるものであっても、圧倒的大多数の個人にとっては外部から、抗しがたい力として到来するのである。ただ自覚的にプロレタリアートとしての階級意識をもった者には、未来の共同主観性が外部的なものではなく、内発的に見えるということなのだろう。筆者が神の到来を待ち望んでいるように、大下氏は革命の到来を待ち望んでいるのだと思う。

待ち望むということは、いわゆる待機主義とは異なる。「望む」ということには、当事者の積極的なコミットメントが必要とされるからだ。能動的に、キリストが再臨する日を待ち望むためには、教会を組織し、正義を実現し、神の到来を否定する人々と思想闘争を展開するための神学的訓練に精力を注がなくてはならない。大下氏も同じようなことを考えているのだと思う。

『情況』二〇〇八年一一月号で、大下氏は同号連載第七回の拙稿「資本家としてのエンゲルス」（本書第七章）についてこうコメントする。

〈エンゲルスがいかに共産主義者へと飛躍していったのか。思想的追体験という方法の中での、思想や理論の枠の中での固定的な、あえていえば自覚論的な神秘化する思弁話ではなく、生きた時代を明確に突き出しているということだ。廣松式追体験というのはあくまでも場所的＝パルタイ的に思弁の世界に閉じるのではなく、現実の関係の世界へと開いていくのがポイントであるから。〉

その通りだと思う。エンゲルスの魅力は、他者に対して、心を開いていき、その相互作用から、頑《かたく》なな他者の心を開く可能性をもたらすところにある。マルクスも、エンゲルスとの出会いがなければ、ユダヤ教のタルムード学者のように、閉ざされた世界の中で思想を構築したと思う。マルクスを思弁から解放する特別な力がエンゲルスにあったように筆者には思えてならない。

それは廣松渉についてもいえる。筆者はテキストを通じてしか廣松を知らない。ただし、大下氏、小林敏明氏（ライプチヒ大学教授）、二木《ふたつき》啓孝《ひろたか》氏（ジャーナリスト）をはじめ廣松氏と個人的に交遊した人には、何らかの磁場の変化が起きる。廣松のもつ他者の心を開かせる力に筆者は関心をもっているのである。

人間に内在する神の払拭

廣松は、マルクス主義の形成過程について、「人間から社会へ」と、マルクスとエンゲルスの視座が移動することを強調する。しかし、この過程はそれほど単純ではない。人間に至る前に、神の視座という問題があるからだ。しかも面倒なことに、フリードリヒ・シュライエルマッハーが、『宗教論』（一七九九年）において神の場所を転換した後、神と人間の区別が難しくなってしまった。シュライエルマッハーの言説の核心は以下の部分にある。

〈宗教は、形而上学のやうに、宇宙をその性質に從つて規定し且つ説明しようとは欲しないし、道徳のやうに、自由の力、及び人間の神的自由意志から宇宙を発展させ、且つ完成させようとは欲しない。宗教の本質は、思惟でも行為でもなく、直観と感情である。宗教は宇宙を直観せんとし、宇宙自身の表現と行為との中に在つて、敬虔の念を以て宇宙に耳を傾けようとする。宗教は、小兒《しように》のやうな受身の態度で、宇宙の直接の影響に依つてとらへられ、充たされようとする。〉（シュライエルマッヘル〔佐野勝也／石井次郎訳〕『宗教論』岩波文庫、一九四九年、四九頁）

宗教の本質は、「直観と感情」なので、神は人間の心の中にあるということになる。それまでの「天の上にましますわれらの神よ」という主の祈りの冒頭で表象されてきた、「上にいる神」の場を人間の「心の中」に移動した。これによって、ガリレオ、コペルニクス以降の近代的世界像と神のいる場所に関する矛盾を解消することはできた。しかし、神と人間の心理の区別が難しくなった。神と人間が一体化し、人間の自己神化が生じる危険に神学はさらされるようになった。

エンゲルスが共産主義者となる過程において、人間に内在する神を払拭するということが重要な思想的課題であったことを廣松は正確に理解している。

〈『カーライル論』――および、その直前に書いたと推定される『国民経済学批判大綱』――には、フォイエルバッハの直接的な影響がはじめて現われる。〉

〈それは、一言でいえば、カーライルが――かってのエンゲルスと同様！――人類の自己意識、世界史という神典の物神化に陥っているということ、この偽神崇拝から脱却できないでいるということであって、「われわれはこういう廻り途を必要としない。真に人間的なものが偉大であり壮麗であることを確信するためには、われわれは〝神的なもの〟という印章を一たんこれにおしつけるという廻り道を必要としないのである」（S. 546）。

人類の自己意識の物神化を自己批判しつつ右の論点を確保するためには、エンゲルスとしてはフォイエルバッハの援用を必要とした。と同時に、或る意味ではそれで事足りた。というのは、カーライルは——かってのエンゲルスがヘーゲルの絶対理念・絶対精神を人類の自己意識として改釈し、この意味で主語を置換しつつ「全能」をはじめ一連の述語をそのままこの新しい主語に与えていたのと同様——伝統的な人格神を理性神ともいうべき人間理性で置き換え、これに伝統的神学の述語を与えるという仕方で、この限りで人間理性の物神化に陥っているのであり、フォイエルバッハに従って「主語と述語とを顚倒《てんとう》」させる必要がある。が同時に、この最後の一歩を押し進めるだけで「われわれは超自然的・超人類的であると自称する一切のものを」終局的に排除できるからである。〉

〈カーライルの「汎神論」に対する批判のポイントは以上で尽きるといってよい。〉(『エンゲルス論』情況出版、一六二—一六三頁)

エンゲルスは、この世界に「神的なもの」を見出す必要がないと考えた。その理由はここで廣松が解明しているように、〈伝統的な人格神を理性神ともいうべき人間理性で置き換え、これに伝統的神学の述語を与えるという仕方で、この限りで人間理性の物神化に陥っているのであり、フォイエルバッハに従って「主語と述語とを顚倒」させる必要がある〉からだという確信をもったからであることは間違いない。

しかし、ここではなぜそのような確信をもったかについてが、さらに問われなくてはならない。

人間の理性（合理性）の限界をエンゲルスが深刻にとらえたからであると筆者は考える。それは、この世界には、善の欠如というような生温《なまぬる》い悪ではなく、絶対悪が存在するとエンゲルスが確信したからだ。その絶対悪は、工場労働のため、いま、ここに存在するプロレタリアートの出現という形で、現実になっている。プロレタリアートは人間と人間の関係から生み出されている。このような深刻な社会問題を引き起こしている人間に神的性格を付与することはできない。人間と人間の関係から、実体をもった悪が生まれているのだ。

仮に汎神論の枠組みで現実の世界を解釈するならば、そこには悪が存在するのであるから、世界を作ったのは神ではなく悪魔ということになる。従って、汎神論は汎悪魔論と同じ意味だ。そこで、エンゲルスは、フォイエルバッハの「人間をありのままにみる」ことで、汎神論にも汎悪魔論にも陥らないようにする方法論に惹きつけられたのだと思う。

〈「現代の空虚空疎」「魂の欠如」は、それ故、信仰の回復によって充たされるのではなく、信仰によっては却ってそれが深まる一方であるといわねばならない。「人間が自分自身の本質を一つの外的な本質として崇拝し神格化してきたのだということ、……人類がこれまで神として崇めてきた本質は、その実、人類自身の本質、これまで知られていなかった人類の本質であったということを人類が洞見するまでは、この空疎と無内容、宇宙の永遠の諸事実に対する絶望はつづくであろう」(*ebenda*)。

「人間は、宗教において自分自身の本質を失い、自己の人間性を外化してしまった。そしていまようやく、宗教が歴史の進歩によって動揺するに至ったので、自己の空虚と無根底に気づくに至った……。しかし、あらゆる宗教的表象を根本的に克服し、〝神〟にではなく、断乎として、真直に、自分自身に復帰する以外には、人間にとってどんな救いもなく、そうしないでは、人間は自己の人間性、自己の本質を奪還することはできない」(S. 547)

「われわれは、人間が宗教によって失った内実を人間に返還することによって、しかも、神的内容としてではなく、人間的内容として返還することによって、カーライルが描写している意味での無神論を廃棄しようと望んでいる。そしてこれを返還するには、単に自己意識を呼びさましさえすればよいのである。……われわれは、歴史にその内容を返還することを要求するが、われわれが歴史のうちにみているのは〝神〟の啓示ではなくして、人間の啓示であり、もっぱら人間の啓示だけである。……類が、ついに自由な人間的自己意識、人間と自然との統一という洞見をかちとり、純人間的な人倫的生活関係のうえに建てられた新しい世界を、自由に、自発的に創造するにいたるということを認識するためには、――このすべてをそのあるがままの偉大さにおいて認識するためには、われわれは〝神〟というような抽象物を呼び出し、あらゆる美しきもの、偉大なるもの、崇高なもの、真に人間的なものをこの神に帰属せしめることを要しないのである。……人間自身の本質は、ありとあらゆる〃神〃の仮想的な本質よりも、はるかに壮麗で崇高である。」〈S. 544 ff.〉〉（前掲書、一六四―一六五頁）

ここでエンゲルスは、宗教を肯定的に評価している。宗教によって、われわれはこの世界に底があることを実感する。逆説的だが、「空虚と無根底」という形で表象される境界が存在するのだ。

この境界の外側に神を表象し、救済を求めるのがキリスト教だ。これに対して、あくまでもこの境界の内側にとどまって、神なき人間の世界をそのまま見つめようとするのがフォイエルバッハの立場なのである。境界の外側などという幻想を捨て、類としての人間が〈ついに自由な人間的自己意識、人間と自然との統一という洞見をかちとり、純人間的な人倫的生活関係のうえに建てられた新しい世界を、自由に、自発的に創造する〉というフォイエルバッハの考え方にエンゲルスは惹きつけられている。ここで人間は善でも悪でもない、仏教用語を用いるならば無記の存在である。

私有財産と競争

廣松は、無神論についてここで筆を止め、エンゲルスの『国民経済学批判大綱』における私有財産と競争に関する認識にテーマを移している。もっとも無神論の問題については、もう一度、疎外論との関係で論じられるので、議論を避けているわけではない。
それでは私有財産と競争についてのエンゲルスの所論を見てみよう。

〈「私的所有（Privateigentum ＝私有財産）が存立している限り――とエンゲルスは自ら論点を整理していう――結局のところ一切が競争に帰着する。……。

私的所有の最初の結果は、生産が自然的側面と人間的側面との相対立する二側面に分裂したことであった。すなわち、人間が実らせることなしには死んだ不毛のものである土地と、ほかならぬこの土地を第一の条件とする人間の活動とがそれである。さらに、人間の活動はこれはこれで、われわれがみた通り、労働と資本に分解し、これら二側面は互いに対立した。という次第で、われわれはこれまでに三要素の相互支持ならざる闘争をみたのであるが、いまやそれに加えて、私的所有がこれら諸要素のそれぞれを分裂せしめる。土地は他の土地と、資本は他の資本と、労働力は他の労働力と対立する。私的所有は各人を孤立させ、自然のままの個別状態におとしいれるので、しかも、各人はその隣人と同じ利害をもっているので、土地所有者は他の土地所有者と、資本家は他の資本家と、労働者は他の労働者と敵対することになる。同一の利害がまさにその同一性の故にかくのごとく相敵対するというかたちをとって、人類のこれまでの状態の非人倫性が完成されている。そしてこの完成が競争である」(MEW, Bd. 1, S. 513)。

こうして、私的所有が存立する限り、人間社会は、諸個人をアトム的に孤立させ相互に競合させる〝自然状態〟から脱却できないだけでなく、論理的・歴史的な必然性をもって〝万人の万人に対する戦い〟をますます尖鋭《せんえい》化し、それを極限にまでもたらさざるをえない。エンゲルスは、経済学的な語義をもこめてそれを〝競争〟という語で括り、「この完成態が競争である」という。エンゲルスは私的所有が「競争」「需要供給」「拝金主義」等々の根源であることを捉えており（vgl. S. 548）、「競争の矛盾は、私的所有そのものの矛盾と全く同一」であって（S. 513）、「利害の同一性こそ唯一の人間的な状態」（S. 548）であるにもかかわらず、私的所有＝競争のもとでは、各人の利害が拮抗することになると主張する。〉（前掲書、一六五―一六六頁）

私的所有が行われるからこそ、生産が自然的側面と人間的側面に分裂する。そもそも私有（privat）の語源は、ラテン語の「簒奪する（privere）」だ。個人的所有（individuell）とは別の観念である。本来所有している人から何かを簒奪することが私的所有なのである。誰もが他者から奪うことを考えるのが資本主義社会である。資本家、労働者、地主の間で奪い合いの階級闘争が行われるだけではない。資本家は他の資本家、労働者は他の労働者、地主は他の地主と奪い合いを展開する。こうして、万人の万人に対する闘争の状態が生じるのである。私的所有が、競争、需要供給、拝金主義などの源泉だ。

この時点で労働力商品化の意義をエンゲルスは発見していない。それだから、資本家、労働者、地主という神々の闘いという形になってしまうのだ。

私的所有は、簒奪なのであるから、そこから競争が生じるのは必然だ。私的所有と競争の論理連関に関するエンゲルスの認識を見てみよう。少し長くなるが、関連部分を省略せずに引用する。

〈この汎通的な〝競争〟において現代社会の歴史的・構造的矛盾が、象徴的に体現されている。

「競争の法則は、需要と供給はつねに一致しようとするが、だからこそ決して一致しないということである。これら両側面はふたたび引き裂かれて鋭い対立物に転化される。供給は、つねに需要のすぐあとを追うが、しかし正確にそれに合致するようには決してならない。それは大きすぎるか小さすぎるかして、決して需要に一致しない。なぜなら、人類のこの没意識状態のもとでは、前者または後者の大きさがどれほどであるかを誰も知らないからである。……この法則は純然たる自然法則であって精神の法則ではない……それは関与者の没意識性に立脚する自然法則にほかならない。生産者自身が、消費者はどれだけのものを必要としているかを知り、生産を組織化し、生産を彼らのあいだに配分するならば、競争の動揺とその恐慌への傾向はありえなくなるであろう。

類意識のない細分された原子としてでなく、人間として意識的に生産せよ、そうすれば、諸君はこれらすべての人為的で維持しがたい対立をのりこえるであろう。だが、諸君が現在の、無意識的な、没思想的な、偶然の支配に委ねられた方法で生産を続けるならば、そのかぎり、商業恐慌は存続する。そしてあとから起こる恐慌はいずれも、前のものより一層全般的で、従ってより悪性のものにならざるをえないし、一層多くの小資本家を零落させざるをえないし、またもっぱら労働で暮している階級の人数を鋭角的に増加させざるをえない。従って、わが経済学者の主要問題である雇傭《こよう》すべき労働の量をいちじるしく増大させ、ついには経済学者のスコラ知恵の夢想もできないような社会革命をひきおこさざるをえない」（S. 514 f.）。

私的所有——汎通的競争、諸個人をアトム化的に解体せしめる現代社会、それは「関与者の没意識性に立脚する自然法則」として、経済法則が、ひいては歴史社会法則が貫徹する〝必然の王国〟である。この〝必然の王国〟という把捉に、現代社会批判、遡っては私的所有制への批判の要諦が存するのであるが、この把捉によって、同時に、それを実践的に止揚する途が拓ける。すなわち、「類意識のない細分された原子としてではなく、人間として意識的に生産する」体制を築くことがそれである。*

＊エンゲルスは単なる社会革命で一切が片づくとは思っていなかったし、それは措《お》くとしても、当時の

彼は社会革命に〝哲学的な〟基礎づけを与えようとしていたことを看逃せない。その方向は、ヘーゲル派の多分にもれず、市民社会のアトミズムを人倫共同体を以って置き換えることにある。(尤も、エンゲルスの場合、市民社会のアトミズムのとらえ方にも、また人倫共同体のとらえ方にも一定の独自性があるのだが)。尚ヘーゲルが先取りした市民社会のアトミズムをエンゲルスはカーライルを介してとらえたという経緯があるかもしれない。

「われわれは矛盾を止揚することによって、簡単にこれを否定する。現在相対立している利害が宥和《ゆうわ》するとともに、一方の人口過剰と他方の富の過剰との対立も消滅し、一国民がほかならぬ富と過剰のために餓死しなければならぬという驚くべき事実、あらゆる宗教のあらゆる奇蹟を合わせたよりも驚くべき事実も消滅し、土地は人間を養う力をもたないという気違いじみた主張も消滅する。こういう主張はキリスト教経済学の極致である。……われわれは、この理論から改革が必要だという最も有力な経済学的論拠を引き出す。……われわれはこの理論のおかげで人類の甚しいいやしめ、競争関係への人類の依存を知った。この理論は、結局のところ私的所有が人間を商品にしてしまい、この商品の生産と破壊もまたもっぱら需要に依存していること、またその結果、競争の制度が幾百万の人間を殺戮してきたし、現に日ごとに殺戮しているということをわれわれに示してくれた。……こうしたことの一切がわれわれを駆りたてて、私的所有、就中《なかんずく》、相対立する利害の廃棄によって人類のこのいやしめ

を廃棄するよう促すのである。」（S. 520 f.）。〉（前掲書、一六六―一六七頁）

エンゲルスの認識では、私的所有を基礎とする資本主義社会では、市場における需要と供給が均衡しない。裏返して言うならば、市場における均衡が成立する状態が望ましい社会であるとエンゲルスは考えている。ここにおいてはアダム・スミスの伝統をひく『神の』見えざる手」という想定が生きている。

同時に、アトム（原子）的人間観を有機体的に転換し、集産主義的体制に転換することを主張する。市場均衡と集産主義は論理的に矛盾をきたすはずであるが、エンゲルスにおいてこの二つの発想が並存している。経済問題を首尾一貫した論理で説明しようという気構えがエンゲルスに欠如しているので、このようなことになる。エンゲルスは経済を哲学的言語によって説明できると考えているのである。

いずれにせよ、エンゲルスは恐慌という現実を前にして、〈一国民がほかならぬ富と過剰のために餓死しなければならぬという驚くべき事実〉をなくしたいと考えている。そのために論理的整合性などということは副次的意味しかもたないのだ。

階級意識論の原型

〈『国民経済学批判大綱』で打出されている如上の論点を半年前までのエンゲルス自身の立

論と対比してみるとき、さしあたり二つの契機において著しい進展がみられる。
（一）かつての、恐慌―大量失業、というカタストロフを機縁とする窮貧革命の発想が――これはその後、例の〃原体験〃、わけても労働者階級の意識的・組織的な活動を実見することによって多分に変容を生じてはいたのだが――労働の「自然価格論」〔……〕という揚棄された形で〃理論化〃されているとはいえ、この論点そのものは、もはや立論の基軸ではなくなっている。この論点は、なるほど経済に関わるものではあるが、発想としてはまだ政治力学的な視角に立つものであった。しかるに、今や、エンゲルスは、現代社会の矛盾とその自己止揚の条件を、経済学的にベグライフェンし、私的所有と〃競争〃の社会の歴史的・構造的矛盾の動力学に即して把《と》え、この視角から革命の必然性を定礎する姿勢をとるに至っている。
（二）同時に、しかし、彼は革命の社会経済的必然の解明で満足することなく、それに〃哲学的〃な基礎づけを与え、革命を人間的当為として主張する。彼は、諸個人がアトム的に分立する社会、人間の類的共同性、人倫的統一の失われた現代社会の状態、――これを一方では〃自然状態〃ととらえる〃動揺〃を孕んではいるが――これを人類の頽落状態としてとらえ、類的共同性・人倫的統一の恢復《かいふく》を人間的本質にもとづく当為として立てる。このことによって彼は、前稿ではまだ内容が分明でなかった、ヘーゲル哲学の必然的な帰結としての「哲学的共産主義」に内的な規定を与えうるに至った。

右の二契機を統一するものとして、われわれはこの時点におけるエンゲルスの思想を「必然の王国から自由の王国へ」というスローガンで括ることができよう。もとより、「必然の王国」「自由の王国」といっても、それはヘーゲルが用いた語義そのものとは、具体的な含意を異にする。しかも、それは、右の二つの契機を統一していることによって、エンゲルス自身はたとえ自覚していなかったにせよ、既にヘーゲル主義的発想を超えている。彼は、なるほど、「宗教こそ人間の自己空疎化の行為」だといった立言を残してはいるが、もはやかの「人類の自己意識」＝絶対的な「理念」の自己展開として歴史を観ずることなく、「人間性」「人間の類的本質」の自己疎外と自己獲得という議論を、歴史過程そのものの説明原理としては持出さない。この時点でのエンゲルスにとっては、それこそ、このたぐいの発想は「シュトラウス的汎神論」の一変種として卻けらるべきものになっていた筈である。経済学的、社会科学的な分析にもとづいた社会批判の視角を確立しはじめていたエンゲルスにとって、そのような〝説明原理〟はもはや必要でなくなっていた。〉（前掲書、一六七―一六九頁）

人間主義から共産主義への過渡期におけるエンゲルスの思想を廣松は的確にまとめている。恐慌によって多数のプロレタリアートが路上に投げ出され、飢えることによる窮民革命の可能性が非現実的であるという認識に至る。そして、労働者の階級としての組織的な運動によって革命が実現されるという方向に考えが変化している。それは、イギリスにおいてエンゲルスが資本家として、階級的利害が相反するプロレタリアートの事情を観察した結果、得られた結論である。

革命は自然的に到来するものではない。人間的当為として、革命を実現しなくてはならない。階級意識論の原型がここにあらわれている。廣松は、この当為を自由と解釈し、〈エンゲルスの思想を「必然の王国から自由の王国へ」というスローガンで括ることができ（る）〉とまとめているが、実に適切なまとめだ。エンゲルスは、「人類の自己意識」＝絶対的な「理念」の自己展開として歴史を理解することをやめた。従って、「人間性」「人間の類的本質」が疎外されているので、それを元の状態に回復するという疎外論から脱出しかけているのである。

政治革命から社会革命へ

疎外論を離脱したエンゲルスはどこに向かっていくのであろうか。イギリスに特別の意味を見出すことによって、政治革命から社会革命へとエンゲルスの関心が変化していく。

〈『カーライル論』は上述の通り『イギリスの状態』と題する連載論文の第一回分として書かれたものであるが、その末尾で、「以上の、一般的な序論につづいて、次号以下、私はイギリスの状態とその核心である労働者階級の状態とをもっと綿密に論ずることにしよう。イギリスの状態は、歴史にとっても、他のすべての国々にとっても、はかりしれないほどの大きな意義をもっている。けだし、社会関係の点では、イギリスは他のすべての国々にはるかに先んじているからである」（S. 549）と予告したエンゲルスは、早速に続篇を二回分書き上げた。『独仏年誌』が無期休刊に陥ったため、これら二篇の論文は、ヘス派の編集長ベルナイスのもとに同じくパリで発行されていた『フォールヴェルツ』紙に分載されることになった。

謂うところの二篇の続稿『イギリスの状態、十八世紀』『イギリスの状態、イギリスの憲法』は、幾つかの点で注目に値する。エンゲルスのモチーフそのものに即していえば、イギリス社会を歴史的なパースペクティヴにおいて把え、来るべき社会革命の展相と性格を見定め、大陸の運動家たちの参考に供するという意図に発するものであろうが、これらの論文は彼の標榜《ひょうぼう》したドイツ的〝哲学的共産主義〟をイギリスの経験にもとづいて具体化するという作業におのずと通ずるものになっている。尤も、予告されていた労働者階級の状態の分析以下は単行本『英国における労働者階級の状態』となって結実したとはいえ、連載論文の形では文章化されておらず、その限りで、今問題の二篇では右のモチーフと作業が十全に果されたとは云いがたい。しかし、ともあれ、そこに盛られている勝義の哲学思想をはじめ、

『イギリスの状態』には格別な留意を必要とするものがある。〉（前掲書、一七一―一七二頁）

イギリスはヨーロッパ大陸と根本的に異なる世界だ。イギリスの経験論と大陸の合理論が綜合されてカント哲学が成立したと哲学史の標準的教科書では整理されるが、イギリス思想は、そのような綜合にはじめから関心がない。むしろ中世に於けるリアリズム（realism 実念論）の影響が、近世、近代を経て、現在までも残っている。レアル（real）なものを限界のある人間はとらえることができない。ここで彼岸におけるレアルなものを強調すると一四世紀のウィクリフ派の宗教改革運動になる。この時期、ヨーロッパ大陸の大学のほとんどでは唯名論（nominalism）が中心になっていたが、ボヘミア王国のカール［プラハ］大学だけは、イギリスと同じ実念論を採用していた。従って、ウィクリフ派の宗教改革運動は、一五世紀にカール大学学長のヤン・フスによって指導されたボヘミア宗教改革運動（フス派の反乱）という実念論の運動を導き出す。神はレアルなものなので、人間によってとらえることはできないという神観は、一六世紀のカルバンに継承された。ウィクリフ、フス、カルバンは同一の系譜に属する神学を展開した。

これに対して、レアルなものをとらえることができないという前提から、此岸にだけ関心を向けるというアプローチもある。それが此岸において確実に知ることができるものしか信じないという経験論、そして、それをさらに突き詰めていくと、「明日、太陽が東から昇るということも確実とはいえない」という懐疑論が生まれてくる。

この外側の世界であるイギリスをヨーロッパ大陸の革命家たちは、あまり真剣に考察の対象としなかった。近代化が、国家と社会から宗教の要素が減少していく世俗化の過程という見方からすれば、キリスト教の影響力が強いイギリスは遅れた国ということになる。事実、この当時、マルクスとエンゲルスの盟友であったモーゼス・ヘスはイギリスを遅れた国と見ていた。

廣松は、エンゲルスのイギリス観に着目し、こう整理する。

〈第一に、イギリスを大陸より進んだ社会状態にある国として把えていること。これは今日われわれの眼からみれば当然至極に思えるにしても、当時の通念からすれば大層な着眼である。イギリスはフランス革命の激動期にもこれといった変革を経験しなかったし、君主制が安泰だという点からしても、大陸より遅れた国とみるのが通念であって、ヘスでさえ必ずしもイギリスを先進国とみていたわけではなかった。そのうえ、物質的利害の呪縛を一つのメルクマールとして〃封建的〃〃中世的〃を云々する啓蒙思想の影響が加わることによって、エンゲルス自身、一年ほど前には、イギリスを「大陸にくらべて数世紀遅れている国家……すっぽりと中世にはまりこんでいる国家」(MEW, Bd. 1, S. 457) と呼んでいたのであった。しかるに『イギリスの状態、十八世紀』におけるエンゲルスは、「イギリスだけが、社会的な歴史をもっている。イギリスでだけ、個人としての個人が、普遍的原理の意識的代行者たることとなしに、国民的発展を促進し、これをその完成態に近づけた。ここでだけ、大衆としての大衆が、自分自身の個別的利害をはかるために活動した。ここでだけ、もろもろの原理は、歴史に影響を及ぼす前に、まずもって利害に転化された。フランス人もドイツ人も次第に社会的な歴史をもち始めてはいるが、まだそれをもつまでには到っていない。大陸にも貧困や窮乏や社会的抑圧はあったが、それらは国民的発展には影響を及ぼさなかった。だが、今日のイギリスの労働者階級の窮乏と貧困は、国民的な、それどころか世界史的な意義をもっている。大陸では、社会的契機はまだまったく政治的契機のかげに埋もれており、まだ全然それから分離していないが、イギリスでは、政治的契機が次第に社会的契機によって克服され、社会的契機に奉仕させられている」(MEW, Bd. 1, S. 554 f.)——こう明言するだけでなく、「十七世紀のイギリス革命は、そのまま一七八九年のフランス革命を先取りした原型であった」(S. 554) ことを彼は論じている。「産業革命」というエンゲルスの造語は余りにも有名であるが、イギリスを大陸よりも単に前進している社会として把えるにとどまらず、大陸諸国がやがて経過すべき状態を先取りしているものとして把え、そのことによって、彼は社会革命の世界史的必然性を定礎することができた。(因みに、ヘスは、イギリスの社会革命、フランスの政治革命、ドイツの宗教・哲学革命を並列し、これら三頭の結合を説くにとどまっていた)。彼は、また、こ

のことによって、イギリス革命をモデルとして他をも論ずる権利を確保したのであった。〉（前掲書、一七二―一七三頁）

さらにイギリスは君主制国家である。革命家としての常識からすれば、これは遅れた国家で、まず市民革命を起こし、共和制を樹立する必要がある。しかし、エンゲルスはここで、国家と社会の進歩を切り離すのだ。そして、革命の可能性を社会に見出そうとしている。エンゲルスは、イギリスにおいて社会の意義を再発見したのである。社会という観点で見るならば、イギリスは最先進国だ。そして、イギリスにおける社会革命は、哲学的な裏付けがあってはじめて実現されるのだ。

〈第二には、エンゲルスが――社会経済的な分析にもとづいてイギリスの先進性を立論しながらも、同時に――まだ哲学的な意味づけを事としており、特異な歴史観をいだいていたこと。

「古代は――とエンゲルスは書く――まだ主体の権利を全然みとめておらず、その世界観全体が本質的に抽象的、普遍的、実体的だったから、奴隷制なしには存立しえなかった。キリスト教的・ゲルマン的世界観は、古代に対して、抽象的主観性、したがって恣意、内面性、唯心論を根本原理として提起した。この主観性は、しかし、まさに抽象的、一面的であったからこそ、ただちに顚倒して自己の反対物となり、主体の自由ならざる主体の奴隷制を生みださざるをえなかった。抽象的内面性は抽象的外面性に、すなわち人間の放棄および譲渡になりおわった。そして、この新しい原理の最初の結果は、奴隷制が別の姿で、すなわちまえほど不快ではないが、それだけに偽善的で、より非人間的な姿で、復活されたことであった。農奴制がそれにほかならない。封建制度の解体、政治的改革《レフォルマツイオン》は、理性の見せかけの承認、したがって非理性の現実の完成であり、この農奴制を見せかけのうえで廃止しながら、現実にはそれをいっそう非人間的に、いっそう普遍的にしただけであった。この政治的改革は、まず第一に、今後人類は強制すなわち政治的手段によってではなく、利害すなわち社会的手段によって結合さるべしと宣言して、この新しい原理によって社会運動の基礎をおいた。しかし、この改革は、このように国家を否定しながら、他方では今こそ国家を再興した。なぜなら、それは、従来教会によって横領されていた内容を国家に返還し、そうすることで、中世をつうじて無内容、無意義であった国家に新しい発展の力をあたえたからである。封建制の廃墟からキリスト教国家が生まれた。これは、政治の面でキリスト教的世界秩序を完成したものであった。利害が普遍的原理にたかめられた結果、このキリスト教的世界秩序は別の面からも完成された。というのは、利害は本質的に主観的で利己的なものであり、個別的利害であり、そのようなものとして、ゲルマン的キリスト教的な主観性＝個別化原理の絶頂だからである。利益が人類をむすぶ紐帯にたかめられたことの結果は——その利害がまさに直接に主観的なものであり、単に利己的なものであるあいだは——、必然的に全般的な細分状態、自分自身への諸個人の集中、孤立化がおこらざるをえず、人類はたがいに反発しあう諸原子の集合体に転化されざるをえない。ところが、この個別化は、他方ではキリスト教的主観性原理の最後の帰結であり、キリスト教的世界秩序の完成である。——さらにすすんでいえば、私的所有という基本的な譲渡が存続しているあいだは、利害は必然的に個別的利害とならざるをえず、利益の支配は所有の支配となってあらわれざるをえない。封建的隷属の解体は〝現金払いを人類の唯一の紐帯〟にした。このため、所有が、すなわち人間的・精神的要素に対立する自然的・無精神的要素が王座に上される。そしてとどのつまり、この譲渡を完成するものとして、貨幣——所有の、譲渡された、空虚な抽象——が世界の主人とされる。人間は人間の奴隷ではなくなって、物の奴隷となった。人間関係の顛倒が完成された。近代的な営利商業界の隷属、すなわち、完成された、完全な、普遍的な譲渡可能性は、封建的な農奴制よりももっと非人間的であり、もっと普遍的である。売春は初夜権（jus primae noctis）よりももっと非倫理的であり、もっと野獣的である。——キリスト教的世界秩序を、これより高い境地におしあげることはできない。この秩序は自壊して、人間的・理性的秩序に席をゆずらなければならない。キリスト教国家は、国家一般の可能な最後の現象形態にほかならず、それが没落するとともに、国家としての国家は没落せざるをえない。人類が孤立し、あい反発する諸原子の群に分解することは、それ自体すでにいっさいの団体的・国民的利益、総じて特殊的利益の破壊であり、人類の自由な自己結合にいたる最後の必然的な段階である。実際、人間が自分自身をとりもどすべきものとすれば——そして、いまや人間がそうするときが近づいているのだが——、譲渡が貨幣の支配という形で完成されることは、不可避の通過点である」(S. 556 f.)。〉(前掲書、一七三—一七五頁)

六つの論点

廣松は、エンゲルスの論点を六つに整理する。

〈右の立論において注目されるのは、

①エンゲルスが古代奴隷制から説きおこしていること。原始共産体の存在をマルクス・エンゲルスが知ったのは後年のことであるが、国民経済学者の描き出すいわゆる〝ロビンソン物語〟や、擬設ではあっても歴史を説明するために持出されたルソー的〝自然状態〟といった場面から出発することも可能だった筈である。因みに、ヘスは『人類の聖史』(一八三七)において、聖書その他の文献を手掛りにして、原始共産社会を〝再構成〟し、それの否定の否定による回復の運動として人類史を描き出していた。この図式が極めて便利であることを想うとき、エンゲルスが古代奴隷制を歴史の出発点にしている事実は、彼がすでにヘスの歴

史哲学の圏内を脱していたことの一証左とみることができる。
②また、エンゲルスの歴史観は、ヘーゲルのそれとも距《へだた》っている。そこには、自由の実現過程というヘーゲル的な見方があらわれていないだけでなく、アフリカ的、アジア的、古典古代的、ゲルマン的といったヘーゲルの歴史的段階規定もみられない。それに代えて、古代奴隷制、中世封建制、近世キリスト教国家*、未来の共産主義社会という区分が、――もとより、これはまだ唯物史観の段階規定とは距離があるが――立てられている。

*彼は、「われわれが今日おかれている状態《ツーシュタント》」を呼ぶ固定した名辞を確立しておらず、「キリスト教国家」「キリスト教的世界秩序」「キリスト教的自然生長的国家」といった言い方をしている。〈蛇足を加えるまでもなく、ここにいうキリスト教国家というのは、中世的な教権と国権との癒着の謂いではなく、『ユダヤ人問題』におけるマルクスの用語法と同様、或る意味ではそれは非宗教的国家である〉。ゲゼルシャフトという言葉が特殊な意味でしか通用しえなかった当時において、「社会」「社会構成体」を表す言葉がネックになっていたのであろう。〉（前掲書、一七五頁）

廣松は、エンゲルスが疎外論の構成をとらなくなったことを高く評価する。理想的な支配がない自由な自然状態（このなかに原始共産主義社会も含まれる）から、階級社会が訪れて、それが再び高い生産段階ではあるが、支配がない自由な人間にとって本来的な支配がなく自由な社会に戻るという疎外論の構成をエンゲルスはとっていない。このことの背景には、既にエンゲルスの新しい世界観があると廣松は推定する。

同時に、ヘーゲルのような段階的歴史発展観もエンゲルスはとっていないと解釈する。もっとも筆者は、エンゲルスは直線的な発達史観をとっていると考えるので、この点については廣松と見解を異にしている。このことを留保して議論を先に進める。

「キリスト教国家」、「キリスト教的世界秩序」、「キリスト教的自然生長的国家」という表現で用いられているのは、キリスト教の教会ではしばしば共同体と言い換えられることがあるが、「共同体国家」、「共同体的世界秩序」、「共同体的自然生長的国家」と表現してもよい。エンゲルスは社会的国家が成立しているとの擬制で、国家という政治制度の革命によって、政治革命よりははるかに困難な社会革命を実現しようとしているのだ。

さらに廣松はここでエンゲルスが「国家としての国家の死滅」という認識に至ったことも評価する。

〈③「国家としての国家の死滅」の思想がはやくも現われていること。これは既にみた通り、プルードンの影響でもあろうが、――当時のエンゲルスがヘーゲル法哲学をつぶさには知らなかったことも恐らくや幸して――ともあれ彼は「市民社会から国家へ」という図式を免れることができた。（マルクスが共産主義にアプローチした経緯と対比するとき、これを看過できない）。

彼にとっては、「人類の自由な自己結合」、これが来るべき人間社会のあり方なのであって、いかなる形態のものであれ、国家を端的に卻《しりぞ》ける立場を固めている（vgl. S. 557, S. 572)。〉（前掲書、一七五―一七六頁）

市民社会から国家へというフェルディナント・ラッサール流の国家社会主義でなく、階級抑圧の機関としての「国家としての国家の死滅」により、統治機能のみの「半国家」が出現するとエンゲルスが考えたというのが廣松の読み込みだ。この点についても筆者は留保をしておく。なぜなら、後期エンゲルスの国家社会主義的傾向の根は、青年期にあるというのが筆者の認識だからだ。

さらに廣松は、エンゲルスが近代社会の根源的問題をこの段階で把握していたと考える。

〈④近代社会について、彼は諸個人をアトム化的に解体し、互いに敵対せしめることや、それが「関与者の没意識に立脚する自然法則」として社会経済法則が貫徹する「必然の王国」であることの指摘から一歩を進めて、「人間は人間の奴隷ではなくなったが物の奴隷となった」という把握をみせている。それを象徴的に体現するものが、件の拝金主義であり、「貨幣が世界の主人とされる」という仕方で語られている。（ここには、マルクスが『独仏年誌』に書いた『ユダヤ人問題』における貨幣の扱い方の影響をみることができるかもしれない。尤も、これは元来ヘスの思想であってヘスの書簡を通じてエンゲルスが直接に知った可能性も残るし、カーライルのマンモン崇拝批判の示唆とも考えられる)。

⑤近代社会を「キリスト教国家」「キリスト教的自然生長的国家」として把えることによって、エンゲルスはフォイエルバッハ的宗教批判の論理をバウエル派とは別の仕方で国家批判に適用しえている、すなわち、国家をもって、〃神と同様〃人間の本質の外化、疎外によって宛《あた》かも自立的な存在をもつかのように誤想されているものと断じ、——このタイプの議論では、国家は神と並ぶ〃もう一つの疎外〃になる——この疎外された自己の本質の恢復《かいふく》・獲得を標榜するという途をとることなく、「キリスト教的国家」という一つのものが批判される。〉(前掲書、一七六頁)

　廣松は、エンゲルスが拝金主義について「人間は人間の奴隷ではなくなったが物の奴隷となった」と語っているところに物象化論の萌芽を認める。同時にこれをエンゲルス独自の着想とせずにモーゼス・ヘスの影響があることを明らかにするあたりは、「贔屓《ひいき》の引き倒し」を警戒し、実証性にこだわる廣松の知的誠実さがあらわれている。

　さらにエンゲルスが、貨幣とともに国家が疎外から本来の枠組みに還るという枠組みではない疎外態、すなわち物象化としてとらえていることを廣松は抉《えぐ》り出す。そして、エンゲルスによる物象化前の発見を宣言するのである。

〈⑥ここでのエンゲルスは、語の広義においては〃疎外論〃的発想をみせているが、決して、

〝実体＝主体〟〝主体＝実体〟の自己疎外、対象化・物在化に通ずる意味での本来的な〝自己疎外〟の論理はとっていない。「国家の本質は、宗教の本質と同様、自分自身に対する人間の不安」（S. 571）といった表現や、先の引用文において、「一貫せる主語」が「世界観」であることからもそれが明らかである。彼は「宗教は自己空疎化の行為」という仕方でフォイエルバッハの宗教論を理解（誤解）しているのであって、いうところの「キリスト教国家」の把捉もこの発想に由《よ》るものである。（この時点での彼には、本来的な意味での自己疎外の論理を採ることとは、シュトラウス的汎神論に通ずるもの、かの「理念」「人類の自己意識」の実体化＝主体化、に思えたであろう）。〉（前掲書、一七六—一七七頁）

「疎外論的発想を見せているが疎外論ではない」エンゲルスの視座を廣松は、物象化論の誕生ととらえている。こうして、仏教の縁起観に近い初期マルクスの読み解きが行われていくのである。

第九章　共産主義へ

法の階級性

「人間から社会へ！」、「疎外論から物象化論へ！」、「『経済学・哲学草稿』から『ドイツ・イデオロギー』へ！」というスローガンが廣松渉のマルクス解釈の核心である。筆者なりの表現では、キリスト教的な受肉論から、仏教的な縁起観でマルクスを解釈するという解釈論的転換である。この転換によってマルクスは共産主義者（Kommunist）になったのだ。マルクスにおける転換は、廣松の解釈では、『ドイツ・イデオロギー』によってなされる。『ドイツ・イデオロギー』はマルクスとエンゲルス、そして部分的にモーゼス・ヘスとの共同作業であるが、共産主義の地平を切りひらく新しい世界観を主導したのはエンゲルスだ。

エンゲルスにしても突然、共産主義を思いついたのではない。それに先立つ思想的苦闘の結果、社会主義から共産主義に行き着いたのである。この過程を廣松はエンゲルスのテキストに即して解明しようとする。

マンチェスター時代に執筆した『イギリスの状態』（一八四四年）において、エンゲルスは法の階級性を自覚するようになる。これは、法に普遍性を認めていたヘーゲルからの離脱である。

〈第三に、法の階級性、法の生きた発動、この意味での〝現実の法〟は、力関係をぬきにしては一片の反古《ほご》にすぎないこと、そして、階級社会においては、選挙なるものは所詮、茶番劇以上のものでも以下のものでもないということ、彼はこの事実の洞察に達している。尤も、この認識は、彼にとって別段新しいものではなかったかもしれない。それはもっぱら、ドイツの革新勢力に対する啓蒙の意味で書き綴ったものというべきかもしれない。因みにブルジョア革命の前夜にあったドイツでは、憲法、国会（選挙）、出版の自由、陪審裁判制、これが自由主義運動の基本スローガンであった。エンゲルスは、「先進国」イギリスにおいて、それがいかなる現状にあるか、具体的な証拠を添えて紹介することによって、「政治革命」によっては何ら解決にならないことを雄弁に説く。〉（『エンゲルス論』情況出版、一七七頁）

ドイツの革命派が要求する憲法、国会、出版の自由、陪審裁判はイギリスではすでに実現されている。しかし、それによって、労働者に実質的な自由が担保されることにはならない。法とは、当該社会を支配する階級にとって都合がいい「ゲームのルール」を明文化したものに過ぎない。エンゲルスの考察を見てみよう。

〈出版、結社、等々の自由が、結局は富者の特権たらざるをえないこと、「統治しているのは所有《ベジッツ》である」（S. 577）ことを彼は具体的に告発するだけでなく、法体系がそもそも矛盾と欺瞞の体系でしかありえず、従ってそれの発動はいよいよ以って甚しい欺瞞に陥らざるをえないことを指弾するのであるが、ここでは陪審制度に即してその一齣《ひとこま》を紹介するにとどめよう。

「イギリスの陪審裁判は、もっとも発達したものであるが故に、法の虚偽と非人倫性の完成である。まず第一に〝公平な陪審員〟という擬制がくる。陪審員は、審判の前に、当の事件について以前に聞いたことがあればそれを全部忘れて、法廷に提出された証拠だけで判断するようきびしく云い渡される。まるでそんなことが可能であるかのように！……裁判官は、……陪審員に暗示を与えてはならない。……自分の心のなかででも結論をひき出してはならない。そうすると、彼の諸前提の説明の仕方に影響を及ぼすであろうから……と要求される。まるでそんなことが可能であるかのように！……一事が万事この類いの不可能なこと、愚かしいことが要求される。……もっとも実践はこんなことに惑わされはしない。……――ウェードの『イギリス史』から援用してエンゲルスは書く――一八二四年に、オックスフォード陪審員の意見の一致がみられなかった。一人が有罪を主張し、他の十一人は無罪を主張した。……当の一人が、起訴状に有罪《シュルディヒ》と書いて退席した。そのあと、陪審員長が他の陪審員たちと一緒にやってきて、schuldig という文字の前に nicht〔無〕と書き込んだ」。〉（前掲書、一七七頁）

日本においても二〇〇九年から裁判員制度が導入され、国民の裁判審理への参加があたかも公正さを担保するといった議論がなされているが、そのような議論のまやかしをエンゲルスは一五〇年以上前に的確に見抜いている。

審理する事件に関する情報を事前にもたない。仮にもっていてもその記憶を抹消する。その上で、法廷に提出された証拠だけで審理をする。裁判官は陪審員に暗示を与えてはならない。こういった人間の認識構造、行動様式からして不可能なことを前提とした擬制の上で陪審制度がなりたっているのである。

法は当該社会を維持するためのイデオロギーであることをエンゲルスは見抜いた。〈〝現実の法〟は、力関係をぬきにしては一片の反古にすぎないこと、そして、階級社会においては、選挙なるものは所詮、茶番劇以上のものでも以下のものでもない〉という指摘は、その通りである。われわれはそれにソ連、東ドイツなど、現実に存在した社会主義国家の実態においても、社会主義国家の法なるものも、現実に力をもっているスターリン主義党官僚の力を支えるイデオロギーを体現したものに過ぎなかったことを付け加えておく必要がある。国家による法は、すべて支配の道具なのである。これにわれわれが対置するのは、国家権力を奪取して新たなる社会主義法をつくることではなく、われわれが現実に生活する場における掟《おきて》を重視することだ。

法の形式性について、エンゲルスは滑稽な事例を紹介する。

〈「日曜日の晩、或る若者が現行犯で逮捕された。……警官が彼を逮捕したのは不法である。

何人も日曜日に自分の生活費を稼ぐための仕事をしてはならないという規定があるから。……裁判官はこの異議に同意したが、尋問をつづけたところ、彼は窃盗を生業としていることを自白した。そこで、彼は日曜日に自分の生業に従事したという廉《かど》で五シリングの罰金刑に処せられた」(S. 585 ff.)。

この一件が象徴している通り、法においては笑うべき形式主義がまかり通る。形式主義を崩せば、それはもはや法ではない。が、まさにその故に、法とその運用は、本質的に茶番でしかありえない。〉(前掲書、一七七―一七八頁)

安息日(ユダヤ教における土曜日、キリスト教における日曜日)は、「休んでもよい」という休日ではない。「神を祭るので、働いてはいけない」という労働が禁止された日なのである。純粋な資本主義が進行したイギリスにおいても、日曜日に資本主義の論理が浸透することは難しかったのである。

国家の廃棄

さて、法の滑稽さを踏まえた上で、エンゲルスも「国家の廃棄」を主張する。しかし、それは無政府主義者の主張とは異なる。この点について廣松はこう記す。

〈エンゲルスは、このような事情をも射程に収めて、「国家の廃棄」を主張するのであって、単純な無政府主義と解してはならない。彼が「国家の廃棄」「人類の自由なる自己結合」を主張するとき、なるほど、人間の本質に関するフォイエルバッハ的なオプティミズムが背景をなしているとしても、来るべき社会革命は、――法としての法、政治としての政治、国家としての国家を必要とせぬ諸条件をつくり出すこと――法律・政治・国家を必要としてきた歴史的・社会的諸条件を止揚するということ、彼がこの認識にもとづいていることを諒としなければならない。〉（前掲書、一七八頁）

エンゲルスの法や国家に対する視座は、マルクスが『ヘーゲル法哲学批判』（一八四四年）で展開している宗教批判と同一だ。宗教自体を廃棄するという発想が倒錯しており、宗教を必要とする社会状態を克服すれば宗教は自ずからなくなるとマルクスは考え、こう記す。

〈宗教上の不幸は、一つには実際の不幸のあらわれであり、一つには実際の不幸に対する抗議である。宗教は、なやんでいる者のため息であり、また心のない世界の心情であるとともに精神のない状態の精神である。それは、民衆のアヘンである。

幻想のなかで民衆の幸福をあたえる宗教を廃棄することは、現実のうちに民衆の幸福を要求することである。自分の状態についての幻想をすてろと要求することは、幻想を必要とするような状態をすてろと要求することである。だから宗教の批判は、いずれは、宗教を後光にいただく苦しいこの世の批判にならずにはいられないものである。〉（マルクス「ヘーゲル法

哲学批判」『マルクス・エンゲルス選集第一巻　ヘーゲル批判』新潮社、一九五七年、三三〜三四頁）

この時点で、マルクスもエンゲルスも疎外論の立場をとっている。その意味で、二人はヘーゲル左派の世界観から抜け出していない。ただし、マルクスとエンゲルスの間には微妙な差異がある。マルクスの関心が、宗教、法哲学と人間の思惟をめぐる問題を中心とするのに対して、エンゲルスの関心は実定法や経済など社会を中心としているのである。「人間から社会へ！」という問題意識についても、マルクスよりもエンゲルスが先行しているのである。

マルクスの問題意識

マルクスとエンゲルスを決定的に近づけたのは、『独仏年誌』に掲載した両人の論文が期せずして共通の世界観的了解に基づいて書かれたことを知ったからである。廣松はこの理由を、両人が「疎外はなぜ成立するか」という疎外の存在論にまで踏み込んだことにあると見ている。

ここでまずマルクスの問題意識を明確にしておこう。

〈『独仏年誌』時代のマルクスにとってあらためて懸案となったもの――マルクスがエンゲルスを評価し直したのも、これと無関係ではなかったと思われるのだが――それはとりわけ次の諸問題であったろう。

⑴　謂うところの「疎外」が如何にして成立するかを解明すること。当時のマルクスは、まだ、国家一般を端的に疎外態として把えるわけではないが、彼が特別な含意でいう「キリスト教国家」——つまり、中世的な意味でのそれだけでなく、政教分離をとげた、普通の意味での〝非キリスト教的国家〟をも含めた未《いま》だ〝真ならざる国家〟——を一種の宗教的疎外として把え、あまつさえ「貨幣が世界権力となっている」市民社会の状態を「ユダヤ教の支配」、「人間の労働と存在の自己疎外たる貨幣」の支配として把える。彼は、こうして、フォイエルバッハの宗教批判の論理を、国家批判、社会批判の場面に拡張し、適用するが、これら二重の「疎外」が如何にして成立するか、まだ解明しうるには至っていない。宗教上の「神」の場合には、意識内部の問題として処理しうるのに対して、これら二重の〝現実的疎外〟の成立過程を説くことは、わけても「ユダヤ教の神＝貨幣」の場合、事の本質上、困難な課題である。〉（『エンゲルス論』情況出版、一八四—一八五頁）

マルクスのキリスト教国家観は、ヘーゲルのキリスト教国家観、より正確にはプロテスタント国家観をそのまま踏襲している。ただし、それに反ユダヤ主義的な、ユダヤ精神を体現した貨幣が世界権力となっているという言説が付加されている。マルクスがユダヤ人であったが故に、ときに極度な反ユダヤ主義的発言をすることがあるが、これもその一例である。もっともユダヤ教の神を貨幣に等値したことにより、神の内在的論理の解明という抽象的問題ではなく、貨幣の起源を解明するという形で、疎外の存在論に踏み込む基盤が整った。人間は社会的存在である。従って、疎外の存在論は、政治と社会の構造を解明することになる。

〈2〉 旧来の「世界秩序」つまり旧来の社会体制の自己否定の必然性を究明すること。ヘーゲル学派としてのマルクスは、旧来の社会に対して、その不合理を指摘したり、道徳的な批判を加えたりすることでは到底満足できない。従って、また、理想社会の見取図を勝手に構想して、それの実現をゾレンとして宣言するといった遣り方を採ることもできない。彼にとっては「世界が現にもつ諸原理から新しい諸原理を展開する」(S. 345) こと。世界が弁証法的に自己否定する必然性を、その内在的論理に即して解明することが是非とも必要である。彼は世界の現状を特殊ヘーゲル派的な含意における「非人間的」として把えることによって(S. 339) 非人間的な在り方の自己否定、そのことによる真に人間的な在り方の回復、というシェーマだけは既に初めから定立しているが、⑴の不備とも相俟《あいま》って、それを具体的に提示しうるには至っていない。

⑶ 「人間的解放」によってもたらさるべき社会体制、かの「民主制」の内実を具体的に解明すること。既成の共産主義理論をほぼそのまま受け容れることが出来れば、彼にとって事は簡単であったろう。しかし、既成の「共産主義は、それ自体、それの対立物である私有

制度に感染した、人間主義的原理の特異な一現象たるにすぎない……共産主義は、社会主義的原理の一つの特殊な実現にすぎず……しかも、社会主義的原理は、これはこれでまた、真の人間的存在の現実性に関する一面にすぎない」（S. 344）という次第で、当時のマルクスは、既成の共産主義・社会主義思想に対して否定的であった。このためもあって、彼としては「類が実存として定在する」ごとき「人倫的共同体」、「現実の個別的な人間が個別的な人間でありながら類的存在となる」人間的解放の内実を、独自の理論的展開によって提示することが課題となる。〉（前掲書、一八五―一八六頁）

現実の世界を批判するだけでは意味がない。それを変革しなければならないという意識をマルクスは強くもった。その変革は、頭の中で未来の理想世界を夢想して、それに向かって進んでいくという空想的アプローチをとるべきではない。現実の中から将来の変革に向けた可能性を追求していくのである。この点において、マルクスは徹底したヘーゲル主義者である。

もっともこの時点でマルクスは共産主義に対して批判的であった。私有財産制度を廃棄する社会主義の一形態として共産主義を理解し、これでは人間が抱える問題の一部分しか解決できないと考えた。もっともこれは共産主義という言葉をめぐる定義の問題であり、この時点でのマルクスは、人間が完全に解放されたアソシエーション（共同体）という意味で共産主義を理解していたわけではない。従って、この時点でのマルクスの共産主義批判を過大視すべきではない。初期マルクスが考えている人間が疎外から完全に解放された社会は、後にマルクスが唱える共産主義社会と基本的に変化していない。

マルクスにとっての焦眉の課題は、いまここにいる具体的人間の解放だった。具体的人間を解放するために、人間を抽象的に類として考える必要が生じたのであり、また、人間を対象とする考察から、社会を対象とする考察に移行する必要があったのである。

〈先に指摘した「懸案」（引用者註：「人間的解放」をいかにして成就するかという課題）も、実は、以上三つの課題が未解決であることから生じたものということができよう。彼は「自己意識の哲学」の水準で一切が済むとはもはや考えることができず、「政治的解放」と区別した「人間的解放」の担い手としてプロレタリアートを云々する。しかるに、マルクス自身はその矛盾に気付かなかったにしても、プロレタリアートが、いかに「人間の全面的な喪失」ではあれ、一つの階級である以上、プロレタリアートによる「人間的解放」は、結局のところ、「市民社会の一部分が自分を解放して普遍的な支配に到達すること、ある特定の階級がその特殊な地位から社会の普遍的な解放を企てること」＝「政治的解放」！（vgl. S. 388）にすぎないのではないか？　先の「懸案」には、このような問題も孕まれているのである。〉（前掲書、一八六頁）

さて右に挙げた⑴〜⑶の諸課題は、〈いかにして現今の「社会体制」にみるごとき疎外が成立したのか、そこにはその自己否定の必然性がいかに懐胎されているか、そしてこの弁証法的自己止揚によって招来さるべき新しい社会体制は、いかなる内実のものであるか、――この自己疎外と自己獲得というシェーマを社会経済的な事実にもとづいて具象的に充たすこと、これに帰趨《きすう》する。〉（前掲書、一八六頁）

この時点でも、マルクスはプロレタリアートの置かれていた悲惨な状況に同情していた。しかし、プロレタリアートの解放は、一階級の解放にとどまるだけで、類としての人間の解放とは考えなかった。マルクス自身は資本家である。従って、プロレタリアートを解放しても、マルクス自身の解放にはならないと考えていたのであろう。しかし、ユダヤ人の救済が、単にユダヤ人にとどまらず、全人類の救済につながるのと同じ鍵を握る場を、資本主義社会においてプロレタリアートは占めている。このことを認識するためには、労働力商品の特殊な性格に気づかなくてはならない。経済学研究に進んでいないこの時点のマルクスは、労働力商品化の意味を理解していなかったのである。

疎外論の中のロマン主義の影

『独仏年誌』の時点において、マルクスとエンゲルスの疎外論は、フォイエルバッハの人間学の延長線上にあるというのが通説だが、廣松はこのような疎外論的人間論は当時のドイツの知的雰囲気であったとする。

〈この時点におけるマルクス・エンゲルスの発想の背景となっている人間観は、彼ら自身はフォイエルバッハに触発されてそれを対自化したのではあったが、決してフォイエルバッハに固有のものではない。或る意味では、それは十九世紀前半のドイツ知識人にとって、共通の想念であったということさえできよう。ブルジョア革命の前夜にあった当時のドイツでは、旧体制の打破が既定の当為となってはいたが、新体制は、英仏にみられるがごときアトム化的に分立する諸個人の私利私慾の確執、「万人の万人に対する戦い」の状態を現出するものでは不可《いけ》ないと意識された。ここには後進国ドイツにおけるゲマインシャフトリッヒな遺風の投影、旧き共同体意識からする反撥を認めうるにしても、観念的には先進国の市民社会的〝自然状態〟を超えようとする志向が秘められていることを併せて看なければならないであろう。このことは、ヘーゲルの法哲学における「人倫」の所説だけでなく、ロマン派の人間論・国家論、例えば、ノヴァリスのマクロアントロポス、シュレーゲルの「いわば大きな包括的な家族」、歴史法学派の民族精神の顕現、等々、を想起すれば思い半ばにすぎるものがある。このような志向と発想が、謂わばアトモスフェアをなしていたが故に、マルクス・エンゲルスがそれを向自的に定式化するためには却ってフォイエルバッハの触発に俟たねばな

らなかったように見受けられる。〉（前掲書、一八九頁）

後発資本主義国ドイツにおいては、革命の必要性は自覚されていたが、それによってイギリスやフランスのように、アトム化された個人の私利私欲に基づく競争社会がもたらされることは避けたいという意識が政治エリートの中に働いていた。ここから、理想的な社会を過去に投影する（現実の過去は決して理想的な状態ではなかったにもかかわらず）政治的ロマン主義が生まれたのである。疎外論の中にも「本来の姿」という形でロマン主義の影がある。ロマン主義をより哲学的に表現したのが疎外論なのである。

廣松が疎外論を忌避し、物象化論を称揚する背景には、革命運動からロマン主義の根を切断したいという実践的課題がある。かつてレーニンが、ロシア・ナロードニキの共同体主義、また非常手段としてのテロリズムを「革命的ロマン主義である」と批判し、社会民主主義（マルクス主義）を対置したこととの類比を廣松は、恐らく、意図的に行っているのである。従って、「疎外論から物象化論へ！」というスローガンは、哲学的存在論の問題であるとともに現代革命論そのものなのである。共産主義とは、第一義的に、共産主義社会の構築に向けた運動である。

哲学的、思弁的なマルクス、実証的なエンゲルス

廣松は、実証主義をめぐってマルクスとエンゲルスの間に差異があると指摘する。この点は極めて重要だ。マルクスが哲学的、思弁的であるのに対して、エンゲルスは実証的なのだ。この二人の知性の形は、最初から最後までかなり異なっているのである。

〈(引用者註：モーゼス・ヘスとマルクス、エンゲルスの思想的な)ヴェクトルが平行だとはいっても、ヘスに比べて、エンゲルスの方はより実証科学的であり、マルクスの方はより哲学的であるという布置になっていたことを忘れてはなるまい。私有財産制によってもたらされる社会経済的諸矛盾を具体的に実見し、この社会経済的事実の内的な動力学が社会革命を必然的に招来せずにはおかないことを看取していたエンゲルスにとっては、自己疎外からの回復というシェーマは、いわば歴史の趨向に意義づけを与えるものであり、また、それで事足りた。先にみた通り、彼は独得の〝史観〟で哲学的に人類史を総括してはみせるが、そして人間の「自己空疎化《ゼルプストアウスヘールング》の行為たる宗教」が市民社会的アトム分立の「原因」だという云い方をするが、彼にとっては、市民社会的状態が人間にとって非本来的な在り方だという論点を確保し、本来的な在り方へと還るべき当為を定立すること、疎外論を要したのは就中《なかんずく》このためであった。しかるにマルクスの方は、まだ、市民社会の自己止揚の必然性を、社会経済的な展望、

階級闘争の帰趨といった場面では看取していなかった関係もあり、彼の疎外論は、単に歴史に意義づけを与えるだけでは済まなかった。彼は疎外論によって、人類史の展開そのものを説明しなければならなかった。――エンゲルスは、市民社会的状態が、非人間的な状態であることを立言すれば差当り事足りたのに対して、マルクスは、国家、貨幣、私有財産というがごとき現実的疎外態がいかにして成立するのか、また、それがいかにして自己止揚を遂げるか、これを解明しようと試みたのであった。ここにマルクスの疎外論が、困難な課題を背負い込んだこと、それだけにまた、壮大な、より哲学的なものになった所以もあると思われる。〉（前掲書、一八九―一九〇頁）

むしろこの問題はマルクスの死後、大きくなる。マルクスの主著『資本論』は、マルクス自身の手によっては、第一巻しか刊行されなかった。第二巻、第三巻は、マルクスの遺稿をエンゲルスが編纂して刊行したものである。第一巻のユダヤ教のタルムード学のような文体と構成が第二巻、第三巻では完全に影をひそめている。そして、官庁の報告文書のような簡潔、明瞭だが、たいくつな文体になっている。これはエンゲルスに実証的傾向が強いことと明らかに関係している。

さらに、廣松は、マルクスとエンゲルスの共通性と差異を次の通り整理する。

〈本文で明示的には指摘しなかった幾つかの論点を補足的に挙げておけば、両人の社会思想

方面での発想と姿勢には、

(イ) 政教分離をとげた普通の意味での非キリスト教国家を国家の完成として把えること。(尤も、マルクスは貨幣や国家という形でのキリスト教的・ユダヤ教的な神の全一的支配の完成という視角からみているのに対して、エンゲルスは人間の自己空疎化の完成という視角からみており、アングルは必ずしも一致しないのだが)。

(ロ) 国民経済学の定立した諸提題から、リカード派社会主義やプルードン派のごとき立言を引出すことなく、そこにもっぱら、国民経済的事実＝市民社会の機構そのものの止揚によってしか解決不可能な根本的な矛盾を看取する姿勢をとっていること。(尤も、マルクスは疎外の告発に当って道徳的批判に通ずるニュアンスを残しているのに対して、エンゲルスにはそれが稀薄だといった差異を認めることはできる。しかし、ともあれ、道徳的、法律的な告発、つまり近世ブルジョアジーの価値と規範を前提し、この前提からブルジョア社会を批判するという先行社会主義者たちの態度に比べるとき、この一致は留意に値する)。

(ハ) 単なる政治的解放、政治革命に満足しないだけでなく、共有財産制の確立ということそれ自体に一切を托することをも卻《しりぞ》け、それは高々必要条件であって、人間としての人間の即自対自的な実現、人倫的共同体、「自由な諸個人の結合」「自由の王国」が飽くまで目標にされていること。〉(前掲書、一九〇頁)

この時点のマルクスとエンゲルスは、国民経済学批判という形で、経済学研究を早く卒業しすぎている。そのために労働力の商品化という資本主義システムの根幹をつかむことができなかった。従って、人間の全体的解放について、真実の人倫の回復というヘーゲル哲学の大枠から抜け出すことができなかったのである。

共産主義の可能性に気づく

エンゲルスが共産主義について積極的評価に転じる機会となったのは、一八四四年六月にシュレジヤで発生した織布労働者の暴動である。この暴動の意義を廣松は次のようにまとめる。

〈シュレジヤ織布工の暴動は、フリードリッヒ・ヴィルヘルム四世の反動政策に対するブルジョア自由主義の運動に新たな一石を投じた。マクロにみれば、〃労働者〃階級が独自の運動勢力として登場したことが、ドイツ・ブルジョアジーの〃不徹底な妥協主義〃を助長することになったが、ミクロにみれば、シュレジヤ暴動が「自己の存在証明をなした」社会問題は、朝野を挙げて解決すべき緊急問題として意識された。「社会問題」はもはや英仏〃対岸の火事〃ではなくなった。「わがゲルマン・ドイツの地にはあるべくもないとされてきたこの社会問題」ではあったが、「一たんそれが現実のものとなれば、〃解決策〃は、やはり、先進国からの輸入によってまかなわれねばならなかった」。社会問題は、単に自由主義的インテリゲンチャの注目の的になっただけでなく、プロイセン政府当局にとっても現実的な関心の的になった。

「厖大《ぼうだい》な人口のあいだで増大する貧困、無知、犯罪に対抗するため」、「労働者福祉協会」を設立する目的で、プロイセンのありとあらゆる町々で政府の支援のもとに「公開集会」が開かれた(S. 513)。「労働者福祉協会」の「会員の大多数は中間階級の人々からなっていたので、勤労人民の福利のためにどういう方策をとるべきかについて、人々はまったく当惑していた」(S. 516)。「公開集会」「労働者福祉協会」は、当然、社会主義者たちの独壇場となった。社会主義者たちとその主張とは、今や一斉に注目を浴びることになった。彼らの勢力は燎《りょう》原《げん》の火のように拡がっていった。

フォイエルバッハが自分を共産主義者だと宣言したのもこのような状況のもとにおいてであった。「前便以来、私の知った最も重要な事実は――とエンゲルスは、『ザ・ニュー・モラル・ワールド』に書き送っている――現在のドイツにおける一番高名な哲学者、天才フォイエルバッハ博士が、自分は共産主義者だと宣言したことである。最近、私どもの友人が、バイエルンのはるか片田舎の隠退先に彼を訪れたが、この友人に向って彼はその全確信を披瀝《ひれき》して、共産主義は彼がかつて宣言した諸原理の必然的な帰結たるにすぎず、また共産主義は事実上、彼がずっと以前に理論的に宣言したことの実践にすぎないと断言した。フォイエルバッハは、ヴァイトリングの『調和と自由の保証』の第一部ほど感激して読んだものはない、私はこれまで誰にも献辞したことはないが、次に書く著書はヴァイトリングに捧げたいと思う、といった。こうして、フォイエルバッハを最も傑出した代表者とするドイツ哲学と、ヴァイトリングによって代表されるドイツの労働者との連合、一年前にマルクス博士によって予言された連合が、ほぼなしとげられたのである」(S. 515)。〉(前掲書、一九六―一九八頁)

共産主義に、現実に存在するプロレタリアートが抱える問題を解決する可能性があることに気づいたのだ。ここからマルクスもエンゲルスもヴァイトリング派の共産主義グループに対する共感を強めた。

疎外された労働

それと同時に、疎外された労働の内容もより具体的になってくる。ここに廣松はヘスがエンゲルスに与えた影響を認める。

〈強いていえば、マックス・シュティルナーとモーゼス・ヘスの或る立言の影響が多少みられるが、しかしここではまだそれはむしろレトリックにかかわるものにすぎない。ヘスの〝影響〟として注目されるのは――これは元来はフランス社会主義起源のものであるが――

次のごとき発言である。「労働者のあいだにみられる堕落のもう一つの原因は、労働地獄におとされていることである。もしも、自由意志による生産的な活動が、われわれの知っている最高の享受であるとすれば、強制労働こそもっとも残酷で、もっとも屈辱的な苦悩である。毎日朝から晩まで、気に染まぬ仕事をしなければならないことほど恐ろしいことはない。そして、労働者が人間的な感情をもてばもつほど、ますますその労働は労働者にとって厭《いや》しい事にならざるをえない。なぜなら、労働者はその労働のなかにある強制を、自分自身にとっての没目的性を感じるからである。労働者は何のために働いているのか？　創造のよろこびにかられてか？　生まれながらの衝動にかられてか？　決してそうではない。彼は貨幣のために、労働そのものとは全く別の或るもののために働いている。彼は働かねばならないから働くのであり、そのうえ、非常にながい時間、休みなしに単調な労働をするので、彼に人間的感情の一かけらだにあれば、すでにこの理由からだけでも、彼にとって労働は最初の数週間で苦悩とならざるをえない」（S. 346）。

尚、エンゲルスは、右のコンテクストから「分業は、強制労働一般にみられる人間を動物化する作用を、幾層倍にも強めた」（*ebenda*）ことを指摘している。『ドイツ・イデオロギー』における固定化された分業の廃止という主張は、この認識を機縁の一つとするものと思われる。〉（前掲書、二〇一頁）

資本主義社会において労働者は自己実現のために労働しているのではない。生活費を獲得することが労働の基本目的だ。労働者は生活に必要な物やサービスを商品として購入する。しかし、これらの商品はもともと労働者が生産したものである。階級全体として見るならば、労働者階級はみずから作り出した商品を買い戻しているのである。

暴力革命の称揚

このような労働が楽しいはずがない。エンゲルスは大著『イギリスにおける労働者階級の状態』（一八四五年）を著し、実証科学的立場から共産主義を称揚するようになる。

〈労働者たちは、たとえうまく仕事にありつけたとしても、それが享受と一体化した労働、労働がそのまま享受たるべき人間本来の——今日では芸術家の創作活動に片鱗《へんりん》を残しているごとき——自己活動ではなく、「強制労働」たる限り、彼は牛馬と同じ状態に貶められている。「労働者が、自分をしばりつけている首かせを辛抱づよく我慢し、その首かせそのものをこわそうとはせずに、ひたすら首かせをされたままで生活を愉快にしようとしはじめるとき、労働者たちは忽《たちま》ち動物的になることになる」（S. 343）。「労働者は、支配階級に対して怒りを感じている間だけ人間なのである」（*ebenda*）。労働者たちの階級的反抗は、最初〝犯罪〟の形をとったが（vgl. S. 431）、「動物なみに扱われている労働者が……権力をにぎっているブルジョアジーに対する燃えるような憎悪、不断の精神的叛逆によってのみ」「けだものになることによってのみ」「人間としての意識と感情を保つことができるのだとしても、驚くにあたらない」(S. 343)。彼らは、やがて、機械の導入に対する暴力的な反抗(S. 432)といったステップを経て、組織的な立上りをみせるようになってきた。しかし「ストライキにも勇気が必要だし、暴動の場合よりももっと大きな、……勇気が、……固い決意が必要である……。貧乏を身にしみて知っている労働者にとっては、妻子とともに……数ヵ月も飢餓と窮乏を耐えしのび、毅然《きぜん》たる態度を堅持することは、なまやさしいことではない。イギリス労働者が、有産階級のくびきのもとに屈伏するくらいなら喜んで甘受しようとする……しのびよる餓死、日毎に目撃する飢餓にひんした家族、目にみえているブルジョアジーの復讐……に比べれば、フランスの革命家の身に迫る死が何であろう、ガレー船がなんであろう」(S. 441 f.)。しかるに「有産階級は、無産者の正当な要求のうちに、ただ〃神と人間の秩序〃に対するあつかましい不満や狂人じみた反抗しかみないし、もっとも好意的に考える場合でも〃煽動《せんどう》で飯を喰い、働くには余りにも怠惰な、悪意あるデマゴーグども〃……の成功しかみない。……今や、残された唯一可能な方策は、暴力革命であって、それは間違いなく起るであろう」(S. 472)。〉(前掲書、二〇二―二〇三頁)

このような状況でプロレタリアートが反抗するのは当然のことだ。まず、資本家を殴る、資本家の所有物を盗むという犯罪で反抗する。その次は、労働者に合理化を強いる機械を打ち壊すというラッダイト運動という抵抗運動が発生した。格差が拡大し、絶対的貧困問題が生じた。労働をしているにもかかわらず、プロレタリアートが飢餓に瀕する。何かおかしくないだろうか。ここでエンゲルスは暴力革命を称揚する。

〈「事態の平和的な解決をもたらすには、いまではもう遅すぎる。なるほど、革命が……もっと穏やかなかたちをとることもありえよう。しかしそれは、ブルジョアジーではなく、プロレタリアートの成長発展にかかっている。プロレタリアートが社会主義的・共産主義的な要素を採り入れるのに比例して、それに正比例して、革命は流血と復讐と狂暴とを減ずるであろう。共産主義はその原理によれば、ブルジョアジーとプロレタリアートの不和を超越している。共産主義は、この不和を、もっぱら現在に対するその歴史的意義という点でしか承認しないのであって、これを将来に対して正当だとはみなしていない。共産主義は、まさに、この不和を止揚しようとするのである。だから、共産主義は、この不和が現存するかぎり、抑圧者に対するプロレタリアートの憤激を、必然的なものとして、初発の労働運動の極めて有意義な槓桿《こうかん》として、もちろん承認しはするが、しかし、共産主義はこの憤激をのりこえて進む。というのは、共産主義はまさしく人類の問題であって、単に労働者だけの問題ではないからである。もともと個々人に復讐を加えようと望んだり、または一般に、個々のブルジヨアが、現在の関係のなかで、いまとはちがった行動をとることができるなど……とは共産主義者の夢想だにせぬところである。イギリスの社会主義（すなわち共産主義）は、個々人には責任能力はないというこの原理に……立脚している。従って、イギリスの労働者が、社会主義的な理念を取りいれればいれるほど、それだけ彼らの現在の……憤激は、無用のものになり、ブルジョアジーに対する彼らの手段は、粗暴さと野蛮さとを失うであろう。もしも戦闘が勃発する前に、全プロレタリアートを共産主義者にすることが万一可能ならば、戦いは平和裡にすぎ去るであろう。だがそれはもはや不可能である。それにはもう手遅れである」（S. 505）

――これが大著『英国における労働者階級の状態』の「結論」（S. 506）である。〉（前掲書、二〇三―二〇四頁）

ドイツと比較して、イギリスでは救貧施設も整っている。労働者の生活状態も他国より良い。また、イギリスにおける労働運動は、ヨーロッパ大陸と比較して穏健である。そのイギリス社会を分析した結果、エンゲルスはプロレタリアートの暴力革命を呼びかける。ここにおいて、エンゲルスはこれまでと違った意味でプロレタリアートをとらえている。〈共産主義は、まさに、この（引用者註：ブルジョアジーとプロレタリアートの）不和を止揚しようとするのである。［……］共産主義はまさしく人類の問題であって、単に労働者だけの問題ではないからである〉という点である。

エンゲルスは資本家だ。エンゲルスはひとりの人間として、他者を搾取したり、抑圧したりすることなくして生きていきたいと考えている。それを実現する鍵がプロレタリア革命にあることを理解したのだ。資本家である自己を存在論的に否定してはじめて人間になることができるとエンゲルスは自覚したのである。エンゲルスの世界観形成において『イギリスにおける労働者階級の状態』は決定的に重要な意味をもつ。

自己批判

もっとも奇妙なことだが、この資本家としての自己の解放という発見を、エンゲルスは後に自己批判している。廣松もこの点に着目する。

〈エンゲルスは約半世紀を経て、一八九二年のドイツ語再版への序文のなかで、次のように自己批判している。

「本書の一般的な理論的立場が——哲学的、経済学的、政治的な点で——私の今日の立場と決してそのまま一致するものではないということは、注意するまでもあるまい。一八四四年には、近代的な国際的社会主義はまだ存在しなかった。それはその後、とりわけ、そして殆んどもっぱら、マルクスの業績によって一つの科学にまで完成されたのである。私の書物は、国際的社会主義の萌芽的な発展段階の一つを代表するにすぎない。そして人間の胎児が、そのもっとも初期の発育段階には、われわれの祖先である魚類の弓形の鰓《えら》をいまなお再現するように、本書も、近代的社会主義がその祖先の一つ――ドイツ古典哲学――の血統をひいていることの痕跡を、いたるところに示している。例えば、共産主義は労働者階級のたんなる党派的な教義ではなくて、資本家を含めた全社会を、現在の制限された諸関係から解放することを窮極の目的とする理論だという主張に、非常な力点が――とくに結論において――おかれている。〔引用者曰く。エンゲルスがいうほど非常な力点がおかれているとは思えない。現在この註を付している本文の個所が自己批判の対象となりうべき事実上唯一の条《くだ》りである〕。この主張は、抽象的な意味では正しいが、実際には、大抵、無益というよりも、よくないことである。有産階級が解放の必要を認めないばかりか、労働者階級の自己解放にも全力をあげて反抗している限りは、その限りでは、労働者階級はともかく社会的変革を独力で準備し、遂行することが必要であろう。一七八九年のフランス・ブルジョアも、ブルジョアジーの解放は全人類の解放であると宣言した。だが、貴族と僧侶はこのことを認識しようともしなかった。この主張は――当時、封建制度が念頭におかれていた限りでは、否定できない、抽象的な、歴史的真理だったけれども――まもなく純粋に感傷的な空文句に変質し、熱狂的な革命的闘争のなかで雲散霧消してしまった。このごろでも、……労働者に対して、階級対立と階級闘争を超越した社会主義を説教する人々が沢山いる。しかし彼らは、まだ多くのことをこれから学ばねばならぬ新米か、それとも労働者の最悪の敵、つまり羊皮をかぶった狼なのである」(S. 641 f.)。〉(前掲書、二〇四—二〇五頁)

もっと注意深く読めば、〈例えば、共産主義は労働者階級のたんなる党派的な教義ではなくて、資本家を含めた全社会を、現在の制限された諸関係から解放することを窮極の目的とする理論だという主張に、非常な力点が——とくに結論において——おかれている。この主張は、抽象的な意味では正しい〉と、基本認識については正しかったとしている。その上で、革命戦術的に適当でなかったと自己批判しているのだ。むしろこの箇所は、基本認識を重視すべきだ。プロレタリアートのメシア的使命は、プロレタリアート自身のみならずすべての階級を解放するところにある。

アメリカの黒人との類比

このようなプロレタリアートは特殊な性格を帯びている。廣松は、現代のアメリカ合衆国における黒人と類比可能と考える。

〈尚、この著作全体にかかわることであるが、エンゲルスの描き出している当時のイギリス労働者階級は、現代日本やヨーロッパのいわゆる〝底辺層〟との類推ではとうてい表象できない。しいてアナロジーを求めれば、現代アメリカ社会の内部における黒人のイメージに近い。事実、当時のイギリス労働者街には、〃異民族〃アイルランド人が大量に入り込んでおり、彼らの生活様式が、イングランド人労働者にも〃蔓延《まんえん》〃するむきがあった様子である。

「私は——とエンゲルスは書く——マンチェスターの最も人口稠密《ちゆうみつ》な部分で、ケルト系のアイルランド土語で話しているのさえ耳にした。地下室に住んでいる家族の多くは、どこでも、大概、アイルランドの出身者である。簡単にいえば、アイルランド人は、ケイ博士も云っているように、生活必需品の最小限がどんなものであるかを見つけ出したのであって、そしてこのことを、いまやイギリスの労働者に教えているのである。不潔と飲酒癖も彼らが持込んだものである。……このマイリジュースの子孫は、生国でいつもやっていたように、この地でも、汚物や廃物を家の戸口の前に投げ棄てるが、そのため水溜りと、泥土のかたまりができ、これが労働者住居地区を醜いものにし、その空気を有害なものにする。アイルランド人は、生国にいたときと同じように、家のそばに豚小屋を建てる。それができないと、豚を自分の室内におき、自分のそばに寝せる。大都市におけるこうした異風の家畜飼育法は、まったく、アイルランド人によって始められたものである。……彼は豚と一緒に食い、豚と一緒に眠り、子供たちは豚と一緒に遊び、豚の背に乗り、豚と一緒に泥濘《でいねい》のなかをころげまわる。こんな風景は、イギリスの大都市で何千回となく見ることができる、……アイルランド人は家具というものにはなれていない。一山の藁《わら》ともう着れなくなったぼろ布、これだけあればベッドとして十分である。一片の木材、一脚のこわれた椅子、テーブル代りの古ぼけた箱、これ以上彼は何も必要としない。一個の湯わかし、いくつかの深鍋と壷、これだけあれば、寝室兼居間兼台所を整えるのに十分である。そして燃料が不足すれば、……入口の柱でも、回り縁でも、床板でも、ともかくこういった燃えるものがあれば煖炉《だんろ》に投げ込まれる。これ以上、どうして……必要としよう？　海のかなたの生国にある彼らの粘土小屋には、……一つの部屋しかなかった。……イングランドでもやはり一部屋以上を必要としない。このように、いまではすっかり一般化した一室に沢山つめ込むこのやりかたも、おもにアイルランド人の移住によって持込まれたものである」（S. 321 f.)。「こういうわけであるから、労働者階級が次第にイギリスのブルジョアジーとはまったく別の国民になっていることについて、われわれはもはや不思議には思わないであろう。……労働者は、ブルジョアジーと違った方言を話し、違った観念と表象、違った風習と道徳原理、違った宗教と政治をもっている。それは二つのまったく違う国民であり、人種のちがいだけがつくることのできるほどの大きな違いである」（S. 351)。

――現代アメリカの黒人問題とのアナロジーを先に云々した所以も右の引用によって察せられるであろう。〉（前掲書、二〇五―二〇六頁）

イギリスにおいて、アイルランド人は民族的差別、宗教的差別（アイルランド人のほとんどはカトリック教徒）にさらされ、社会的上昇を制約される耐エントロピー構造をもった上で、さらに労働者として搾取される状態に置かれたのである。いわば複合差別を受けたアイルランド人労働者の状態から、エンゲルスはプロレタリアートの姿を読み解いたのである。

資本主義は資本を無駄使いする

そしてエンゲルスは、このようなプロレタリアートの置かれた状態を変革したいと思った。他者を抑圧するような状態で、自らが存在することが嫌だったからである。〈エンゲルスは『英国における労働者階級の状態』を執筆するかたわら、ケルンに本拠をおいていたモーゼス・ヘスと緊密な連絡をとりながら、「労働者福祉協会」設立の運動にも介入し、四五年の二月には、エルバーフェルトで二度にわたって講演した。

「諸君！　只今お聞きになった通り――とエンゲルスは、ヘスの講演を承けて（vgl. S. 516）口を開く――われわれは自由競争の世界に生きている。この自由競争、ならびに自由競争によって招来された現在の世界秩序について、聊か立入って考察してみよう。今日の社会においては、人々は皆、各自おのれの利益のために働いている。皆おのれだけが儲けようと努め、他人がどうかには一向お構いなしである。合理的な組織とか合理的な労働の配分とかは問題にならない。それどころか、皆が他人を出しぬこうとし、……私利をはかろうとしている。……資本家は残りの資本家全体と戦っており、労働者は残りの労働者全体と戦っている。そして、資本家全体が労働者全体と戦っており、労働者グループは、これまた、資本家グループと戦わねばならない。こういう万人の万人にたいする戦い、こういう普遍的な無秩序と膏《こう》血《けつ》の搾り合いが、今日の市民《ブルジョア》社会の本質である。

だが、諸君、かくのごとき無統制経済は、必ずや、極めて不吉なる結果を社会にもたらさずにはおかない。……社会の今日の基底が維持される限り、少数の個人が富を増し、大多数の人間が貧困化していくという過程を食い止めることは不可能である……」（s. 536 f.）。しかも、その少数の富者すら今日の自由競争の世界秩序、「生産の無統制状態のもとでは」必然的・法則的に招来される「恐慌」によって「窮状」に陥ることを免れがたい。

「今日の社会制度は、経済上の点で、およそ考えうる限りの最も不合理な、非実際的な制度である」。「本日、私は、これらの害悪のうち、経済上の害悪の二、三を挙げてみることにしよう」。

――エンゲルスは、ここで「今日の社会制度」の「経済上の不合理」を雄弁に衝いていくのであるが、その論点を一口でいえば、今日の社会制度においては「大量の労働力が社会にとってなんの役にも立たぬ仕方で使用されており、かなりの量の資本が、再生産されずに、

無駄に失われていく」(S. 539) ということにある。〉(前掲書、二〇六—二〇七頁)

ここにもエンゲルスの資本家としての視座があらわれている。資本主義は、資本を無駄使いする。プロレタリア革命の実現によって、資本主義を超克することによって無駄のない再生産を実現することができるようになるとエンゲルスは考えた。

第一〇章　マルクスの疎外論との対決

エンゲルスの資本家的理性（合理性）

前章で、エンゲルスがマルクスに先行して、共産主義的世界観に傾斜していったことを述べた。廣松渉は、『独仏年誌』において共同作業を行っていた時期のマルクスとエンゲルスが、フォイエルバッハの人間論の延長で、疎外論を展開していたという通説に異議申し立てをする。ロマン主義の根をフォイエルバッハの人間学から切り取る必要があると二人は考えた。これを主導したのもエンゲルスである。

エンゲルスがロマン主義と断絶することができたのは、第一にモーゼス・ヘスの影響からだ。廣松門下のマルクス主義哲学者は、この点をとても強調する。廣松渉は、ヘスの影響とともにエンゲルスが国民経済学研究に進んだことをあげる。

エンゲルスが経済現象を観察するときの視座は、資本家そのものである。資本家的理性（合理性）から、現実に存在する資本主義社会の非合理性、非効率化を批判するのである。当然、資本家的視座に立っているから、限界がある。資本主義社会を全体としてとらえることができないのだ。この時期のエンゲルスは労働価値説を受け入れるが、労働力の商品化を洞察することができないのである。

ただし、資本家的理性の視座から、社会が神や本来の姿によって成り立っているのではなく、人間労働と自然の結びつきによって成り立っていることを理解している。このことも疎外論から物象化論への転換にあたっては重要な切り口になる。

一八四二年、エルバーフェルトでエンゲルスが二度にわたって行った演説の特徴を廣松渉は次のように整理する。

〈第一に留意さるべきことは、現今の社会制度を批判する際はもとより、共産主義を基礎づけるに当っても、従来、優位におかれていた〝哲学的〟な議論、社会経済的な議論に哲学的な糖衣を被《かぶ》せる姿勢を罷《や》めて、あくまで社会経済の論理に即して立言していることである。聴衆が「市の名士たち」であったこと（vgl. S. 516, u. Briefe an Marx, 1845, 25. Febr.,MEW, Bd. 27, S. 20）に鑑みれば、〝哲学的〟な論議では説得力を欠くと考えて、形而下的な議論に限定したのだという推測も一応は可能であろう。後にオーウェン派に関する態度その他に即してふれる通り、エンゲルスの発言が多分に聴衆を意識したものであったことは否めない。しかしながら、エンゲルスの発想上の〝構え〟がこの時期に転換した事実を見落してはなるまい。

このことは、同じ姿勢が『英国における労働者階級の状態』やこの前後に書かれた一連の論稿で貫かれていることからも判るが、何よりも、当時一緒に活動していたヘスとの関係をみれば疑いを容れない。

エンゲルスと同じ席上でのヘスの講演は、一言でいえば、まだ〝哲学的〟な議論を正面に押出している。彼は「今日の人間世界の諸悪、人々が通常、人間の本性《ナトゥール》の不完全性に帰している諸悪が、組織化されていない人間社会に窮極的な根拠をもつ」こと――エンゲルスがこれを踏襲していることは上来みてきた――を指摘しながらも、「共産主義のイデーは愛の生活法則」を「社会生活」に適用したものだと述べる。彼は、また、共産主義が歴史的に〝時熟〟していることを述べるが――エンゲルスもこれを承けていた！――そして彼は他の論文では、その際生産力を問題にしているにもかかわらず、この講演では共産主義ということが人々の意識にのぼっているということが、それ自体〝時熟〟の証拠だという哲学的な論議にとどめている。そして彼は、生産物の交換を盗奪に結びつけるといった通俗化をおこないながらも、貨幣、教会、国家を疎外論の視座で問題にする。さらにはまた、「共産主義は、われわれに教え込まれる何か哲学体系といった理論ではない。共産主義は社会の成立史の帰結《シュルス》だ」というたぐいの発言をおこなっており――これとほぼ同じ科白《せりふ》をマルクスが『ドイツ・イデオロギー』の旧稿の余白に書き込んでいることは想起を促すまでもあるまい――ヘスはまだマルクスの『経哲手稿』に影響を与えた思想的水準から脱していない (vgl. Moses Hess: *Philosophische und sozialistische Schriften*, herausg. v. A. Cornu u. W. Mönke, 1961, S. 348 ff.)。

この事実を想えば、エンゲルスが〝哲学的〟な議論を回避したのは必ずしも聴衆を慮《おもんぱか》ってのこととは云い切れないことが明らかであろう。現に、後に紹介する通り、四四年十一月十九日付の手紙その他で、エンゲルスはヘスの〝哲学的〟な議論に対する批判をこの時期から漏らし始めており、彼の思想的な〝構え〟に転換が生じたことを認めなければならない。〉（『エンゲルス論』情況出版、二〇八―二〇九頁）

議論を整理してみる。

1　この講演で、エンゲルスが哲学的議論を回避したのは、聴衆が哲学的訓練を受けていない労働者なので、聴衆に到達しない言語様式で語ることに意味がないと考えたからと想定される。

2　ただし、同じ講演で、ヘスは疎外論に依拠した哲学的議論を展開している。それならば、聴衆にも哲学的議論を受け入れる一定の土壌は存在すると想定するのが自然だ。

3　上述の1、2を総合的に評価すると、エンゲルスが徹底的に形而下の無統制経済の危険と、恐慌と窮状の危機を訴えたことは、合理的な社会を構築することで、経済を統制し、恐慌と窮状から人間が抜け出すことが可能になるという了解があるからと思われる。

ここでエンゲルスは、「本来のもの」を想定していない。

廣松門下からお叱りを受けることを覚悟して、あえて乱暴な整理をしたい。ここから廣松渉が考える共産主義社会は、理性に基づく構築主義ということになる。そうなると一八世紀の合理主義とどう異なるかという問題が当然出てくる。

一八世紀の合理主義は、工業と結びついていなかった。また、農業労働、工業労働のいずれにおいても労働力の商品化が主体的であると言える状態ではない。ここでエンゲルスが想定しているのは、一九世紀の労働力商品化が社会全体に浸透している状況である。

〈彼は晩年『住宅問題』を書いた時点ですら租税負担その他社会的負担は、結局のところ、ブルジョアジーが被っているという考えをとっている。プロレタリアートは、最低ぎりぎりの生活をかろうじて維持できる賃金しか受取らないのだから、形式上は一たんプロレタリアの手を介して納税がおこなわれるにしても、それはブルジョアジーが間接的な手続で納税しているものにほかならず、租税負担者は「経済学上からいえば」ブルジョアジーだというのである（vgl. MEW, Bd. 18, S. 247 f.）。尤もこれは『資本論』を援用しての議論であり、『エルバーフェルト講演』の時点でそこまで考えていたとは云いきれないが、「労働者福祉協会」設立運動のさなかのことであり、たとえ〝前意識的〟にもせよ、ブルジョアの立場からの発想と云いうるものを混《こん》じてはいまいか？

これを要するに、エンゲルスが「経済面から」指弾した「今日の社会制度」の不合理、労働力と資本の浪費の批判は、産業ブルジョアの立場からする経営の合理化、ひいては社会機構の合理化の志向、ないしはその延長上に位するということができよう。成程、聴衆の意識にマッチする仕方で語ったのだという点も勘案さるべきであろう。たしかに『英国における労働者階級の状態』の結論部は、この直後に書かれたものであるにもかかわらず、『講演』では最後に挙げてある失業者の問題にふれるのみで、他の四つの点にはふれられていない。しかも、同じく「失業者」の問題といっても『状態』での取扱いは、より本質的な観点からするものであった［……］。これを認めるに吝《やぶさ》かであってはならないが、しかし、ブルジョア合理主義的発想の延長上でエンゲルスが社会経済機構の批判をおこない、またそれの解決策として、合理的に組織化された社会として「共産主義制度」を考えたということ、これが彼の思想形成上もった意味を知ることが大切であろう。〉（前掲書、二一〇―二一一頁）

この時点で、エンゲルスは共産主義制度を、人間の理性によって設計図を描き、それに基づいて構築することが可能な社会と考えているのだ。このような考え方に、原理的に反対するのが右翼なのである。右翼は、人間の理性（合理性）には限界があると考える。理性も本能も感情も含んだところで、左翼から提示された社会についての設計図に対して軌道修正を試みるのが右翼だ。

資本家としての場が物象化論の視座をつくる

廣松は、当時のエンゲルスがモーゼス・ヘスの影響を強く受けていたことに気づいた。へスも共産主義に近づいていた。しかし、疎外論の立場からの共産主義だ。かつて楽園が存在したが、人類はそれを喪失した。従って、本来の姿である楽園を回復することが共産主義であるという構えだ。ユダヤ教、キリスト教の伝統のもとでは受け入れやすい考え方である。物象化論者の廣松としては、このような疎外論は不愉快だ。従って、エンゲルスとヘスの間に、大きな裂け目を見出そうとする「認識を導く関心」が働くのである。

〈既にみた通り、マンチェスターに渡った直後のエンゲルスは、ヘス・メヴィッセンの〝仮説〟を〝検証〟し、いうなればブルジョアの立場からイギリス資本主義の危機を実感し、労働運動の実見と件の〝原体験〟によって「社会革命」の必然性とその内容を〝理論的に〟把握しえた。とはいえ、それは、いわば、イギリスの〝現状分析〟と展望を整理すれば足りたものであり、〝哲学的な糖衣〟で包めば即座に〝体系〟となりえた。マンチェスター時代のエンゲルスにとって、経済の知識と教養は、既にもっている確信と結論に〝理論的な〟体裁を与えるものではあっても、自分自身に対して、また他人に対して、結論を証明する手段ではなかった。そういう手段としての意味をもたなかった。帰結を確信させるためには、現状を分析・記述し、その趨向を指さしてみせれば済んだ。現に、『英国における労働者階級の状態』はその姿勢で書かれている。ところが、エルバーフェルトの会衆に対してはそれでは済まない。彼らは必ずや反問して云ったであろう。〝イギリスではそうかもしれないがドイツでは……〃と。〃哲学的〃な論議、それはそもそも理解されないであろう。所詮、確信と結論を潤色し、体裁を与えるものでしかありえない。貨幣や国家が人間的本質の自己疎外だと云い立ててみたところで、会衆の〃疎外された〃意識は、それこそ、〃われわれはそういう偽神崇拝とは無縁だ〃〃心配御無用、そういうのは哲学先生の取越苦労だ〃と応えるであろう。また、アトム化的に分立した諸個人が私利私慾を追求し、万人の万人に対する……と嘆いてみせ、人間というものは本来……と説教してみたところで、先にみたヘスの言葉にもあった通り、人々は現状の諸悪をこそ「人間の本性」に発するものと主張して〃人間と神とを取違えた〃哲学者を物笑いにするのがおちであろう。

ここにおいて、エンゲルスは初めて、自己の共産主義的信念と結論とを具体的に基礎づけ、かつはその必然性を〃証明〃する必要に直面した筈である。彼は、資本主義の矛盾がまだ〃俗衆〃の目に明らかなほどには激成されていなかった当時のドイツにおいて、所与の社会経済的事実に即して、「今日の社会制度」の孕む本質的な矛盾を指摘し、かつはそれが共産主義を必然ならしめることを〃論証〃する必要に迫られた。その直前に、彼は、見習い修業の仕上げをかねて、父親から一応独立して工場を経営する計画になっていた。恐らくこの関係もあって、いかにして合理的な経営を実行し、成功を収めるか、若き産業ブルジョア・エンゲルスの頭は、この問題にオリエンティーレン（引用者註：方向づけ）されていた筈である。

そのうえ、この理想にもえるブルジョア青年は、第二のロバート・オーウェンを夢みはしなかったにしても、この頃熱心にオーウェン派の共産村の機構を研究していた［……］。このような知的・精神的状況にあったエンゲルスが、オーウェン村の合理的な社会経済機構と対照させながら、「今日の社会制度」の不合理を列挙しつつ、経営の合理化、合理的に組織化された経営という視角から、上述のごとき講演をおこなったとしても一向に不思議ではない。〉（前掲書、二二一―二二三頁）

エンゲルスが後に空想的社会主義者のカテゴリーに入れることになるロバート・オーウェンも資本家であった。起業家精神に富んでいたからこそ、オーウェンは、常に技術更新を行い、資本の有機的構成を高めた。その結果、オーウェンは資本家として特別剰余価値を得た。その特別剰余価値をもとにして、共産主義的実験を行ったのである。

資本家にとって、哲学者のような、「本来の姿」などという物語は重要性をもたない。重要なのは目の前にある現実だけだ。このような即物的な「唯物論」から、物象化論への道筋をつける補助線を引くことが出来ないかと廣松は考えたのであろう。

〈エンゲルスは、彼が産業ブルジョアだったことによって、ここで再び〝有利〟な地歩を占めることができたと云えるかと思う。再びというのは、先にみたマンチェスターでの〝利得〟と重なるからである。彼は狭義の生産機構の本質的な矛盾には気付かなかったにもせよ、資本主義経済の〝不合理性〟を具体的に実感し、この不合理な機構の止揚という視角から共産主義にアプローチすることになった。この意味で、経済機構そのものの悖理《はいり》に即して共産主義を定礎する緒につきえた。〉（前掲書、二一三頁）

産業資本家であるが故に、剰余価値を追求する資本家として、もっと平たく言えば、カネをきちんと儲ける資本家として生き残るためには、現実を現実として受けとめなくてはならない。この資本家としての立場を貫徹しようと固執したところに、物象化論への契機が潜んでいると廣松は考えた。慧眼《けいがん》である。

〈成程、抽象的にいえば、いかなる近代社会主義思想といえども、資本主義社会の経済的〝不合理〟から出発したといえるかもしれない。しかし、自由・平等・博愛というブルジョア革命の理想を真に実現するためには……という仕方でのフランス社会主義や、「人間」の即自対自的実現というそれのドイツ哲学版、甚だしきに到っては、原始キリスト教団の共産体に還るというイデオロギー的屈折を経たカベー派やヴァイトリング派の共産主義へのアプローチ等々を引合いに出すまでもなく、一般に共産主義の理論的定式化の機縁と方向は必ずしも経済から出発したとはいえない。オーウェンの場合ですら、資本主義の機構そのものの矛盾というよりは、それのもたらした諸結果の除去にアクセントがあったというべきであろう。尤も、生産機構の場面に即して社会の組織化を説いたのは、決してエンゲルスが最初ではない。ベンサムのパノプチコン・システムのたぐいは措くとして、サン・シモンの産業社会の構想、プルードンの構想、等々、たしかに前例が存在する。われわれはエンゲルスに先陣争いをさせるつもりは毛頭ない。これら先行の思想が、勝手に構想した未来社会からの発想であるとか、彼らの描く未来社会は所詮〝合理化された資本主義にすぎない〟とかいう云い方も、この時点のエンゲルスとの対比で持出すのは無効である。われわれが確認したいのは、単なる政治革命では駄目であることに早くから気付き、また、単なる道徳的・法律的な論拠から立言することにも満足していなかったエンゲルスが、今や〝哲学的〟な発想に頼ることなく、社会経済の論理に踏止って共産主義を定礎するようになったこと、しかも経済学上の提題と共産主義とをリカード派社会主義やプルードンのごとき仕方で結びつけることなく（これは折角に経済学を用いながらも、結局のところ、道徳的・法律的な議論への矮小化である！　エンゲルスは成程『大綱』以来これを卻《しりぞ》けてはいたが、それは彼の〝哲学的〟な発想からであって、対自的ではなかった）、今や経済学としての経済学に即してそれをおこなう姿勢を固めたことである。〉

（前掲書、二二三―二二四頁）

観念を食べ物とするドイツの観念論哲学者であっても共産主義に到達することはできる。ヘスがそのよい例である。しかし、現実の生産を知らないヘスの立場からでは、共産主義の動機付けが観念から導き出されなくてはならない。従って、その共産主義は疎外論と親和的になる。これに対して、資本家として生産の現場から出発すると、徹底的に現実的にならなくてはならない。資本家としての場が物象化論の視座をつくるのである。これまでの共産主義論とまったく異なる立論を廣松は行っている。ただし、目立たないようにだ。

廣松渉は革命家だ。日本の地に共産主義を受肉させることが廣松の「認識を導く関心」である。そのために初期エンゲルスと取り組み、現在、筆者が読み解きを行っている『エンゲルス論』という大作をつくった。しかし、ここで解明したエンゲルスの資本家の視座に、物象化論にもとづく共産主義の根拠があることについては、日本の革命家たちを困惑させないように、うまく書かなくてはならない。こういった自己抑制が、思想家であり革命家でもある廣松渉の限りなき魅力なのだ。

マルクスとエンゲルス、共産主義をめぐる視座の差異

そして、もっとも危険な地雷原に近づく。マルクスとエンゲルスの共産主義をめぐる基本視座の差異について、検討するのだ。

〈パリで会った時点でのエンゲルスとマルクスとは、いかに意見が一致し、意気投合したにしても、エンゲルスの眼からみればマルクスの疎外論的発想には違和感が残ったことであろう。バルメンに帰ったのち、ヘスの疎外論との距離を深めるにつれて、それが次第に強く感

ぜられたとしても不思議ではない。しかるにマルクスは、ヘスに宛てては内容のある手紙を書いても、エンゲルスに宛てては——シュティルナーに関係する一つを除けば——短信を時折寄越す程度で、いわば何の相談もなく大冊に仕立ててしまい、勝手に書名まで変えてしまった（引用者註：バウエル派批判の共著『神聖家族』のこと）。大冊に仕立て直すのはよいとしても共著ということにされてはかなわない。彼がパリで書きつけた走り書きは、そういうつもりで書いたものではなく、バウエル派批判の論争文として〝えげつなさ〟の点では申しぶんないにせよ、大著にして世に問うべきものではなかった。あれやこれやで、エンゲルスにとっては〝共著〟として押出されることは迷惑至極であったろう。〉（前掲書、二二〇頁）

廣松は、マルクス・ヘス間の往復書簡、マルクス・エンゲルス間の往復書簡を比較することによって、マルクスのエンゲルスに対する違和感を推定している。この推定は正しいと思う。

この種の感情は相互的だ。エンゲルスもマルクスに対して、かなり強い違和感のあったことが推定される。

〈エンゲルスは、もっとはっきり、マルクスに云ってやるべきだったろう。永らく音沙汰《おとさた》がなく、突然、二十ボーゲン（引用者註：印刷用の紙。一ボーゲンは一六ページ）に引伸したと聞いて、早速に「僕の名前を出すようにもしも君が手配したとすれば、奇態……」と書き送った一月二十日付の手紙は、結局、生かされなかった。この手紙をマルクスがパリ追放の前に受取ったかどうか、何時受取ったか定かでない。この手紙を読んでマルクスが善処したものとエンゲルスが信じこんでいたかどうか、これも定かでない。しかしともあれ、エンゲルスは広告をみて唖然《あぜん》たらざるをえなかった。

「広告でみると、君は僕の名前を先に出している、何故だ？　僕は殆んど何もやってないんだし、誰が読んだって君の文体だって判るじゃないか」(Ib. S. 22)。〉(前掲書、同頁)

ちなみに、マルクスが著作を二〇ボーゲンに膨らましたのには合理的理由がある。当時のドイツの検閲法では、二〇ボーゲンを超える大作については、事前検閲の対象外とされていたからだ。当局は、検閲に時間がかかることと、大部で値段が張るようになるので、流通部数が少なくなり、社会的影響力も限定的になるという判断からこのような政策をとったのであろう。

マルクスとエンゲルスの共著『神聖家族』も検閲を回避するという思惑から、二〇ボーゲン以上の著作になったのであろう。しかし、これは実質的にはマルクスの著作であって、エンゲルスの物象化論的な共産主義思想はほとんど反映されていないというのが廣松の評価である。

それでは、自己の見解と掛け離れた著作の刊行をエンゲルスはなぜ許したのであろうか。

ここには、革命を実現するという政治的配慮があったというのが廣松の見方だ。

〈エンゲルスは、しかし、マルクスと仲違《なかたが》いはしなかった。そこには、打算ではないが或る政治的計算があったことも否定できない。エンゲルスが故国に帰った頃、上述の通りシュレジヤ織布工暴動を烽火《のろし》として、ドイツは政治的・思想的流動を開始しており、この好機に援《たす》けられてヴァイトリング派はもとより、ヘス派も活発な運動を推進していた。エンゲルスも早速にヘス派と行動を共にすることになった。共産主義運動が、秘密クラブや編集サロンから抜け出して、まさに大衆化しはじめた状況にあっただけに、エンゲルスが最も痛感させられたのは理論戦線の弱体という事実であった。秘密クラブで気心のしれた仲間うちで語らっている限り、以心伝心、一切が理論的に透明であるかのごとき錯覚をもちつづけることができる。〃密教〃は、それだけに純粋であり高貴であるようにメンバーには感じられる。新聞や雑誌で、大論文を競っている間は、所詮、同じような教養と心情をもった仲間うちの私語で済み、それは読者に甚だ〃よく理解〃される。出版活動それ自体が一種の英雄的な行為を意味しうる条件下では、殊更にそうである。だが、一たん密教的教養が公共の場に押出される段になると、以心伝心でつないでいた論理の飛躍と根拠づけの欠如が、誰の眼にも明らかになる。出版物もまた、読者層が拡がり、そしてこの拡大した読者層との対話が始まるや否や、旧来〃説得力〃のあった筈の理論が、宙空《ルフト》に浮いてしまう。――説得力のある議論を展開しえたとすれば、それは、さしずめ、自己の思想、自己の理論に本質的な低俗化を加え、本来なすべからざる妥協・社会的通念への迎合を事とすることによってである――。こうして、運動が大衆化しはじめるや否や、理論の貧困、そしてプロパガンディストの決定的な不足が感ぜられる。〉(前掲書、二三二頁)

ここでのポイントは、〈一たん密教的教義が公共の場に押出される段になると、以心伝心でつないでいた論理の飛躍と根拠づけの欠如が、誰の眼にも明らかになる。出版物もまた、読者層が拡がり、そしてこの拡大した読者層との対話が始まるや否や、旧来〝説得力〟のあった筈の理論が、宙空に浮いてしまう〉という部分だ。

廣松は、エンゲルスに仮託して、日本の共産主義者同盟(ブント)の理論について述べているのだ。ブントの活動家内部では説得力のあったはずの理論が、宙空に浮いているような状況を何とかしたかったのである。『エンゲルス論』の三年後、一九七一年に三一新書から上梓された『唯物史観の原像』はこの問題に対する廣松なりの回答だったのであろう。本質的な低俗化は避けつつ、読書界にある程度の迎合をして、『エンゲルス論』を通俗的な形で、書き直したのである。

マルクスの宣伝家としての能力

エンゲルスは、マルクスに通俗化の能力があると考えた。いずれマルクスも疎外論から抜け出し、物象化論に至る。そのときに共産主義原理をプロレタリアートに理解できる形に転換する通俗化能力をマルクスは十分に発揮するというのが、エンゲルスの思惑だったのである。

しかし、ここでも歴史の弁証法が作用する。マルクスは経済学研究に取り組み、その結果、『資本論』というきわめて難解な書物とその草稿を残した。そしてエンゲルスに、『資本論』をプロレタリアートに理解できるような形で通俗化するという役割が与えられたのである。

話をもとにもどす。エンゲルスは宣伝家（プロパガンディスト）としてのマルクスの能力に止目していた。

〈エンゲルスは帰国後まもなく「僕はケルンに三日いて、われわれがかの地でなしとげたものすごいプロパガンダにびっくりした。人々《ディー・ロイテ》［下士卒］は非常に活動的だ。だが、何といっても、しかるべき後盾の欠如が痛切《ゼーア》に感ぜられる」（S. 5）とマルクスに書き送っている。これを痛感したエンゲルスは、自から鋭意ペンをとるとともに、理論家としての、そしてまたプロパガンディストとしての仕事を、マルクスにも期待した。理論戦線の仕事は山ほどあった。理論体系を確立すること、これからして先決問題であり、しかもそれを公衆が理解しうるような形で定式化し祖述することが必要である。従来、社会主義思想が教養人の間ですら殆んど知られていなかったドイツで、理論的には遥《はる》かにそれをこえている〝哲学的〟共産主義の思想を大衆化するためには、予備知識として旧来の社会主義思想の紹介をおこなうことが望ましい。況や、独自の体系化がいまだしい間はそれに頼ることも次善の策である。エンゲルスやヘスは、そこで、独自の機関誌のほかに英仏社会主義思想の翻訳紹介叢書《そうしよ》の刊行を企画し、マルクスにも協力を求めた。それはマルクスに生活費を保証する一手段ともなる筈であった。もとより、エンゲルスもヘスも、マルクスを単なるプロパガンディスト、単なる翻訳家として使うつもりではなかったこと、彼らがマルクスの独創的思想家としての才能を認めていたことはあらためていうまでもないであろう。「職人共産主義」派には、ヴァイトリング以外これといった理論家はいなかったし、ヘーゲル左派にも期待できる論客は数える位しかいなかった。〉（前掲書、二二一―二二二頁）

廣松は、ヘーゲル左派の状況と、一九六〇年代後半の日本の新左翼の理論状況を類比的にとらえているのであろう。

〈バウエル・マイエン派は〝戦線逃亡〟を理論的に合理化して「批判的批判」以上には進もうとしなかったし、この派から自立したマックス・シュティルナーは「唯一者」としてエゴイズムの孤高を持していた。ルーゲは、四四年春以来、ヘス、次いで、マルクスと犬猿の間柄になっていたことは措くとしても、所詮は急進的な共和主義以上に出なかった。ヘス派は、志操は堅固であっても、元来バウエル派のごときトップ・エリートの集団ではなかったし、理論家として期待できるのは極く少数であった。このような状況であっただけに、マルクスへの期待には大なるものがあった。マルクスは、しかし、まだ或る一線をこえておらず、エンゲルスやヘスが再三再四もとめたにもかかわらず、評論一つ書こうともしなかった。それでもなお、エンゲルスやヘスは断念しなかった。友人関係にあり思想的にも近かったということのほかに、協力を求めうる範囲が非常に狭くなっていた当時の条件下では、『ライン新聞』前編集長、『独仏年誌』前編集者としてのマルクスは、知名度の最も高い一人だったからである。フォイエルバッハに協力を約束させるという「大成果」を収めたエンゲルスとクリーゲ（マルクス宛の手紙、一二月二二日付、参照）は執拗《しつよう》にマルクスの協力を求めつづけた。フォイエルバッハに対するシュティルナーの批判に賛成し、必ずしもフォイエルバッハの哲学に追随してはいなかったにもかかわらず、「現在のドイツにおける最も高名な哲学的天才フォイエルバッハ博士」（『ザ・ニュー・モラル・ワールド』三月八日号所載の通信記事『ドイツにおける共産主義の急速なる進展』MEW, Bd. 2, S. 515）と書き、フォイエルバッハをドイツ哲学の代表者（*ebenda*）に仕立てあげた知謀家エンゲルスのことであるから、マルクスに対する気の遣いよ

うは、当時の手紙を詳しく引証するまでもなく、大層なものであった。〉（前掲書、二二二―二二三頁）

一九六〇年代後半の日本の新左翼思想地図との類比では、シュティルナーが、マルクス主義からサルトル流の実存主義に向かった人々（そのうち政治的傾向が強い人々がノンセクト・ラジカルになった）、ヘス派が中核派、バウエル派が革マル派なのであろう。

さらに註で、廣松は、〈因みに、パリを追われて困窮していたマルクスを救うべく、ヘスやエンゲルスが熱心にカンパ活動を組織したことが当時の一連の書簡から判るが、勿論これが友情の至誠からでたものであることをわれわれは疑おうとするものではない。〉（前掲書、二二三頁）と記し、エンゲルスのマルクスに対する姿勢が政治的利用主義ではないという留保をつけている。これはあくまでも留保であり、エンゲルスにとって重要だったのは革命の現実性である。もっともここでは廣松は、自らの想いをエンゲルスに過剰なほどに仮託している。この辺がただの哲学者にとどまらない廣松の限りなき魅力なのである。

〈エンゲルスは『神聖家族』の一件をとがめだてしなかった。広告で見た旨を伝えた前掲の手紙のなかで、「神聖家族という新しい題名は、わが敬虔なる、さなきだに激昂《げっこう》している親爺との間に、骨肉の争いを惹き起こすことになるだろう。が、君はそれを知るべくもなかったのだ」といって、勘当＝金銭扶助の停止が必定であったにもかかわらず、深追いせずに恕《ゆる》

している。〉（前掲書、同頁）

エンゲルスのマルクス評価

それでは、エンゲルスのマルクス評価に関する各論に入っていこう。まずユダヤ人問題についてだ。

〈エンゲルスがユダヤ人問題に関するマルクスの論述を「素晴らしい」と評価した所以のものは、恐らく、「人間的解放」という議論そのものではなく、国家や宗教を、ひいてはユダヤ民族の性格やその宗教意識を、市民生活という基盤からみていく視角に懸っていたと思われる。エンゲルスは、マルクスの意味での「人間的解放」という概念規定を前後を通じて唯の一度も採らなかった。真の人倫的共同体の実現という究極の目標は一致するにしても、マルクスは、それを保証する社会機構と変革の内容を未だ明確にしえないまま、目標に即して人間的解放を立言したのに対して、エンゲルスは渡英後いちはやく「社会的・政治的福祉の人為的全構築がそのうえに立っている土台」そのものを変革し、「社会的諸関係を財産の共有制を基礎にして」再構築するという変革の内容に即した規定として「社会革命」を主張してきた。この限りでは、マルクスのいう「人間的解放」は、その狙いとするところは肯《がえ》んじえても、エンゲルスにとって不満が残った筈である。とはいえ、今やマルクスも、かつては

「真の国家」に求めた人間的解放を「市民生活」「市民社会」の次元に即して追求する姿勢にかわり始めており、この限りでは、特に異を唱えるほどのことはない。「市民生活」「市民社会」の側から国家や宗教を説明していく視角の一致、これを見出したエンゲルスがマルクスを賞讃した所以のものは、差当り右の点に即して了解することができる。しかし、それは恐らくや右の経緯をはるかに超える射程をもっていたというべきであろう。〉（前掲書、二二八―二二九頁）

マルクスがユダヤ教を市民生活という経済・社会的基盤から見るようになったことをエンゲルスは評価しているのである。経済に引き寄せられれば引き寄せられるほど、現実的な見方になるからである。現実的になれば疎外論から物象化論への転換が起きる。しかし、人間的解放からの共産主義ではまったく不十分だ。エンゲルスはもっと先に進んでいる。廣松の評価では、〈エンゲルスは渡英後いちはやく「社会的・政治的福祉の人為的全構築がそのうえに立っている土台」そのものを変革し、「社会的諸関係を財産の共有制を基礎にして」再構築するという変革の内容に即した規定として「社会革命」を主張してきた〉、すなわち、物象化論者になっているからである。

恐らく廣松は、ここでも自らをエンゲルスに仮託している。そして、疎外論にとどまるブント諸派と革共同に対して、廣松は「ブントや革共同の理論家が主張する人間的解放は、その狙いとするところは肯んじえても、不満が残る。早く物象化論に転換せよ」と改宗を呼びかけているのだ。

いずれにせよ、マルクスに起きた国家から社会への視座の転換を、エンゲルスは歓迎しているというのが廣松の解釈だ。

先に進もう。エンゲルスは、マルクスの物象化論への接近をどのように評価したのであろうか。廣松の読み解きを見てみよう。

〈それでは、エンゲルスはマルクスが自分に近づいたということで賞讃したのであろうか？これが、心理上、一因をなしたにしても、それに尽きるものではないと思われる。エンゲルスにとってマルクスの論述は蒙《もう》を啓《ひら》かれる思いのショッキングな契機を含むより積極的なものにみえた筈である。それは差当り「宗教意識」の問題にかかわる。政治、政治理念、政治意識に関しては、エンゲルスは確かに、前々から、社会経済に即して、これを基礎にして論考してきた。この際の「政治」は、ヘーゲル的な「国家」とは次元の異なるものであって、――エンゲルスが四三年の秋、プルードンの〝無政府〟主義に賛同しえた所以もそこにあったと思われる――「政治」をフォイエルバッハの宗教批判に倣って「神」とアナロガス（引用者註：類比的）に扱うことはできなかった。このことは、エンゲルスがこの面で〝哲学的〟

に傾斜するのをチェックする一因たりえたとはいえ、「人間の自己空疎化の行為たる宗教」を以って市民社会的状態、カーライルの謂う「魂の欠如」の「原因」なりと立言するごとき不整合を許すもとになっていた。なるほど、この立言にはカーライルを踏んだレトリックという面もあり、さなきだに「市民社会的アトマの分立」を歴史科学的に説明できなかった限りでの苦しまぎれの強弁という面を認めうる。しかしともあれ、この言明が政治理念、政治意識の扱い方と明白な不整合を形づくっていたことは否めない。後年から回顧すれば、いかにも奇妙な不整合であるが、それに気付かないというのが当時におけるエンゲルスの思想的実態であったろう。ここにおいて『神聖家族』のユダヤ人問題を扱ったマルクスの論述に接し、宗教と宗教意識を、人間の本質ならざる現世の市民生活から説明する視角を発見してエンゲルスが瞠目《どうもく》したことは想像にかたくない。〉（前掲書、二三〇―二三一頁）

疎外論の残滓《ざんし》を残す「ユダヤ人問題」の視座からは、この世界の共同主観的存在構造は見えてこない。人間がアトム（原子）的に分断されていることが見えてこないのである。それでも、宗教と宗教意識を観念からではなく、現実に存在する市民生活からマルクスが分析したことにエンゲルスは画期的意義を認める。

これは後年のマルクス、エンゲルスによるイデオロギー批判につながっていく。

〈政治意識だけでなく、「国民経済学」のイデオロギー（と後に呼ばれるもの）としての性格を夙《つと》にあばいていたエンゲルスが、ここで直ちに、一切の社会形象、一切の意識形象をイデオロギーとしてみる視角を得たかどうか、そこまでは何とも云いがたい（因みに、マルクスも、ユダヤ教という特定の形で問題を扱っているにすぎず、イデオロギー論として一般化しているわけではない。しかも、マルクスは、「ユダヤ教の現世的神」＝貨幣という把捉を中間項として、疎外論に依って立論しているのであって、「現実の、現世的ユダヤ教が、従ってまた、宗教的ユダヤ教も、絶えず、今日の市民生活によってつくり出されており、貨幣制のうちにその最後の完成に達している」（S. 115）というコンテクストで論じているにすぎない）。しかしともあれ、エンゲルスが、ここで或る〝啓示〟を受け取ったことは、確言して大過あるまい。すなわち、エンゲルスは、市民生活、市民社会を基礎構造として国家や宗教をみていくマルクスの視座のうちに、自己のそれと同一の方向性を認めるというにとどまらず、より包括的なパースペクティヴとロジックを発見しえたものと忖度される。けだし「素晴らしい」と書き送った所以であろう。〉（前掲書、二三一―二三二頁）

この時点でのエンゲルスのマルクスに対するまなざしは、大学院で修士論文を書く学生に対する准教授クラスの教師のまなざしに似ている。

第一一章　弁証法の唯物論的転倒

いかに、観念と他者を両立させるか

廣松渉は、マルクス主義哲学の最難問、ヘーゲル哲学の弁証法をいかにして唯物論的に転倒するかという問題について、マルクス、エンゲルスの所論を詳細に検討し、独自の読み解きをする。

一般にマルクス主義哲学者は、ヘーゲル、フォイエルバッハ、マルクス（並びにエンゲルス）の関係について、次のような図式的理解をしている。

ヘーゲルの（絶対）観念論的弁証法をフォイエルバッハが唯物論の立場から徹底的に批判した。しかし、フォイエルバッハの唯物論には、弁証法的な発展観がないので、マルクスとエンゲルスが弁証法を唯物論的に転倒した。

これは一種の信仰告白だ。この図式は、理論的整合性を欠く。ヘーゲルの絶対観念論は、地上に絶対精神という形で受肉した神の運動を示したものである。この神なる概念は、観念論から生みだされたものである。唯物論的に神の存在を証明することはできない。仮にそのような形で証明される神があったとしても、それはユダヤ教、キリスト教が説く天地の創り主であり、歴史の原動力となる神ではない。神は観念によってのみとらえられるのである。

過去に現れた哲学思想において、ドイツ観念論よりも立場が強い言説はない。観念論においては、観念が世界を包摂する。誰かが何かの観念をもっていることを、外部の力によって否定することはできない。仮に何らかの観念をもっている人を殺害し、それによって当該観念を消滅させようとしても、殺される相手の観念から見れば、観念が消滅した瞬間にこの世界がなくなるだけのことに過ぎない。殺した側の観念を殺される側の観念に承認させることはできない。殺された側の観念は、例えば書物の形態でそれが残されているならば、観念の保持者が消滅しても、永遠に生きるのである。

同時に、観念論はその立場が極めて強いが故に、観念論から他者の存在を導き出すことができない。ある人にとっての他者の存在は、その人の観念の中に存在するもので、観念が消滅した場合、他者、さらに外界が存在することを観念論では証明できないのである。この難問題を比較的簡単に処理し、観念と他者を両立する方策が二つある。

第一は、素朴実在論の立場をとることだ。他者や外界はあると常識の立場で認める。もっとも、素朴実在論を詰めていくと、夢の中であらわれる実在と、夢から醒《さ》めたときに現れる実在の間に本質的区分がないことになる。例えば『源氏物語』に出てくる六条御息所《ろくじょうのみやすどころ》の生き霊、『太平記』に出てくる後醍醐《ごだいご》天皇の怨霊《おんりょう》は、実際に存在する六条御息所、後醍醐天皇以上に迫真性をもった実在だった。しかし、近代人は夢の世界と起きているときの世界を区別する。外界についての常識は、変化するのだ。

第二は、神を認めることだ。観念は個々の人間の側から見える世界で、それ自体で完結した全体をなしている。観念とは全体なのである。人間の側から見る限り、観念は複数有り、個々の観念の間を相互に出入りすることができる窓は存在しない。しかし、人間の個々の観念は、すべて絶対観念である神とつながっている。従って、観念論の世界で人間は自己絶対化の誘惑から逃げだすことはできないが、虚心坦懐に神を信じることによって、神を通じ、人間の連帯を回復することができる。

神については、証明の対象ではない。神の存在については、いにしえから旧約聖書、新約聖書によって証言されている内容をわれわれは虚心坦懐に信じればよいのだ。神について人間が語るというドイツ観念論の誤った方法から訣別し、神が人間について何を語っているかに耳を傾けるのだ。神の啓示（Offenbarung）を再発見することと言い換えてもよい。この方法によっても、われわれは人間の連帯を確保することができる。二〇世紀のプロテスタント神学者のうち、カール・バルト、ヨゼフ・ルクル・フロマートカなどはこの立場をとる。筆者もこの立場を踏襲する。

廣松は、第一、第二のいずれの立場もとらない。むしろ仏教的縁起観と親和的な共同主観性、事的世界観によって、弁証法の唯物論的転倒を確保しようとするのだ。

唯物論的なフランス社会主義思想にドイツ観念論を「接ぎ木」

それでは廣松の所論を具体的に検討してみよう。

『独仏年誌』でマルクスとの共同作業を始めた頃のエンゲルスは、唯物論に対してきわめて批判的だった。当時の唯物論への対抗概念は唯心論（Spiritualismus, spiritualism）だ。唯物論は、キリスト教の唯心論が措定する神の代わりに物質である自然を対置したものにすぎないとエンゲルスは考えた。図式的に整理すれば、「人間対神」という二項対立を「人間対自然」に置き換えたにすぎない。エンゲルスは、このような二項対立を止揚し、人間、神（より正確に言えば神という表象で表される「何か」）、自然を総合的に把握することを考えていた。

〈マルクスが『神聖家族』を書いていた頃、『フォールヴェルツ』紙に連載された『イギリスの状態』のなかで、エンゲルスはフランス唯物論やイギリス唯物論にふれているが、そこには或る不協和が孕まれていた。既に『国民経済学批判大綱』で「唯物論はキリスト教の神の代りに自然を絶対的なものとして人間に対置したにすぎなかった」（MEW, Bd. 1, S. 500）と論断していたエンゲルスは、『イギリスの状態』でも、「キリスト教の抽象的主観性に対する闘争は十八世紀の哲学をその反対の一面性に追い込んだ」（MEW, Bd. 1, S. 551）と書き、いわばシュトラウスの「実体」の立場に類するものとして唯物論をネガティヴに扱っていた。しかし、彼は、十八世紀唯物論を単なる〝自然哲学〟とみなして卻《しりぞ》けてしまったわけではなかった。それどころか、彼はフランス唯物論とフランスの政治革命、政治運動、政治理念との必然的な関係を論じ、また唯物論的なイギリス哲学とイギリスの政治運動との関係をも論じていた。当時のエンゲルスにとっては、なるほど、ここにある不協和はさして深刻なものではなかったであろう。というのは、彼は、唯心論と唯物論の対立、観念論と実在論の対立、この対立を止揚統一する立場を追求していたからである。この志向は、パリで『神聖家族』の原稿を書いた時点にも及んでおり「唯心論と唯物論の古い対立が、フォイエルバッハによって最終的に克服された」(MEW, Bd. 2, S. 99) と考えていた (当時のマルクスも同様だったことについては本書一九二頁参照)。〉(『エンゲルス論』情況出版、二三四頁)

人間と世界を自然史的過程の中で見ていこうとする人間学の立場だ。当時のエンゲルスとマルクスは、フォイエルバッハの立場を踏襲していたのである。

しかし、廣松によれば、イギリスからドイツに帰国した一八四四年の比較的早い時期に、フォイエルバッハの人間学に限界を感じる。マルクスも同時期に、フォイエルバッハの人間学を超克することを考えていた。フォイエルバッハの超克という共通の関心がエンゲルスとマルクスを接近させたと廣松は考える。

〈ところがエンゲルスは、帰郷して間もなく、フォイエルバッハ哲学の致命的な欠陥に気づき、「唯心論と唯物論との止揚統一」ならざる唯物論としての唯物論、の立場を採るべきことを主張するに至った〔……〕。ここにおいてエンゲルスは、十八世紀唯物論の消極面、機械的唯物論に対する明確な批判と、その積極面、つまり、共産主義思想との連接面の肯定的な評価とを明晰判明にする必要に迫られる。この課題を、エンゲルスがどこまで自覚していたかは不明であるが、マルクスの論述はまさしくこの課題に応えるものになっている。恐らくやここに〝共感〟の基礎があったとみるのは僻目《ひがめ》であろうか。

マルクスの〝唯物論史〟は、後年の立場からみるときいかに欠陥があるにせよ、フランス唯物論に初めから二つの流れを区別することによって、一方の機械的唯物論を卻けつつ、共産主義と連接する他方の流れを「現実的人間主義」——つまりフォイエルバッハのそれと同質的なものとして強引に評価し、こうしてかつてのエンゲルスの〝不協和〟を解消しうる視座を立てている。

それればかりではない。マルクスの「論述」は十七世紀の形而上学、ひいては形而上学一般に対するアンチテーゼとしての十八世紀唯物論という布置と、ヘーゲルの「思弁的形而上学」ひいては形而上学一般に対するアンチテーゼとしてのフォイエルバッハ・マルクス的唯物論という布置とのアナロジーを秘めている。因みに「この対立はわれわれ自からが思弁的形而上学に対立するようになってから、はじめて気付くことのできたものである」(S. 138)

旨をマルクス自身が証言しており、マルクスは、こうして、自己の哲学的立場の歴史的位置を明確に設定することができた。〉（前掲書、二三四—二三五頁）

マルクスは、フランス唯物論の系譜を、機械的唯物論と現実的人間主義に区別した。ここには手品の仕込みがある。現実的人間主義に弁証法を忍び込ませるというマルクスの認識を導く関心だ。その結果、伝統的な「唯物論対唯心論」「実在論対観念論」という対立図式が、マルクスとエンゲルスにおいては、「唯物論対観念論」になるという捻《ねじ》れを生じさせるのである。この捻れをつくることによって、弁証法の唯物論的転換が可能になったのだ。

別の見方をするならば、マルクスとエンゲルスは、唯物論的なフランス社会主義思想にドイツ観念論を「接ぎ木」したのである。もっとも筆者のような絶対観念論者から見ると、木に竹を「接ぎ木」したのであるから、無理が生じる。しかし、マルクスとエンゲルス、そして廣松は、この「接ぎ木」から唯物論的弁証法という新種が生まれると思ったのであろう。

廣松はこう記す。

〈これら二つの契機を踏まえることによって、マルクス・エンゲルスは、英仏の唯物論ならびに英仏共産主義の正統な後継者を以って自から任じつつ、唯物論としての唯物論の立場を積極的に標榜することが可能になる。わけても、ドイツの〃哲学〃ならびに〃哲学的共産主義の自惚《うぬぼ》れ〃を自己批判し、英仏共産主義を再評価しはじめていたエンゲルスにとって、是

はまさに「素晴らしい」ものだった筈である。〉（前掲書、二三五頁）

唯物論と観念論はいかに対概念になったか

ここまで記した後、廣松は、唯物論と観念論がいかにして対概念になったかについて、註において詳細に記す。註に追い込まれているが、廣松が長年、謎に思っていたことを丁寧に解き明かした研究ノートとしての性質を帯びている。ライプニッツのモナドロジー（単子論）にまで遡及《そきゅう》して、廣松は考察を進める。

〈「唯物論」という言葉に関して附言しておきたい。後年のエンゲルスは、〝観念論〟と〝唯物論〟を対概念として用いるが、既に紹介した通り、初期には〝唯心論と唯物論〟〝観念論と実在論〟という対概念を用いている。この用語法の変化は思想内容、意味内容の変化に伴うものであって、単なる言葉の問題ではない。

今日でも、マルクス主義者を除けば、観念論・実在論、唯心論・唯物論という組概念として用いられるのがむしろ一般的であるように見受けられる。その際〝唯心論・唯物論〟の方は存在論上の立場的区別として用いられるのに対して、〝観念論・実在論〟の方は、それ自身としては決して認識論上の立場分類ではないが、認識論的な視座からする区別に関わっているのが通例である。このような事情を俟つまでもなく、唯心論と観念論、唯物論と実在論は一致しない。従って、観念論と唯物論という対比は、通常の語義でこれら両概念のそれぞれを理解する限り、奇妙奇天烈なことになってしまう。そして現に、〝ロシア・マルクス主義〟によって、それが現実のものとなり、マルクス・エンゲルスのいう「唯物論」の概念内容が歪曲《わいきょく》されるという悲喜劇を生じている。

それでは、観念論と唯物論という対比は後期のマルクス・エンゲルスに特有のものであるか？　答えるまでもなく否であって、差当ってはフォイエルバッハの襲用、遡ればライプニッツの襲用である。〉（前掲書、二三五―二三六頁）

唯物論と観念論を同じ土俵に載せることは、絶対矛盾の自己同一のような不思議さがある。しかし、ライプニッツを援用することによってそれが可能になるのだ。それは、ライプニッツが実在を成り立たせる根源にまで思考を遡及させたからだ。廣松の説明を見てみよう。

〈それでは何故、フォイエルバッハは、常識的な語法を用いずに、ライプニッツを襲用したのか？　ライプニッツを相当に突込んで研究し、『ライプニッツ哲学の叙説、展開、批判』（一八三七）を書いたフォイエルバッハは、ヘーゲルと対質し、自己の立場を表明するのに、ライプニッツの語法が剴切《がいせつ》であることを知った筈である。イデアリストという言葉はライプニッツの造語と云われるが、彼はエピクロスをマテリアリスト、プラトンをイデアリストと呼んだ。その意味は、イデア主義者、エイドス主義者の謂いで、従前の語法にいうフォルマリスト、つまり、イデアを以って事物の本質なりと主張する者の謂いであった。しかるに、フォイエルバッハが対質したヘーゲルは——尤も、このような把捉は『キリスト教の本質』初版（一八四一）にはまだ現われておらず、まさしくマルクス・エンゲルスが熱狂して読んだ『哲学の改革のための暫定的提言』（一八四二）、『将来の哲学の根本命題』（一八四三）以降に現われるのだが——「自然、実在は、イデーによって定立される」という教説を立てる（*Ludwig Feuerbachs Sämtliche Werke*, Neuherausgegeben von W. Bolin und F. Jodl, Bd. II, S. 239）。ヘーゲルによれば「マテリーは精神の自己外化」（a.a. O.,S. 275）であって、「神が自己を外化し、……世界となり、現実化するのと同様、イデーが自己を実現する」（a. a. O.,S. 294）。「ヘーゲル哲学は、恰度《ちょうど》スピノザ哲学が神学的唯物論である如く、顚倒せる観念論、神学的観念論である」（a.a. O.,S. 280）。これに対してフォイエルバッハは——実践哲学に関しては観念論者を自任するが（『キリスト教の本質』第二版への序文）——「存在はそれの根拠を自己のうちにもつ」という唯物論の立場を取る（a.a. O.,S. 239）。ここにみる通りフォイエルバッハの態度設定は、まさしく、イデア（形相・エイドス）主義に対するマテリー（質料・ヒュレー）主義であって、ライプニッツの語法が剴切である。

　マルクス・エンゲルスが一八四四年におこなった態度設定も、まさしくフォイエルバッハのそれに倣うものであり、しかも彼らの場合、ヘーゲルのそれだけではなくヘーゲル左派の特異なイデア主義にも対質するものであった。以下、本文でみる通り、四四年に劃《かく》されたこの態度設定に応じて、エンゲルスは彼が従前用いてきた「観念論・実在論」「唯心論・唯物論」という対概念を放棄したのであって、「観念論・唯物論」という新しい対概念の語法では、言葉としては同じでも、一八四三年時点とは意味内容が変っている。〉（前掲書、二三六頁）

ライプニッツは、アリストテレス哲学を近代に復興させたのである。フォイエルバッハはライプニッツの問題意識を発展的に継承し、イデア（形相・エイドス）に対するマテリー（質料・ヒュレー）を存在の基礎とした。このマテリーをとりあえず物質としておく。この物質は、質料・形相の相互関係を遡及していくと、存在の根源として突き当たることになる第一質料を含んでいる。第一質料としての物質には、形相を生みだす力があるのだ。このようにして、ライプニッツからフォイエルバッハに至る知的営為の結果、物質に形相を生み出す力、キリスト教神学でいうならば聖霊が宿っていることになったのだ。生み出す力をもつ物質は、当然、聖霊と同じように弁証法的な動きをする。フォイエルバッハの唯物論的人間学には、独自の聖霊論があるのだ。この聖霊論をマルクスもエンゲルスも無自覚に継承しているのである。

ヘーゲルの観念論の超克

生みだす力をもつ聖霊に満ちあふれた唯物論の立場から、ヘーゲルの観念論を超克することをマルクスは意図する。この点に廣松は気づいた。

〈マルクスは、バウエル派の、遡ってはヘーゲルの「思弁的構成の秘密」を曝露して次のように書く。これは極めて重要な条《くだ》りであるにもかかわらず、――そして後年のマルクスが「ヘーゲル哲学の神秘化的側面については三十年近くも前に批判しておいた」（資本論、跋《ばつ》、MEW, Bd. 23, S. 27）と述べたのは明らかにこの条りを指しているにもかかわらず――エンゲルスが危惧した通り、一般の理解を得なかったばかりか、研究者たちさえ屢々《しばしば》無視している。それ故、長くなることをいとわず、先ずは引用しておこう。〉（前掲書、二三七頁）

ここで、廣松は、マルクスが中世の普遍論争を念頭に置いて記述した箇所を引用する。

〈「現実のリンゴ、ナシ、ハタンキョウから、『果物』という普遍的表象をつくり、さらにすすんで、現実の果実からえた私の抽象的表象『果物』が、私のそとに実在する存在《ヴエーゼン》であり、ナシ、リンゴなどの真の本質《ヴエーゼン》であると思い込み、そこで、私は――思弁的に表現すれば――『果物』を、ナシ、リンゴ、ハタンキョウ（引用者註：アーモンド）などの『実体』だと公言する。かくして私〔思弁哲学者〕は、ナシにとってナシであることは非本質的であり、リンゴにとってリンゴであることは非本質的であるという。これらのものにおける本質的なものは、現実的な、感性的に直観できるその定在ではなく、私がこれらのものから抽象し、これらのものに押し込んだ本質、すなわち私の表象の本質たる『果物』である。私は、そこで、リンゴ、ナシ、ハタンキョウなどを『果物』のたんなる現存様式《エクシステンツヴァイゼ》、様態《モディ》だと公言する。感覚にささえられる私の有限な悟性は、たしかに、リンゴをナシから、ナシをハタンキョウから識別するが、私の思弁的理性は、この感性的な差異を非本質的などうでもよいものと公言する。思弁的理性は、リンゴのうちにナシと一個同一のもの、ナシのうちにハタンキョウと一個同一のもの、すなわち『果物』をみる。現実のあれこれの果実は、仮象としての果物たるにすぎず、その真の本体《ヴェーゼン》は『実体』すなわち『果物』である。

　こういうやり方では、あれこれの豊かな特殊規定には到達すべくもない。鉱物はいずれも、実は鉱物なるものだということしか識らないような鉱物学者は、たとえそういう鉱物学者がいるとしても、それは本人がそのつもりなだけで世間では通用しまい。思弁的鉱物学者は、どの鉱物をみても『鉱物なるもの』だという。彼の学識といっては現実の鉱物があるだけこのことばをくりかえすことにかぎられている。現実のさまざまな果実から『果実』という一つの抽象体――『果物』をつくりだした思弁は、そこで、現実的な内実をもった仮象に到達するために、『果物』から、実体から、ふたたび現実のさまざまな世俗的な果実、ナシ、リンゴ、ハタンキョウなどに、なんとかしてかえろうと試みなければならない。現実の果実から、『果物』という抽象的な表象をつくりだすのはたやすいが、抽象的な表象たる『果物』から現実の果実をつくりだすのは容易なわざではない。それどころか、抽象から、抽象の反対物にいくことは抽象を放棄しないかぎり、不可能である。思弁哲学者はそれ故『果物』という抽象体を、あらためて放棄する。ただし思弁的・神秘的なやりかたで、つまり棄てはしないかのようにみせかけながら棄てるのである。だから、彼が、抽象をこえるのは実際には、みせかけにすぎない。」〉（前掲書、二三七―二三八頁）

　果物という普遍的なるもの（近代的に観念といってもいい）を認めるのが実念論の立場である。実念とはレアル（real）の翻訳であるが、現実に存在する物だけでなく、現実の背後に存在する目に見ることが出来ない概念もそこに含まれる。

　マルクスは、個別の物から、普遍的観念である果物を抽象することは容易であると考えた。他方、普遍的観念である果物から個別の物であるナシ、リンゴなどを導き出すことは困難であると考えた。このマルクスの視座は、中世の唯名論に近い。唯名論に立てば、ナシ、リンゴなどの個体がすべてであり、果物という名称は、普遍的性格を帯びているように見えるが、単なる名称に過ぎないと考えた。ただし、初期マルクスの疎外論を唯名論から導き出すことはできない。マルクスには中世の実念論（リアリズム）の流れを引く、見えない物の本質をとらえる力がある。

受肉論

　キリスト教神学で言うと、実念が具体的個物になることは受肉論によって証明される。初期マルクスの疎外論は、実は受肉論によって担保されていたことに廣松は気づいたのである。廣松はここで、言葉遣いはマルクス主義哲学者として慎重に選んでいるが、内容としては組織神学の受肉論について述べている。

〈「リンゴ、ナシ、ハタンキョウ、オランダイチゴが、その真実体においては『実体』『果物』にほかならないとすれば、この『果物』が一体どのようにして、或る時にはリンゴとして、或る時にはナシとして、また或る時には、ハタンキョウとして姿をあらわすのであるか？　一なるもの、『実体』、『果物』に関する私の思弁的直観と、かくもはっきりと矛盾するこの多様性の仮象は、一体どこからくるのであるか？　これが問題である。

　思弁哲学者は答えていう。『果物』は、決して死んだ、区別のない、動かないものではなく、生きた、みずからのうちに区別を産み出していく、動く本質《もの》であるからして、そうなるんである。世俗的な果実がさまざまであるのは、私の感性にとらわれた悟性にとってそうみえるだけではなく、『果物』それ自身にとって、思弁的理性にとっても意味があるんである。

さまざまな世俗的果実は、『一つの果物』のさまざまな生命発現であり、『果物』それ自身が形づくる結晶体なんである。かくして、一例を以っていわんに、『果物』は、リンゴにおいてはリンゴ的な定在《ありかた》を、ナシにおいてはナシ的な定在《ダーザイン》を自己にあたえるんである。かかるが故に、もはや実体の立場でのごとく、ナシは『果物』なり、リンゴは『果物』なり、ハタンキョウは『果物』なりと、いってはならんのであって、『果物』がナシとして自己を定立する、『果物』が自己をリンゴとして定立する、『果物』がハタンキョウとして自己を定立する、といわねばならん。リンゴ、ナシ、ハタンキョウを、相わかつ相違は、まさに『果物』のみずからおこなう自己区別であって、この区別があれこれのさまざまな諸果実を、『果物』の生活過程における区分されたる諸分肢たらしめるんである。」〉（前掲書、二三八頁）

受肉は個別的に行われる。

もし、果物のすべてがリンゴであるならば、リンゴという観念は必要とされない。リンゴはナシやイチゴやメロンとの対比においてリンゴなのである。

国家も単独には存在しない。他の国家との関係において日本国家が存在するのである。神がイエス・キリストに受肉したのも、他の人間との関係において理解されることなのである。受肉が関係の類比をつくり出す根拠となることに廣松が気づいた。しかし、受肉論には神という外部性が措定されている。このことに廣松は満足できず、疎外論から物象化論へという独自のマルクス解釈を提示することになる。

それでは廣松は受肉論をどのように理解しているのであろうか。

〈「かくて『果物』は、もはや、内容のなき、区別のなき、一者《アインハイト》ではなく、『有機的に分肢された序列』をなす諸果実の全一性、『全体性』としての統一性《アインハイト》である。この序列の分肢ごとに、『果物』はより発展した、より明白な定在を自己にあたえ、ついにはすべての果実の『総括』として、同時に、生ける統一体——、果実の一つ一つを、まさに自己のうちに解消してふくむとともに、これを自己のうちからつくりだす——統一体となる。それは、いうなれば身体のあらゆる分肢が、たえず血液に解消し、またたえず血液からつくりだされるのと同様である。」〉（前掲書、二三八—二三九頁）

受肉という概念を持ち込むことによって、有機体の構造をわれわれは理解できるようになる。抽象的な唯一者ではない。一つであるが、区分され、内容をもった分肢が、分離されずにシステムを構成しているのである。それぞれのモナド（単子）は、どれも独自の特徴をもっている。また、他のモナドと融合することはできない。また、モナドの間に相互に出入りすることができる窓や扉は存在しない。しかし、全てのモナドは、神によって創られたものなのである。モナドは大きさをさまざまに変化させる。ただ、神の意思によらずにモナドが消滅してしまうことはない。この世界はモナドによって成り立っているのだが、その統制は神によってなされている。言い換えるならば、この世界は、神によって予定調和が担保されているのである。

マルクスとエンゲルスはここから神を除去しようとする。しかし、そこに「ありてあるもの」という形の存在をもってくるのでは、問題の解決にはならない。なぜなら、そのような存在は、人格の要素を欠いた神と言い換えることができるからだ。

思弁哲学は、受肉思想がキリスト教神学から、唯物論に世俗化する過程で生まれてきたものなのである。

〈「見たまえ。キリスト教は神の唯一つの化肉《インカルナチオン》（引用者註：受肉 incarnation のこと）しか識らないのに、思弁哲学は、事物のあるだけ、それだけの数の化身《インカルナチオン》をもつことになる。今のケースでいえば、すべての果実のうちに、実体すなわち絶対的果実の化身（引用者註：これも受肉のこと）を一つ一つもっているのである。だから、思弁哲学者たちにとって主たる関心事は、現実の世俗的な果実の現存在《エクシステンツ》をつくりだし、秘密めかしたやり方でリンゴ、ナシ、ハタンキョウ、干しブドウがこれに在り、というようにある。だがしかし、われわれが思弁的世界で再会するリンゴ、ナシ、ハタンキョウ、干しブドウは、仮象のリンゴ、仮象のナシ、仮象のハタンキョウ、仮象の干しブドウたるにすぎない、なぜなら、これらのものは、『果物』という抽象的な悟性体《フェアシュタンデスヴェーゼン》の生命契機であり、したがってそれ自身やはり抽象的な悟性体だからである。思弁において、君はすべての現実の果実と再会して喜ぶわけだが、しかし、それはより高い神秘的な意義をもつ果実、君の脳の霊気から生じたものであって物質的な大地から生じたのではない果実、『果物』という絶対的主体の化身たる果実である。だから、君が抽象から、超自然的な悟性体たる『果物』から、現実の自然的果実に回帰するとき、君は事志に反して、自然的果実に、超自然的な意味をもあたえ、自然的果実を純然たる抽象にかえてしまう。君の主たる関心事は、まさに『果物』がそのあらゆる生命発現において、単一であること、すなわちリンゴ、ナシ、ハタンキョウを通じて、一つのものであること、したがって、これらの果実が神秘的に連関していること、これらの果実の一つ一つのうちで、『果物』が、どのように段階的に実現されるか、そして、たとえば干しブドウとしてのその定在から、ハタンキョウとしての定在に、どのように必然的に進行するか、これを示すことにある。だから、世俗的果実の価値は、もはやその自然的性質のうちにはなく、その思弁的性質のうちに、すなわち諸果実が『絶対的な果物』の生活過程のうちでよってもって一定の地位を占める所以の思弁的性質のうちにあることになる。」〉（前掲書、二三九頁）

七つの論点

マルクスの議論を七点に整理してみる。

1　キリスト教は、歴史において、神がイエス・キリストに一回だけ受肉したことを強調する。

2　思弁哲学は、事物のありとあらゆるものに、存在（この存在がなぜ存在するのか、どのような属性をもつのかなど、存在論的問題についてはとりあえずブラックボックスに入れておく）が受肉すると考える。

3　現実に存在するナシ、リンゴなどには、果物の存在が、何らかのかたちで受肉している。

4　受肉した個別のナシ、リンゴなどから、人間は果物の存在を想起することができる。これは、イエス・キリストから人間が神について想起することができるというのと同様の思考様式だ。

5　受肉した果物、例えばブドウを質料として、干しブドウという形相をつくることができる。

6　果物という概念は仮象である。

7　具体的なナシとナシという概念、具体的な干しブドウと干しブドウという概念は異なる。ナシ、干しブドウという概念はすべて仮象である。

この七点から、現実に存在するものの弁証法的理解が可能になる。われわれの目の前にある具体的なナシ、干しブドウから、われわれはナシという仮象、干しブドウという仮象を想起することができる。仮象からさらにその背後にある存在を想起することも可能である。従って、存在そのものを想起することが可能になるのだ。カトリック神学者、プロテスタント神学者が、上にいる神を強調し、神が唯一の息子であるイエス・キリストを人間を救済するために派遣したことを強調する。受肉は上から下の流れにおいてとらえられるべきであると西（カトリック、プロテスタント）の神学者は考える。これに対して、ビザンツ（東ローマ帝国）やロシアの神学者は、「神が人間になったのは、人間が神になるためである」という弁証法的解釈をする。受肉は神から人間への道だけでなく、人間から神への道も担保するのである。思弁哲学にもこのような双方向性が担保されているのだ。

　マルクスは、思弁哲学者を揶揄しながら、思弁哲学が想定する絶対的主体が、キリスト教の神と同じ機能を果していることを示す。思弁哲学は、表現を少し変えた神学なのである。

〈「リンゴやナシが在る。普通の人間がそう口にする場合、彼は別段異常なことをいったとはおもわない。しかるに、哲学者が、リンゴやナシが現存することを思弁的なやりかたで表現するときには、彼は異常なことをいってのけたことになる。かれは奇蹟をなしとげ、非現実的な悟性体たる『果物』から、現実的な自然物としてのリンゴやナシなどをつくりだしたことになる。いいかえれば、彼は、自己のそとに立つ絶対的主体として表象される、この場合でいえば『果物』として表象される彼自身の抽象的悟性から、これらの果実を創造したことになる。かくて彼は、現実に存在《エクシステンツ》する物を口でとなえる度毎に創造行為をなしとげるのである。

あらためていうまでもなく、思弁哲学者が、こうした連綿たる創造行為を成就するのは、もっぱら彼が、リンゴやナシなどの実際にながめれば誰にも見いだされる周知の性質を、彼自身が発明発見した規定だといいくるめることによってであり、また、抽象的悟性だけが創造できるもの、すなわち、抽象的な悟性の範式に、彼が現実の事物の名称をあたえることによってであり、とどのつまりは、彼がリンゴの表象からナシの表象に移行してゆく彼自身の活動を、絶対的主体、すなわち『果物』の、自己活動だと公言することによってである。

この操作を、思弁的言いまわしでは、実体を、主体として、内的過程として、絶対的人格として把握するとよぶ。そしてこの把握がヘーゲル的方法の本質的性格をなすのである」(MEW, Bd. 2, S. 60 f.)。〉(前掲書、二三九―二四〇頁)

本来の主体を回復するという発想には、キリスト教の神が隠れている。ヘーゲルの絶対精神が神であることは明白だ。しかし、それは主観的意識としては神の存在を認めないブルーノ・バウアー(バウエル)のようなヘーゲル左派の論客においても「自己意識」という名称の神が残存しているのだ。廣松はこの点に止目し、〈マルクスは、バウエルがヘーゲルの絶対精神に代えて主体概念とする「自己意識」について、それが『果物』であること「自己意識は自己意識にまで高められた実体、云いかえれば実体としての自己意識であり、自己意識は人間の述語から独立の主語にかえられている」(S. 146) ことをも指摘している〉(前掲書、二四〇頁) と述べる。

ヘーゲル左派からの離脱

このようなヘーゲル左派の疎外論からの離脱過程が、エンゲルスにも萌芽的に見られることを廣松は強調する。エンゲルスのバウアー派批判は、バウアーの思弁が存在とか自己意識という名の絶対者を導き込み、それは化粧直しした神学に過ぎないという点に置かれている。廣松の記述を見てみよう。

〈右と同趣の着眼がエンゲルスの執筆した個所にも萌芽的にみられる。「ヘーゲルのものの見方の檻から決して抜け出せない絶対的批判」、「人間そのものをふたたびカテゴリーに、全カテゴリー系列の原理に転化」しようとするバウエル派の発想を批判 (S. 97 f.) するだけでなく、「批判は自分自身の思想上の創造物と普遍……だけを〃在るもの〃ひいては〃すべて〃とみなしている」ことを衝き (S. 19)、「ヘーゲルの場合にすでに子が父を生む」ことに気付いている (S. 12)。その後、マックス・シュティルナーの触発もあって、彼はフォイエルバッハですら「思弁的構成」のロジックを免れていないことを認識し、この視角からフォイエルバッハに対する批判を漏らすに至っており、従ってエンゲルスには、マルクスの行論に異存なかった筈である。〉（前掲書、二四〇頁）

エンゲルスとマルクスは、それぞれ別の知的遍歴を経て、ヘーゲル左派から離脱したのである。その過程で、「疎外論から物象化論へ」という気構えが二人にできていたと、廣松はやや強引に結論づける。ただし、そこでは、マルクスとエンゲルスの論理構成の差異にも、以下のようなきちんとした目配りをしている。

〈尤も、マルクスの行論は次の如き了解と不可分であった。すなわち、「ヘーゲルのうちには三つの要素がある。スピノザ主義的実体とフィヒテの自己意識と、この両者の必然的な矛盾にみちたヘーゲルの統一体、つまり絶対精神である。第一の要素は人間から分離されて形而上学的に改作された自然であり、第二のものは自然から分離されて形而上学的に改作された精神であり、第三のものは、これら両者の形而上学的に改作された統一体であり、現実の人間と現実の人類である。シュトラウスはヘーゲルをスピノザ主義的立場から、バウエルはヘーゲルをフィヒテ的立場から、それぞれ神学の領域内で整合的に展開している。ヘーゲルにおいて、この二つの要素のうちの一方が他方のものによって偽造されている限り、この二人はヘーゲルを批判した。それとともに彼らは二つの要素の各々をそれぞれ一面的に、したがって整合的に敷衍《ふえん》しながら発展させた。——だから二人とも批判にあたってヘーゲルをのりこえている。だが二人ともヘーゲルの思弁の内部にたちどまり、それぞれヘーゲルの体系の一面だけを代表している。フォイエルバッハが現われるに及んで、彼は形而上学的な絶対精神を〝自然という基盤のうえにたつ現実的人間〟に解消することによって、はじめてヘーゲルをヘーゲルの立場にたって完成し、批判した」云々（S. 147）。〉（前掲書、二四〇—二四一頁）

ヘーゲル哲学においては、それ以前の哲学や思想の流れがサラダボウルのごとく混淆《こんこう》しているとマルクスは考える。この混淆性をヘーゲルは絶対精神という神秘的な術語で煙に巻いている。シュトラウスは、ヘーゲルに流れるスピノザの汎神論を、バウアーはフィヒテの全体知をそれぞれ導きの糸にして解釈的批判をしているのだ。しかし、ヘーゲルにある混淆性を把握することはできなかった。マルクスはヘーゲルとヘーゲル左派の論理構成の差異に相当細かく踏み込み、ヘーゲル左派を乗り越えていった。これに対して、エンゲルスは、資本主義が発達したイギリス社会の現実から、ドイツの思弁哲学を乗り越えていったのである。

フォイエルバッハの人間学の克服

前にも何度か言及したが、とりあえず、マルクス、エンゲルスの双方が錨《いかり》を下ろしたのはフォイエルバッハの人間学だった。しかし、ここからエンゲルスはマルクスよりも少しだけ早く錨を上げるのである。

〈『神聖家族』を執筆した時点ではエンゲルスもほぼ右と同様な見方をしていた（vgl. S. 99）。しかし十一月には、「フォイエルバッハの『人間』は、まだ、神学的な抽象の後光をまとっている。『人間』に到る真の途は逆である。僕らは我から、経験的な、身体をそなえた個人から出発しなければならない。……手短かにいえば、経験論・唯物論から出立しなければならない。僕らは、普遍を個から導出しなければならないのであって、それ自身から、乃至は、ヘーゲル流に空気《ルフト》から導出してはならない（一八四四年十一月十九日付、マルクス宛の手紙、MEW, Bd. 27, S. 12）と書くに至っており、この限りでは後述の動揺を考えに入れても、フォイエルバッハに関するマルクスの取扱いに全面的には賛成できなかったとも考えられる。しかし、全体としては、ともあれ、『神聖家族』の諸立言がエンゲルスにとって称揚に値するものであったこと、これは社交辞令ならざる本音であったろう。〉（前掲書、二四一頁）

〈フォイエルバッハの『人間』は、まだ、神学的な抽象の後光をまとっている〉というエンゲルスの指摘は正しい。フォイエルバッハの人間を、神と書き換えれば、人間学はそのまま神学になる。

　そのことにどうしてエンゲルスは気づいたのであろうか。キーワードは〈経験的な、身体をそなえた個人〉だ。ここにはマックス・シュティルナーの『唯一者とその所有』の影響とともにイギリス経験論が影を落としている。一種のプラグマティズムからエンゲルスはフォイエルバッハの人間論を批判しているのである。フォイエルバッハが唱えるような人間を措定して、実際の社会がどのように変化するのかというのが、エンゲルスの問題意識だ。思想は、この世を解釈したり、表象するために存在するのではない。現実に存在するこの社会を変革するために思想が必要とされるのだ。

この観点から、エンゲルスは思弁哲学を原理的に拒否する。

〈「思弁的構成の秘密」に関連して附言すれば、「ヘーゲルにおけるフィヒテ的要素を一面的に徹底化させたバウエルの哲学」は――彼のいう「自己意識は自己意識にまで高められた実体、あるいは実体としての自己意識であり……この自己意識の本質はイデー」(S. 146) であって、このイデーの化肉、自己実現、自己疎外として、現実世界の諸定在を観ずるのであるから――まさしく、ライプニッツ・フォイエルバッハ的な語義での観念論の一典型である。〉

(前掲書、二四一頁)

ここでエンゲルスが観念論に対置するのは唯物論である。この唯物論は、アリストテレスの第一質料としての物資を含んでいる。すなわち、弁証法を内在させた唯物論である。このような概念の転換をすることによって、観念論と唯物論の双方に弁証法が内在することになった。エンゲルスの唯物論は動的である。それだから弁証法的にしか理解できないのだ。このようなエンゲルスの唯物論理解について、廣松は、〈ライプニッツがマテリアリストと呼んだのは、差当り、エピクロスであった。『神聖家族』にも、「エピクロスの唯物論の再興者ガッサンディ」（S. 133）という言葉がみられる。尚、エンゲルスが「唯物論」を自己の立場として設定した際、「唯心論と唯物論の止揚統一」という以前のモチーフは生きていること──このこと自体は、従前の唯心論に対する意味での唯物論を採ったのではないということから既に明らかであろう──その内容と帰結については後にみることになろう〉（前掲書、二四二頁）と念押しをしている。言い換えると、唯物論の中に精神（唯心論）が包摂されているのだ。むしろこのような唯物論理解は、物質に生命が内在しているとする物活論（hylozoism）と親和的だ。このような精神をもつ物質を認めるためには、信仰が必要とされる。従って、唯物論には宗教的要素が内在しているのである。もちろんこのような意識を、エンゲルスもマルクスも、そして廣松ももっていない。しかし、この三人が述べる唯物論は、その中に生命や精神の原理が含まれているのだ。

エンゲルスは、急速にフォイエルバッハを克服する。

〈そしてこの点に思い到るや、フォイエルバッハの超克は一瀉千里《いっしゃせんり》というものである。けだし、ヘーゲルにおける主述顚倒を衝くフォイエルバッハの論法をバウエルに適用して「自己意識は人間の主語から独立の主語に転化されている」（*ebenda*）ことを衝き、かつはこの『自己意識』という主体＝実体、実体＝主体の自己疎外を云々するバウエルの哲学が「観念論」であることを批判した手続は、そのままフォイエルバッハにも推及されざるをえないからである。果してフォイエルバッハの『人間』は、かの『果物』ではないのか？　フォイエルバッハは、この主体＝実体の自己疎外を云々することによって、彼の自任する「上屋での観念論」——それは悪しき観念論だ！——に陥っているのではないか？　エンゲルスが十一月に気付き、マルクスも翌年になってやがて気付いたのは、まさしく右の点であった。〉（前掲書、二四一—二四二頁）

ただし、この作業をエンゲルスは、ドイツではなくベルギーで進めることになる。その事情について廣松はこう説明する。

〈『神聖家族』を落手して一ヵ月も経たぬうちに、一八四五年の四月、エンゲルスはマルクスの居るブリュッセルに移ることになった。父親との確執その他一身上の理由から彼はいずれ家を出る心算であったが、弾圧の強化がタイムテーブルを縮めた。エルバーフェルト集会その他における活発な実践運動の廉《かど》で、彼は〝逮捕されてしかるべきところ〟名門エンゲルス家の体面を慮った当局者たちは〝国外に去るという条件で身柄に手をふれぬ〟ことにしたのであった。具体的な経緯は詳らかではないが、彼の国外退去は何分にも急を要した様子である。〉（前掲書、二四二頁）

ベルギーのブリュッセルで、エンゲルスはマルクスとの共同作業を強化し、本格的なフォイエルバッハ批判に取り組むことになる。

最終章　フォイエルバッハの超克

廣松渉『エンゲルス論』の読み解きも最終章になる。ここで、種明かしをしておかなくてはならないことがある。筆者が、廣松のテキストから、何を読み取ろうとしていたかということだ。

ひと言でいうと、「革命に向けた魂」を廣松のエンゲルス論から読み取りたかったのである。筆者が、廣松の思想に惹かれるのは、そこに本物の革命家としての精神があるからだ。いかに離れていても、精神は精神によって察知されるのである。筆者は、自らのキリスト教信仰を確認し、強化するために、優れた革命家である廣松の精神と魂を必要としているのだ。

繰り返し述べているが、筆者は確信をもった反革命主義者である。その反革命は、ソ連崩壊前後のモスクワで生活したという経験から皮膚感覚に染みついている。それだから、革命によって、権力を奪取する以外の方策で、社会を変えることを真剣に考えている。その原形は、新約聖書の「使徒言行録」に書かれた共同体だ。

〈信者たちは皆一つになって、すべての物を共有にし、財産や持ち物を売り、おのおのの必要に応じて、皆がそれを分け合った。そして、毎日ひたすら心を一つにして神殿に参り、家ごとに集まってパンを裂き、喜びと真心をもって一緒に食事をし、神を賛美していたので、民衆全体から好意を寄せられた。こうして、主は救われる人々を日々仲間に加え一つにされたのである。〉（「使徒言行録」第二章　四四～四七節）
物を共有し、各人の状況に応じて分配する共産主義的な共同体は、お互いの顔が見える範囲でしか、恐らく、できないのであろう。それを国家という規模に拡大したから、ソ連型共産主義は失敗したのだと思う。

しかし、共産主義の萌芽形態を、確かに筆者はソ連とソ連崩壊後の資本主義ロシアで見た。筆者は一九八七年八月から一九九五年三月まで、モスクワで日本の外交官として勤務した。公式の国家とは別のところで、異論派（ディシデント）知識人のグループ、一八世紀に正統派のロシア正教会から分かれた分離派の信仰共同体（ラトビアのリガ郊外に分離派の修道院がある）、バプテスト派（プロテスタントの一派）教会、科学アカデミーの研究所などで独自の共同体が機能している姿を見た。ここで人々は経済合理性とは異なる原理で、協力し、生きていた。

それだから、共産主義、柄谷行人の言葉を用いるならばアソシエーションを志向する生活は、いま、すぐにでも可能なのだと思う。ただし、それは目に見える、比較的狭い範囲においてしか実現しないのである。共産主義で大きな社会を覆うという幻想は、禍《わざわ》いをともない、自由なアソシエーションとまったく異なるものに転化する。共同体を形成する本来の人間なる感覚が筆者にはある。

その意味で、筆者は徹底した疎外論者なのだ。筆者には、ユダヤ教、キリスト教が表象する天、また古事記、日本書紀が描く高天原《たかまがはら》がリアルなもの（実念）として存在するのだ。これは立場設定の問題だ。それだから、いくら廣松の精緻な論理に触れても、疎外論から物象化論への宗旨替えをしようとは思わない。

歴史を見る方法論

さらに、筆者の歴史を見る立場の方法論についても一言述べておきたい。これも結論から言うと、立場設定の問題である。ここでは、筆者の立場ができた原風景について述べておきたい。それは、同志社大学今出川キャンパスの神学館なのである。神学部の四年間と大学院の二年間を、筆者は、この閉ざされた空間の中で過ごした。このことについては拙著『私のマルクス』（文藝春秋、二〇〇七年）で述べたので、ここでは繰り返さない。そのとき染みついた歴史観があれから三〇年経った今も、離れないのである。同志社の神学部には、歴史神学の伝統がある。その中でも、筆者は魚木忠一、藤代泰三などの、神学と信仰の乖離をできるだけ起こさないように努力する歴史神学者が好きなのである。

藤代泰三は、キリスト教史の方法についてこう述べている。

〈実証主義に立つ史学においては史料の取り扱い、すなわち史料の収集や選択や批判や解釈には理性だけで十分であろうが、精神科学としての歴史学の研究には理性だけではきわめて不十分であって、身体・理性・意志・感情・信仰をもつ人間の主体においてこの作業にあたらなければならないと考える。このような作業は、ディルタイのいう体験・表現・追体験（了解）による解釈によってのみ可能で、史料に表現されている体験を研究者主体が追体験し理解しなければならない（『ディルタイ全集』第七巻、および拙稿「ディルタイの解釈学（Ⅰ）」『基研』四一巻二号）。ここに史学方法論における重要な、個と全体、特殊性と普遍性、独自性と同一性の問題の解決のかぎが存する。解釈学は、まず史料の言語学的、歴史的（政治、経済、社会、文化的等）分析を徹底的にしたあとで、その史料を解釈するのである。従って解釈学において理性の使用が除外されているのではなく、理性を駆使し徹底的に理性によって史料を分析することも含まれている。〉（藤代泰三『キリスト教史』日本ＹＭＣＡ同盟出版部、一九七九年、五頁）

キリスト教史も歴史研究である以上、実証性に反した言説を構築することはできない。しかし、史料研究に甘んじるのではなく、そこから大胆な解釈をする。「その見方は主観的だ」という批判を恐れてはならないのである。解釈は何のために行われるのであろうか？　キリスト教は救済宗教だ。それだから、人間の救済という目的にかなう形で解釈が行われる。藤代はこう続ける。

〈複雑な歴史総体を解釈すること、すなわちその意味をとらえる歴史研究には、研究者主体の世界観なり人生観なり価値観がはいってくるが、これなくしては歴史解釈は成りたたない。私はキリスト教精神史は、キリスト教信仰に立脚する身体的理性的意志的感情的人間がかかわる歴史に関する研究、従ってキリスト教精神史研究には、その前提としてキリスト教信仰が要請されるわけである。しかしここで注意したいことは、キリスト教以外の宗教を信仰する者も、キリスト教精神史に展開される史実とその解釈に信仰のアナロギアすなわち信仰の類推によって接近しうるであろうし、キリスト教精神史の理解も可能になってくるであろうということである。そしてこのことはキリスト教徒が他宗教、例えば仏教を理解する場合にもいえることなのであり、そうであればこそ、のちに述べるキリスト教精神史におけるアジア類型のなかの一つとしての日本類型の成立が可能になるのである。〉（前掲書、同頁）

藤代は、歴史研究に、研究者の世界観や人生観を加えることを全面的に肯定している。文学部の歴史学科で、このような方法論を唱えたら、「それじゃ学問でなく、随想だ」と言われ、入口で相手にされなくなってしまうだろう。キリスト教精神史が、人間の救済という視座から構成されているので、このような方法論になるのだ。この方法論をとるのは、藤代だけではない。キリスト教を救済宗教として受けとめる神学者ならば誰もがこういう方法をとる。こういう歴史へのアプローチが、言葉の根源的意味において神学的なのである。

筆者もこのようなアプローチで廣松の『エンゲルス論』に取り組んでいるのだ。

唯物史観の形成

それでは、『エンゲルス論』の最終章（第六章）「ブリュッセル時代」を見てみよう。ここで、廣松はエンゲルスがフォイエルバッハ批判を経て、ヘス、マルクスとの共同作業で『ドイツ・イデオロギー』を作成する過程で、疎外論から抜け出し、物象化論に至るという道筋をつけようとしている。率直にいって、廣松は「ミクロの決死隊」のような細部の議論を展開するが、この道筋が明確になっているとはいえない。

突き放して言うならば、疎外論と物象化論は、立場設定の差異から生じるので、その間には断絶がある。断絶を乗り越えるのは、実証ではなく信仰である。筆者の理解では、『エンゲルス論』は、史的（ヒストリシュ）な擬装のもとで展開される信仰の書なのである。

唯物史観はマルクスによって完成されたという通説に廣松は異議を申し立てる。

〈「一八四五年の春、私がブリュッセルでマルクスと再会した時には」、「マルクスは既に唯物史観を完成しており、明確な言葉でそれを私に語って聞かせた」。晩年のエンゲルスは繰返しこの旨を〃証言〃している。

エンゲルス晩年の〃証言〃を額面通りに受け取れば、〃マルクス主義的〃共産主義理論と唯物史観の根本思想は、もっぱらマルクスの創見ということになり、ブリュッセル時代以降のエンゲルスは、マルクスに学んだ思想を種々の具体的な問題場面に適用しつつ、それを敷衍し〝祖述したにすぎない〟ことになる。だが、果してそうであろうか？ 結論から先にいえば、エンゲルスの〝証言〟は、マルクスの歿後、年を追って謙抑になっており、〝証言〟それ自身が自己矛盾を免れておらず、さなきだに〝実地検証〟に耐えうるものではない。近年、初期マルクス・エンゲルス資料が次々に発掘・集成されたことによって、彼の〝証言〟には数々の〝不利な状況証拠〟や、場合によっては〝反証〟があがるに至っている。

従来の研究者たちは、「唯物史観誕生の書」と俗称されるブリュッセル時代の記念碑的労作『ドイツ・イデオロギー』の中枢部、すなわち「第一篇、フォイエルバッハ、唯物論的な観方と観念論的な観方との対立」がエンゲルスの執筆になることを無視してきた。これがエンゲルスの執筆になることを知った例外的少数の人々も——恐らくや『経済学批判』序文の卒読とエンゲルス晩年の〝証言〟に引摺《ひきず》られて——「口述筆記説」その他を無責任に持出し、旧来の〝通説〟に追随してきた。しかし、『ドイツ・イデオロギー』の手稿におけるエンゲルスの地の文章とマルクスの筆蹟で加筆修正されている文章とを比較分析してみれば、エンゲルスのオリジナリティとこの時点におけるイニシャチーヴには疑問の余地がありえない。これの具体的な立証には立入らぬまでも、『ドイツ・イデオロギー』の執筆を手始めにブリュッセルで本格的な協働作業を開始した時点における両人の思想状況を把捉し、それを『ドイツ・イデオロギー』の立言と比較校合してみれば、この遺稿で第一ヴァイオリンを弾いたのがエンゲルスであることには疑いを容れるに難い筈である。〉（『エンゲルス論』情況出版、二四三―二四四頁）

唯物史観を形成するにあたって、〈第一ヴァイオリンを弾いたのがエンゲルスであることには疑いを容れるに難い筈である〉というのは、確かにその通りであろう。しかし、問題は、唯物史観の形成において主導的役割を果たしたエンゲルスが、比較的早い時期に経済学を「卒業」してしまい、唯物史観というイデオロギーに頼って社会を分析し、革命戦略を構想したのはなぜかということだ。別の言い方をするならば、唯物史観という世界観を確立したにもかかわらず、マルクスがなぜあれだけの時間と精力を注入して、古典派経済学に対する批判的研究に生涯を捧げたかということだ。

当初、マルクスは、共産主義の実現を比較的簡単に考えていたようだ。

〈私有財産の、遡っては労働の疎外の、歴史的成立をまだ説明できなかったのと相補的に、私有財産、疎外の止揚としての共産主義についても、マルクスは或る動揺を免れなかった。彼は、「自己疎外の止揚は自己疎外と同一の道程を辿っていく」ことを述べ、「私有財産の普遍化と完成たるにすぎぬ」共産主義の第一階梯《かいてい》、「まだ政治的な性質をもっている」第二階梯を経たのち、第三形態の共産主義にいたってはじめて「完成した自然主義として＝人間主義、完成した人間主義として＝自然主義、人間と自然との……人間と人間との……対象化と自己確証との、自由と必然との、個と類とのあいだの争いの真の解決」に達することを謳《うた》いあげる。こうして、第三形態の共産主義がマルクスの積極的な主張であるかと思えば、しかし、彼はこれをも否定してしまう。「共産主義は否定の否定としての肯定であり、それゆえに人間的解放と回復との、次の歴史的発展にとって必然的な、現実的契機である。共産主義はもっとも近い将来の必然的形態であり、エネルギッシュな原理ではあるが、しかし、共産主義は、そのようなものとして、人間的発展の到達目標――人間的な社会の形姿――ではない」と断じ、「もはや私有財産の止揚つまり共産主義によって媒介されない積極的〔肯定的〕な人間の現実性」、「社会主義としての社会主義」を云々する。しからば、この「社会主義としての社会主義」とは何か、いかなる内実をもつものであるか？　疎外が端的に止揚された「人間的社会の形姿」とはいかなる社会であるのか？　この問題に対してマルクスはまだ答えることができない。畢竟《ひっきょう》するに、疎外の歴史的成立を「人間的本質の発展のうちに基礎づける」ことができなかった当時のマルクスは、その必然的な半面として、疎外の究極的な止揚のありかたを明確に述定することも、これまたできなかったのである。

「社会主義的人間にとって、いわゆる世界史の全体は、人間的労働による人間の産出、人間のための自然の生成以外のなにものでもない」。マルクスはその展相を人間の自己疎外と自己獲得の論理で説こうとするが、その発端と終局とを闡明《せんめい》できなかった——これが『経哲手稿』当時におけるマルクスの状況であった（vgl. Ib. SS. 533-546）。

この隘路をどのようにして打開するか？　それとも『経哲手稿』の自己疎外論が当面したこの隘路は事の本質上打開不可能なものとして、ロジックそのものを放擲すべきであるのか？　その後のマルクスは、暫くのあいだ、必ずしも十全にそれを自覚することなく、疎外論のロジックを自から塞《ふさ》ぐ方向に進んでいった。〉（前掲書、二五一—二五二頁）

マルクスが、人間の歴史を人間の自己疎外と自己獲得の論理で説こうとしたが、その発端と終局とを闡明できなかったというのは、確かにその通りだ。しかし、疎外論の限界を物象化論に基づく唯物史観でマルクスが打ち破ったと言えるのであろうか？　唯物史観は作業仮説の一つに過ぎず、資本主義社会の内在的論理をとらえる経済学批判（＝『資本論』）にこそマルクスの知的貢献があるのではないか？　ここでは問題点を提示するだけにとどめて、廣松の議論を追っていこう。

〈『神聖家族』においてバウエル派の「思弁的構成の秘密」を曝露し、バウエルがヘーゲルの絶対精神を改釈して彼の哲学の主体概念とした『自己意識』が『果物』であることを指摘し、この主体＝実体、実体＝主体たる自己意識の自己疎外と自己回復を説くロジックを批判したマルクスは、フォイエルバッハ的『人間』にも批判の目を向けてしかるべきであった。

「類的存在」としての『人間』は、ヘーゲルの「絶対精神」、シュトラウスの「実体」、バウエルの「自己意識」と同様、主体＝実体、実体＝主体、として、自己疎外と自己獲得の主体である。シュトラウスの「自己意識」を『果物』として卻《しりぞ》ける以上、フォイエルバッハ的『人間』もまた『果物』として卻けられるべきではないのか？ 他人事《ひと》ではない。『経哲手稿』で「一体人間はいかにして自己を外化し、疎外するのか」と自問するとき、この人間は、農奴やプロレタリア、等々ならざる『人間』、つまり「リンゴ」や「ナシ」ならざる『果物』でなければならない。けだし農奴やプロレタリア、等々は、すでに人間の疎外形態であって、それの自己疎外によって私有財産が成立するところのかの主体＝実体ではないからである。自己活動・労働の主体としてヘス式に改釈したフォイエルバッハ的『人間』、自然的・類的存在としての『人間』、これを主体＝実体としていた『経哲手稿』のロジックは——時に応じて、『人間』が、国民経済学にいう広義の労働者、場合によっては近代的プロレタリアと二重写しにされていたことによって、一見、思弁的な論議を免れているかのように見せかけているにしても——結局のところ「思弁的構成」として卻けらるべきではないのか？〉（前掲書、二五二頁）

　要するに、類的存在や絶対精神は、リアルなるもの、実在＝実念に過ぎないので、それを個体の視座から見直すという唯名論というナイフをここで廣松は考察対象に入れているが、ただちにそのナイフを引き抜く。

〈マルクスとしては、しかし、直ちにそうは考えなかったであろう。第三者の眼からみれば、類と個、『人間』と労働者、との二重写しにみえるものであっても、ヘスがいみじくも指摘したように、キリスト教神学以来、そしてわけてもヘーゲル派の哲学者たちにおいては、個と類は、概念としては全く別々であるにせよ、現実の個体は類的本質を宿しているものとして了解されていたのであって、「個は類である、類は個である」というシンボリックないい方が大手をふって通用した所以である。〉（前掲書、二五二―二五三頁）

　実在＝実念を疎外されない形態で、この世に表すことが可能であるという作業仮説だ。しかし、これは成り立たない。疎外は、天上界と地上の間に、原罪による本質的差異があるという前提でもたらされた考え方だからだ。実在＝実念を疎外されない形で地上に表すことが可能ならば、そのような地上には原罪が存在しない。天上は地上と質的に同一である。これは、疎外論の前提となる原罪を否定するので認められない。

『フォイエルバッハに関するテーゼ』

　ここで、マルクスがここまでの思想を整理したのが、有名なフォイエルバッハに関するテーゼだ。廣松は、このテーゼによって、マルクスがフォイエルバッハからヘスに移行したと考える。

〈マルクスがブリュッセルに移った四五年の春に書いた覚書『フォイエルバッハに関するテーゼ』は余りにも有名であるが、この覚書を一言で性格づければ、マルクスがそれまでのフォイエルバッハ寄りの立場から、ほぼ完全にヘスの立場へ移行したことを告げる文書である。ここでは、しかし、ヘスとの関係に詳しく立入ることは割愛して、もっぱらマルクスの到達した立場そのものを見定め、それが彼の「経済学」に対してもつ即自的な意義にふれながら、四五年春時点におけるマルクスの思想状況に視線をしぼることにしたい。

『経哲手稿』以来「観念論とも唯物論とも区別され、しかも両者を超える真理の立場」を標榜してきたマルクスは、『テーゼ』において初めて、唯物論の立場を標榜する。しかも彼は、「対象的活動」「実践」を立場的スローガンとしてきたチェスコーフスキー、ヘスの意想にくみして、この見地からフォイエルバッハのそれをも含めた従来の唯物論を批判し、「旧《ふる》い唯物論の立場は市民社会であり、新しい唯物論の立場は人間的社会もしくは〔云いかえれば〕社会化された人類である」ことを宣言する。

この『テーゼ』において特に注目されるのは、以前には「類的存在」という規定に社会的関係を読み込み、「フォイエルバッハは人間の人間に対する社会的関係を理論の根本的原理としている」と強弁したマルクスが、今ではフォイエルバッハのいう「本質はただ『類』としてしか、……多数個人を自然的に結びつける普遍性としてしか」とらえられていないことを認めるに至ったことである。「人間の本質は個人に内在する抽象的一般者ではない。その現実性においては、それは社会的諸関係の総体である」とマルクスはいう（vgl. MEW, Bd. 3, S. 5 ff. u. 533 ff.）。

この「人間」の把え方に応じて、マルクスは「宗教的心情」そのものが、従ってまた、「人間の自己疎外」としての神や宗教が、「一つの社会的産物であること、フォイエルバッハの分析する抽象的個人が或る特定の社会形態に属するものであること」を洞見しえた。彼はフォイエルバッハにはこの知見が欠けていることを批判する。

たしかに、超歴史的な――すなわち特定のどの社会形態に属するかということに無縁な――『人間なるもの』が自己を疎外して神を立てるのではない！　しかるにフォイエルバッハは、「抽象的一般者」としての『人間』――『果物』！――を仮想し、この『人間なるもの』がその類としての本質を疎外することによって「神」「宗教」が成立すると説く。ないしは、『人間』を諸個人に押込んでおいて、この『人間』を本質とするところの現実的人間（個人）が、自己の本質――『果物』！――を外化して「神」となす、とフォイエルバッハは説く。実際には、しかし、この宗教的「自己疎外」が生ずるのは、一定の歴史的段階においてである。「一定の社会形態に属する諸個人」が、特定の歴史段階ではじめて「宗教的心情」

を抱くのであり、「自己を疎外」するのである。けだし、マルクスが「フォイエルバッハは〝宗教的心情〟そのものが一つの社会的産物であること、彼の分析する抽象的個人が或る特定の社会形態に属することをみない」といって批判する所以である。〉（前掲書、二五三―二五五頁）

マルクスが、人間＝類的存在というあいまいな立場から、唯物論の立場に移行したことを、廣松は高く評価する。その媒介となったのは、フォイエルバッハ批判を通じて、マルクスが獲得した、実践の立場だ。

神を唯物論に包摂

ここで『フォイエルバッハに関するテーゼ』を一瞥《いちべつ》しておこう（邦訳は、『情況』二〇〇一年七月号に掲載された表三郎訳を用いる）。

〈（一）（フォイエルバッハの唯物論を含めた）これまでの全ての唯物論の主要な欠陥は、次の点にある、すなわち対象、現実性、感性が、ただ客観のあるいは直観の形式のもとでだけとらえられ、感性的人間的活動、つまり実践としてとらえられていない、ということは主体の側からとらえられていないことである。したがって活動的側面は、唯物論と対立して観念論によって、抽象的に展開された。この観念論は、当然ながら現実的・感性的活動そのものを知らない。フォイエルバッハが求めるのは、感性的な、つまり思考物から現実的に区別された客観であるが、彼は人間活動自体を、対象的活動として把握しないのである。彼は、したがって、『キリスト教の本質』のなかで、ただ理論的な振る舞いだけを、真に人間的なものと考える、が他方で実践は、ただその汚らしいユダヤ人的な現象形態の中だけでとらえられ、固定される。彼は、だから、「革命的な」つまり「実践的・批判的な」活動の意義を概念的に把握しないのである。

（二）人間の思考に対象の真理が到達するかどうかという問題は、まったく理論の問題ではなく、一つの実践の問題である。実践において、人間は、自分の思考の真理性、すなわち現実性と力、つまり此岸性を証明しなければならない。思考が現実的かそれとも非現実的かをめぐる論争は、この思考が実践から切り離されているならば、純粋にスコラ的な問題である。

（三）環境の変化と教育にかんする唯物論的学説が忘れられているのは、環境が人間によって変化させられなければならないし、教育者自身が教育されなければならないことである。したがってこの学説は、社会を二つの部分に分け、その一方が他方の上に立つようにせざるを得ない。

　環境の変化と人間的活動あるいは自己変革との合致は、ただ革命的実践としてだけ把握することができるし、合理的に理解できる。

(四) フォイエルバッハは、宗教的自己疎外の事実、つまり世界が宗教的な世界と世俗的な世界に二重化するという事実から出発する。彼の仕事は、宗教的世界をその世俗的な基礎に解消することにある。ところが、世俗的な基礎が自己自身から浮き上がり、一つの独立した国が雲の中に固定されるということは、ただこの世俗的な基礎の自己分裂と自己矛盾からだけ説明されるべきである。この世俗的な基礎そのものもまた、それ自体で、その矛盾において理解されなければならないとともに、実践的に革命されなければならない。だからまた例えば、地上の家族が聖なる家族の秘密として発見された後では、今や地上の家族そのものが理論的にも実践的にも絶滅されねばならない。

(五) フォイエルバッハは、抽象的思考に満足しないで、直観を求める。ところが彼は、感性を実践的な人間的・感性的活動として把握しない。

(六) フォイエルバッハは宗教的本質を人間的本質に解消する。しかし、人間的本質は個々の個人に内在する抽象物ではない。実際には、それは社会的諸関係の集合である。

フォイエルバッハは、このような現実的本質の批判に立ち入らないので、どうしても、

一　歴史的経過を捨象して宗教的心情をそれだけで固定し、抽象的な、孤立した、人間的個体を前提せざるを得ない。

二　本質は、したがって、ただ「類」として、つまり内的な、物言わぬ、多くの個人を自然に結合する普遍性としてだけ把握されうるのである。

（七）したがって、フォイエルバッハが分からないのは、「宗教的心情」そのものが一つの社会的産物だということと、彼の分析している抽象的個人が一定の社会形態に属するということである。

（八）あらゆる社会生活は、本質的に実践的である。理論を神秘主義に誘い込むあらゆる神秘の合理的解決は、人間の実践とこの実践の概念的把握に見いだされる。

（九）直観的唯物論、すなわち感性を実践的活動として概念的に把握しない唯物論が到達する最高峰は、個々の個人とブルジョア社会の直観である。

（一〇）古い唯物論の立場は、ブルジョア社会であり、新しい唯物論の立場は、人間的社会あるいは社会的人間性である。

（一一）哲学者たちは、世界をただ様々に解釈してきただけである。肝心なのは、それを変化させることであろうに。〉

筆者は、この中でもっとも重要なのは、第八テーゼと考える。実践を概念的に把握するところから、「飛躍は必要とされない。従って、実践から出発する理論は、神秘主義を本質において排除するのである。

しかし、人間の実践は何によってなされるのであろうか？　ここで人間を前提としない存在論が必要とされる。ここで、マルクスは唯物論をもちだすが、この唯物論は唯心論と対概念の唯物論ではなく、観念論と対立するという形での捻れを含んだ唯物論だ。この唯物論には、実在＝実念が含まれている。実在＝実念とはまさに、普遍性であるので、これは形を変えた神である。

マルクスは、この操作によって、唯物論に神を包摂することに成功したのである。〈哲学者たちは、世界をただざまざまに解釈してきただけである。肝心なのは、それを変化させることであろうに〉というフォイエルバッハに関する第一一テーゼはきわめて有名であるが、実在＝実念を包摂した唯物論は、「動かす力」をもっているので、このような唯物論が、世界を変化させるのは、当然なのである。

マルクスは、フォイエルバッハ批判を通じて、神を唯物論に包摂することに成功した。唯物論には、内在的超越がある。唯物論と観念論というねじれた対立図式をつくる操作に、実は飛躍が存在し、この飛躍によって物質に神が取り込まれたのだ。

このマルクスの唯物論的転換に、実はその後、マルクスを『資本論』へと向かわせる動因があったと筆者は考える。

エンゲルスは、マルクスのこのような唯物論への道を先に整えたのである。〈エンゲルスは（引用者註：ドイツへの）帰郷後まもなく、マックス・シュティルナーの『唯一者とその所有』を読んで思想的な一転機を迎えた。

「シュティルナーの著作『唯一者とその所有』については――とエンゲルスはマルクスに宛てて書く――君も耳にしたことだろう。ヴィーガントが見本刷を送ってくれたが、ケルンに持っていってヘスのところに置いてきた。高貴なるシュティルナー――ブールの叢書にミステール〔ウジェーヌ・シューの『パリの秘密』〕について書いたベルリンのあのシュミットだよ――、彼の原理は、ベンサムのエゴイズムで、一面ではより徹底的、他面ではより不徹底という代物にすぎない。より徹底的というのは、ベンサムは、まだ、神を霧のかなたで個人の上に存続させているのに対して、シュティルナーは、無神論者として、個人を神の上におき、――むしろこういった方が適切だと思うんだが――個人を窮極者として持出しているからで、要するに、ベンサムは単なる経験論者なのに、シュティルナーはドイツ観念論の肩に乗って、唯物論・経験論に成り変った観念論者だからだ。より不徹底というのは、シュティルナーは、ベンサムの遂行した、アトムに解体された社会の再構成を回避しようとするからだが、これはできない相談だ。このエゴイズムは、現今の社会の、現今の人間の、本質を、意識にもたらしたものにすぎず、現今の社会が僕らに対抗して言揚げしうる最後のもの、現存の愚蒙の内部におけるありとあらゆる理論の最先端だ。だからして、事は重大だ。ヘスその他の連中がそう見做しているよりもはるかに重大だ。僕らはこれを路傍に打棄てることなく、まさしく現存の愚昧の完璧なる表現として、それを利用しつくし《アウスボイテン》、それを顚倒して、そのうえに、屋上建築を進めなければならない。このエゴイズムは、かくも極端であり、かくも愚かで、しかも同時に、かくも自覚的であるから、それは一瞬たりとも当の一面性に安住することはできず、直ちに共産主義へと変成せざるをえない。第一に、彼のエゴイスティックな人間は、全くのエゴイズムからして、必然的に共産主義者にならざるをえないということ、これをシュティルナーに証明してやることは至って容易だ。奴さんに、こいつをいってやらねばならない。第二に、人間の心胸は、そもそもの初めから、直接に、そのエゴイズムにおいて、私慾的でなく自己犠牲的だということ、従って彼は、自分の攻撃している当のものに己れ自身が陥ってしまうということ、この点を反論してやらねばならない。こういう二、三の些末事を持出しただけで、一面性を卻けることができる。

　しかし、シュティルナーの原理における真なるものは、僕らも受け容れねばなるまい。彼の原理の次の点はたしかに真である。すなわち、われわれがそのために何事かをなしえんがためには、前以ってまず事柄《ザッヘ》〔物件〕を自分の《アイゲネ》〔所有する〕、自分に属する《エゴイスティッシェ》事柄にしておかねばならない。——それ故、何かにつけての物質的な希求は措くとしても、右の意味で、われわれは実にエゴイズムから共産主義者になるのであり、右の意味でのエゴイズムから人間、たろうと欲し、単なる諸個人たろうとはしないのである。別の表現でいえば、シュティルナーは、フォイエルバッハの『人間』、少くともキリスト教の本質における『人間』を卻ける点では正しい。〉（『エンゲルス論』情況出版、二五六―二五八頁）

ここからエンゲルスの内的世界が手に取るようにわかる。〈ベンサムは単なる経験論者なのに、シュティルナーはドイツ観念論の肩に乗って、唯物論・経験論に成り変った観念論者だからだ〉という部分にエンゲルスの本音があらわれている。エンゲルスに必要なのは、観念論の外側にある実在＝実念なのである。

〈フォイエルバッハの『人間』は、神から導出されたものだ。フォイエルバッハは神から『人間』に到った。そのため、『人間』は、たしかに、まだ、神学的な抽象の後光をまとっている。『人間』に到る真の途は逆だ。僕らは我《イツヒ》から、経験的な、身体をそなえた個人から出発しなければならない。シュティルナーのようにそこで立停ってしまうことなく、そこから〝人間〟へと高まるために。『人間』は、経験的な人間に基盤《バジス》をもたない限り、幽霊《シュプークゲシュタルト》だ。ようするに、僕らの思想、わけても僕らのいう〝人間〟を真なるものとして主張しようとする限り、僕らは経験論・唯物論から出発しなければならない。僕らは、普遍を個から導出しなければならないのであって、それ自身から、乃至は、ヘーゲル流に宙空《ルフト》から導出してはならない。

こういったことはすべて自明の些末事《さまつじ》で、個々の点ではすでにフォイエルバッハが言明していることだ。で、もしもヘスが、旧来の観念論的な執着から——と僕には思えるのだが——経験論を、わけてもフォイエルバッハ、今日ではシュティルナーを、あれほどこきおろさなければ、僕だってむし返しはしなかったろうが。

ヘスはフォイエルバッハについて色々と正鵠《せいこく》をえたことをいってはいるが、半面では彼自身まだ若干の観念論的な誤魔化しをやっているようにみえる。彼は理論上の事柄について論ずる段になると、きまってカテゴリーへと話をもっていってしまう。だからまた彼は通俗的に書けない。抽象的すぎるからだ。従ってまた、彼はエゴイズムを十把一絡《じっぱひとから》げに忌み嫌い、人間愛、等々を説教するのだが、それは結局のところ振出しにもどってキリスト教的自己犠牲に帰着してしまう。しかし、具身の個人が、僕らの〝人間〟にとって真の基礎、真の出発点だとすれば、エゴイズムが——勿論シュティルナー流の悟性のエゴイズムだけでなく、心胸のエゴイズムも——僕らの人間愛にとって出発点をなすことは自明の理だ。さもなければ人間愛は宙空に浮んでしまう。ヘスは間もなくそちらへ行く予定だから、この点について君から直接彼に話してもらえると思う。

それはそうと、こういう理論的な無駄話に日々益々、僕は退屈してくる。依然として『人間』に空費せざるをえない一つ一つの言葉、神学と抽象に反対して、極端な唯物論に反対して書いたり読んだりしなければならない一行一行に、僕は腹がたつ。尤も、こういう空中像《ルフトビルデ》……の代りに、現実の生きた事物、歴史の展開とその結果、を論題にするのであれば、話は別だ。こういう論題に従事するのが、少くとも、僕らがまだペンの使用しかできないあいだは、僕らの思想を直接に手で、必要とあらば拳骨《げんこつ》で、実現することができないあいだは、最善だ」（一八四四年十一月十九日付、MEW, Bd. 27, S. 11 f.）。

エンゲルスの右の手紙に対してマルクスは相当にきびしい反論を寄せた様子である。後論との関係上、この時点でマルクスとエンゲルスの意見がどの点で、どのように食い違っていたかを知ることが是非とも必要であるが、残念ながらマルクスの手紙そのものは残っていない。〉（前掲書、二五八―二五九頁）

ここでいうエンゲルスとマルクスの批判のやりとりについて踏み込む必要はない。最終的に、マルクス、エンゲルスの双方が、観念論に対抗するのに、実在論ではなく、本来、唯心論と対立する概念である唯物論をもってくるという「捻れ」をつくるという共通の結論に最終的に落ち着いたからだ。その結果、マルクスとエンゲルスの唯物論は神を内在させるようになったのである。

エンゲルスが〈僕らは経験論・唯物論から出発しなければならない〉という経験には、経験を超える「何か」が、唯物論には物質を超える「何か」が内在しているのである。

繰り返して強調しておくが、筆者の解釈では、このような唯物論を前提とする物象化論には、神が内在している。言い換えるならば、神という本来の姿が内在しているならば、物象化論の中に疎外論が潜んでいるということになる。

もちろん廣松はそのような解釈はしない。唯物論への移行によって、中世的実念論の殻をエンゲルスが打ち破ったと考える。

〈エンゲルスは、フォイエルバッハ流の『人間』に対するシュティルナーの批判、『人間』が神の面影を残していること――『神聖家族』の表現でいえば、『果物』であること――の指摘を「正しい」と認め、「具身《ライプハフテイッヒ》の個人」から出発しなければならないと主張する。これに対してヘスは、フォイエルバッハは現実的人間という言葉で「一方では市民社会の個別化された人間を……他方では社会としての人間《ゲゼルシャフツメンシュ》、『類としての人間《ガットウングスメンシュ》』『人間の本質』を」含意し、そして「この『人間の本質』を個々の人間に押込んでいる」ことを批判しはするが、彼自身としては、いうところの「類的本質《ガットウングスヴェーゼン》」とは、その実「諸個人の社会的協働」にほかならないと改釈することによって、フォイエルバッハの現実的人間主義を救おうとする。ヘスは――そして恐らく当時のマルクスもまた後述の理由から――シュティルナーの「具身的個人」はそれこそ「市民社会的抽象」であるといって郤け、独自の改釈を施した〝フォイエルバッハ的人間〃から出発する立場を崩さない。

主体概念をめぐる右の相違と関連することであるが、エンゲルスはエゴイズム――といっても初めからシュティルナーの悟性的エゴイズムではない――から出発し、それの弁証法的自己否定によって共産主義を立言しようとする。視点をかえていえば、エンゲルスはあくまで「具身的な個人」とその慾求から出発して『人間』へ、共産主義へ到ろうとする。これに対してヘスは、人間が即自的には本源的にそうであるところの「類的存在《ガットウングスヴエーゼン》」を即自対自的に実現するという〃哲学的共産主義〃の発想を崩さない。彼は「われわれは現実的類的存在にならなければならない」という要求を立て、そのためには「各人がそこにおいて銘々の人間的資質を開花させ……実現しうるごとき社会」を建設せねばならないことを説く。ヘスならびにマルクスは、エゴイズムから出発したのではたかだか「私有財産にとらわれた粗野な共産主義」に行きつくことしかできないと考えたことであろう。〉（前掲書、二六一頁）

ソ連型共産主義は、本質において国家社会主義（state-socialism）だった。「私有財産にとらわれた粗野な共産主義」とは、中東欧で現実に存在する社会主義、スターリニズムに対する異議申し立てとして行われたジョルジ・ルカーチ、エルンスト・ブロッホ、カレル・コシークなどの人間主義的マルクス主義にその影を落としている。

エンゲルスは、「粗野な共産主義」ではなく「洗練された共産主義」として、唯物論を説くのだ。

〈エンゲルスは、ヘスが「観念論的な執着から……経験論を、そしてシュティルナーを法外にこきおろしている」ことに異を唱え、「シュティルナーはヘスその他の連中がそう見做しているよりもはるかに重大である」と評価したが、手紙の文面からも判る通り、フォイエルバッハ的『人間』に対する批判をその一環とする唯名論的な立場、経験論的な立場、これに惹かれたのであった。「僕らは個から普遍を導かねばならないのであって、ヘーゲル式に宙空からそれを引き出してはならない」。シュトラウス的実体から出発したエンゲルスにとって、実体化された普遍に対するシュティルナーの批判——因みに『神聖家族』の『果物』批判をみたのはこの手紙の数ヵ月後である——は省みてショッキングだった筈である。それまで、「唯心論と唯物論の止揚統一」を標榜していたエンゲルスは、シュティルナーの触発によって、「ヘスもまだ観念論的な誤魔化しをやっている」ことに気付き、初めて「唯物論」の立場を標榜するにいたった。この点、マルクスがどうだったか、確定的な資料はないが、『神聖家族』でも、まだ、「唯心論と唯物論の対立を超える」「現実的人間主義」の立場がとられていること、マルクスが唯物論の立場を標榜するのは翌年の『フォイエルバッハに関するテーゼ』に至ってからであること、この事実に鑑みれば思い半ばにすぎるものがあろう。

当時二三歳であったエンゲルスは、そのころ最も親しく交わっていた大先輩のヘス（三二歳）と「最も意見が一致している筈の」マルクス（二六歳）とが期せずして同じ意見であったことにたじろいだのか、一たんはマルクスにかぶとを脱ぎ、「君と同一事を見出した」と書き送ったのであった。しかし、その後、どう考え直したのか——エゴイズムから共産主義へという論法こそ文面に出ないが、他の論点では——ふたたび前掲の手紙の立論を回復する。〉（前掲書、二六一—二六二頁）

エンゲルスは、フォイエルバッハの人間は、中世実念論の普遍、ユダヤ・キリスト教の伝統における神と同一であることに気づいた。フォイエルバッハは、人間という名の神を宣教する神学者だったのである。

〈エンゲルスは、チェスコーフスキー・ヘスの路線に則って、ヘーゲル派哲学の観照《テオレティッシュ》的な態度を批判し、実践《プラクシス》の哲学の立場に視座をとり、しかも、ヘスやマルクスと軌を一にしながらヘーゲル派的〝人間〟をその歴史的・社会的被規定性において把える。フォイエルバッハ的〝人間〟はそれ自体としてはどこにも実在しない抽象的一般者、〝普遍〟、概念たるにすぎない。それにひきかえ、シュティルナーの〝具身の人間〟は、たしかに〝現実的〟〝個人〟であり、〝現実に実存する、活動する人間〟であるが、しかし、夙《つと》にエンゲルス自身がそう認定し、ヘスやマルクスもそう指摘した通り、それは現今の〝市民的社会の個人〟、一定の歴史的被規定態における人間である。シュティルナーのように、こういう〝人間〟〝唯一者〟

をもって人間の本質的な在り方、超歴史的・超社会的な〃人間なるもの〃に仕立てあげることはできない。ヘスが繰返し強調した通り、〃人間の本質〃はそれ自体、諸個人の対象的活動を通じて歴史的・社会的に〃進化〃発展するものである。シュティルナーによって、ヘーゲル左派的主体概念たる〃実体〃〃自己意識〃〃人間〃等と称する非実在から実在の〃人間〃へと天降った今では、この現実的人間そのものが現実的に規定されなければならない。エンゲルスがフォイエルバッハを批判するのはこの視座からである。

この視座に立ってフォイエルバッハに対するとき、その欠陥は〃人間なるもの〃の把え方だけではない。フォイエルバッハのいう〃人間と自然との統一〃、その支点をなす〃感性〃〃感性的確知〃とその対象もまた、その抽象性、没歴史性のゆえに批判されねばならない。「単純な〃感性的確知〃の諸対象でさえ、社会的発展、産業と商業交通《コムメルツイエーレル・フエアケール》によってのみ人間に与えられる」のであって、「外的自然の先在性」はあくまで認められるにしても、自然界、感性的世界は、「それを形成する《アウスマツヘンデ》諸個人の感性的活動とて把捉」されなければならない。フォイエルバッハは、感性的世界、その主体と対象の双方にかかわる能産的な社会的歴史的活動を知らず、如上の認識にはほど遠い。こうして「フォイエルバッハは唯物論者である限り、彼には歴史がみられないし、彼が歴史を考察する限りでは彼は唯物論者ではない」。

――ここに打出されたフォイエルバッハ批判に立脚して、人間と人間にとっての〝自然〟を、その歴史的・社会的な規定性において唯物論的に解明すること、これがあらためてエンゲルス自からの課題となる。〉（前掲書、二七八―二七九頁）

エンゲルスはここで、物質に自然を包摂することを考える。そして、物質の中で、自然と神が出会う図式ができあがる。

〈〝精神〟は物質に〝憑《つ》かれている〟。マックス・シュティルナーを踏んで、エンゲルスはこう明言する。しかし、彼はあくまで、物質的自然ではなく、歴史的存在へとオリエンティーレンされており、いうところの物質は、直ちに身体の謂いではない、エンゲルスは、身体には言及することなく、〝憑いている〟物質として、「振動する空気の層、音、手短かにいえば、言語の形で現われる」ものを問題にしている。言語の成立した時点、それがとりも直さず意識の成立した時点なのであって（vgl. Die Sprache ist so alt wie das Bewußtsein）、「言語は、実践的な、他人に対しても存在し、それ故に私自身に対しても（für mich selbst）はじめて実存するところの、現実的な意識である。しかも言語たるや、他の人間たちとの交通の欲求から成立するのである。……意識というものはそれゆえ、そもそものはじめから、社会的な生産物であり、人間が生存する限り、いつでもそうである」。〉（前掲書、二八一頁）

物質には、「憑いているもの」、すなわち、振動する空気の層、音、手短かにいえば、言語の形で現われるものも含まれているのだ。これを精神と言い換えてもいい。こうして、実践を媒介にして、唯物論には、神と精神が包摂されたのである。

廣松は、エンゲルスが疎外（Entfremdung）という言葉に忌避反応を示すことに止目する。

〈エンゲルスは、かたくななまでに疎外というヘーゲル学派的な言葉を用いない。彼はまた、人間の本質力 Wesenskraft としての自己活動とか、人間の類的本質としての協働とかいう言葉、つまり、真正社会主義者たちがヘスを襲用したキーワードも、かたくなと思えるほど用いない（一方のマルクスは、この個所への書込みで、哲学者たちに判る言葉でいえば、この疎外は云々、と書いている）。エンゲルスは、人間の本質、人間の本質力の疎外という表現を頑固にこばみ（?）ながら、具身の諸個人とその自然生的な分業に立脚しつつ、如上、まさしくヘスが疎外という言葉を用いて記述・説明した事態を説述する。因みに、ヘスは分業ならざる協働の面にアクセントをおき、自然生的な協働の歴史的必然的な展相として、幾重にも屈折された生産力、すなわち諸個人の協働の力の疎外、自己膠着《こうちゃく》を説いたのであって（『経哲手稿』のマルクスがヘスに倣った方面はヘスの疎外論にとってはむしろ第二義的であった）、ヘスの疎外論が生産力と交通形態の矛盾、歴史の土台、といった方面に議論の射程をもちえたのも、けだしそのためである。そしてエンゲルスは、ヘスのこの方面を、分業の論理に即してではあったが、その故に却って具体的に受けとめ、発展させることができた。〉（前掲書、二八三―二八四頁）

エンゲルスが、疎外論から物象化論への道筋を開いたという「物語」をつくる上で、この箇所は廣松にとって死活的に重要な意味をもった。そして、廣松がとなえた物象化論という物語は、多くの人々の魂をとらえた。

物象化論という物質に神が内在する神学を構築することより、廣松は革命に対する信仰をもう一度復興することに成功した。筆者は、キリスト教神学者として、「信仰のアナロジー（類比）」として、廣松を読み解いてきたのだ。

あとがき

本書では、廣松渉の目を通して初期エンゲルスの思想を考察した。その結果、エンゲルスがカルバン主義の影響を強く受けていることが明らかになった。さらに廣松の分析は、「日本に共産主義革命を起こす」という「認識を導く関心」に導かれた、かなり強引なものであることが明らかになった。しかし、私はそのことを非難していない。ほんものの思想には、そのような強引な要素が必ずあるからだ。

本書を通じて、私が真摯に追求したのは、ほんものの対話だ。この点で、哲学者の柄谷行人氏の思想から私は多くを学んでいる。「他者としての物」と題する講演で、柄谷氏はこう述べた。

〈私の定義では、他者とは、ヴィトゲンシュタインの言い方でいえば、言語ゲームを共有しない者のことです。彼はその例として、しばしば外国人をあげていますが、精神異常者をあげてもよい。確かに、彼らとの間に合意が成立することは困難です。しかし、まったく不可能ではない。ここで、それがまったく不可能な他者を考えてみましょう。それは死者であり、いまだ生まれざる者です。生きている他者とであれば、いかに文化が異なり、あるいはいくら正気からかけ離れているとしても、なんらかの合意に至ることがありえないことではない。他方、死者や生まれざる者とは、そのようなことは不可能なのです。

（中略）カントの道徳法則に従えば、道徳律の究極のメッセージは次の至上命令にあります。「君の人格ならびにすべての他者の人格における人間性を、けっしてたんに手段として用いるのみならず、常に同時に目的として用いるように行為せよ」。もしわれわれが自分たちの生活水準を維持するために未来の他者を犠牲にするのであれば、たんに自分たちの目的への手段として彼らを扱っていることになります。カント的な考えでは、そのような態度はおよそ倫理的ではありえない。それに比して、ユルゲン・ハーバーマスが「コミュニケーション的理性」や「公共の合意」などと呼ぶものは、たんに生きている人間、しかも、実際には西洋や先進国のことしか考慮していないものです。そこには、それ以外の世界だけでなく、未来の他者が抜け落ちている。そもそも合意など得られないのが他者です。それが物自体なのです。〉（柄谷行人『柄谷行人講演集成１９９５‐２０１５　思想的地震』ちくま学芸文庫、二〇一七年、一九一―二〇〇頁）

廣松にとってエンゲルスは死者だ。しかし、廣松は死者エンゲルスとの対話に成功し、共産主義観について合意に達した。私にとって廣松渉は死者だ。それにもかかわらず、死者廣松渉との対話に私は成功したと思っている。真摯な対話の結果、疎外論と物象化論の違いについて、私たちは共通の認識を持つことができたと思う。しかし、私は物象化論に与することはできなかった。私が持つキリスト教的なバックグラウンド（あるいは偏見）が、本質において仏教的（あるいは京都学派的）な物象化論に対して忌避反応を示すのである。それは、廣松が持つ仏教的なバックグラウンドが、本質においてユダヤ教的、キリスト教的な疎外論に対して忌避反応を示すのに似ている。

この作品を書く過程で、自分の中でおぼろげになっていた事柄が、少し明確になってきた。私は、毎日、太平洋戦争、特に沖縄戦における戦没者について、考えている。母親が沖縄人で父親が日本人であり、日本系沖縄人という自己意識を持っている私にとって、あの戦争をどう理解するかという問題は、自分自身の存在の根底にかかわる深刻な事柄だ。この作業には、戦没者という絶対的な他者との対話が含まれる。この対話を成立させるためには、当時の日本人の物の見方、考え方を等身大で把握する必要がある。大川周明、高畠素之、さらに『國體の本義』に私が関心を持ち、その内在的論理をとらえようと努力したのは、死者と対話し、和解したいからだ。
私は、現在、400字換算で1200枚くらいの原稿を毎月書いている。取り憑かれたように文章を残しているのは、同時代の人々とともに、いまだ生まれざる者との対話に備えているからである。本書『キリスト教神学で読みとく共産主義』が同時代の読者だけでなく、私が死んだ後も残り、いまだ生まれざる者と対話をしてほしいと願っている。

本書を上梓するにあたっては光文社の丸山弘順氏、三宅貴久氏にたいへんにお世話になりました。また、大下敦史氏が『情況』に連載する機会を作ってくださらなければ、私は廣松渉に関する論考を発表することはなかったと思います。丸山氏、三宅氏、大下氏にこの場を借りて深く感謝申しあげます。

二〇一七年一月二一日、曙橋（東京都新宿区）にて、

佐藤優

本書は『共産主義を読みとく――いまこそ廣松渉を読み直す『エンゲルス論』ノート』（世界書院、２０１１年７月刊）に若干の修正を加え、新たな「まえがき」「あとがき」を加えたものです。（編集部）

佐藤優（さとうまさる）

1960年東京都生まれ。'85年に同志社大学大学院神学研究科修了後、外務省入省。在英国日本国大使館、在ロシア連邦日本国大使館に勤務した後、本省国際情報局分析第一課において、主任分析官として対ロシア外交の最前線で活躍。2002年、背任と偽計業務妨害容疑で東京地検特捜部に逮捕され、'05年に執行猶予付き有罪判決を受ける。'09年に最高裁で有罪が確定し、外務省を失職。現在は、執筆活動に取り組む。'05年に発表した『国家の罠　外務省のラスプーチンと呼ばれて』（新潮文庫）で第59回毎日出版文化賞特別賞受賞。'06年に『自壊する帝国』（新潮文庫）で第5回新潮ドキュメント賞、第38回大宅壮一ノンフィクション賞受賞。著者多数。

キリスト教神学《きょうしんがく》で読《よ》みとく共産主義《きょうさんしゅぎ》

2017年2月20日初版1刷発行

著　者 —— 佐藤　優
発行者 —— 田邉浩司
装　幀 —— アラン・チャン
印刷所 —— 萩原印刷
製本所 —— 関川製本
発行所 —— 株式会社光文社
東京都文京区音羽1-16-6（〒112-8011）
http://www.kobunsha.com/
電　話 —— 編集部03(5395)8289　書籍販売部03(5395)8116
業務部03(5395)8125
メール —— sinsyo@kobunsha.com

ISBN 978-4-334-03969-1

851
デスマーチはなぜなくならないのか
IT化時代の社会問題として考える

宮地弘子

「ブラック」では片づけられない真実《リアル》――当事者の証言の分析から明らかになった驚愕の事実とは？ 自らソフトウェア開発に携わっていた、新進気鋭の社会学者による瞠目すべき論考！

978-4-334-03954-7

852
本当に住んで幸せな街
全国「官能都市」ランキング

島原万丈
＋HOME'S総研

豊かに楽しく生きられる、魅力的なまちとは何なのか？「官能」をキーワードに、生活者の都市に対するリアルな評価を可視化し、近未来の都市のイメージを探っていく。

978-4-334-03955-4

853
愛着障害の克服
「愛着アプローチ」で、人は変われる

岡田尊司

あなたの不調の原因は、大切な人との傷ついた愛着にあった。ベストセラー『愛着障害』の著者が、臨床の最前線から、奇跡の回復をもたらす最強メソッドと、実践の極意を公開する。

978-4-334-03956-1

854
駅伝日本一、世羅高校に学ぶ
「脱管理」のチームづくり

岩本真弥

高校駅伝で優勝最多の広島県立世羅高校。田舎町の学校はなぜこんなに強いのか？ 最強チームを率いる監督がその秘密を明かす。箱根2連覇の青学・原晋監督との特別対談つき。

978-4-334-03957-8

855
悩み・不安・怒りを小さくするレッスン
「認知行動療法」入門

中島美鈴

うつ病の治療などで実績を上げ、近年、注目を集める認知行動療法。「リスクが低く、目に見える成果が出やすい」と言われる心理療法のポイントを臨床心理士が分かりやすく解説。

978-4-334-03958-5

861
結果を出し続ける
フィジカルトレーナーの仕事
中野ジェームズ修一
構成 戸塚啓
青山学院大学駅伝チーム、卓球の福原愛選手らさまざまなクライアントを持つ名トレーナーが、リオ五輪や箱根駅伝秘話、そのストイックな仕事術を大公開。青学原晋監督推薦！
978-4-334-03964-6

862
ワクチンは怖くない
岩田健太郎
インフルエンザや、子宮頸がん……etc. ワクチンにまつわる「結論ありき」の議論を排し、本当に「あなたの健康」をもたらすワクチンとの付き合い方、その本質をすっきり伝授。
978-4-334-03965-3

863
ネットメディア覇権戦争
偽ニュースはなぜ生まれたか
藤代裕之
ヤフー、LINE、スマートニュース、ニューズピックス、日本経済新聞という、スマホに注力するニュースメディアを徹底取材。巨大な影響力を持つネットメディアの未来と課題を示す。
978-4-334-03966-0

864
医者の稼ぎ方
フリーランス女医は見た
筒井冨美
「医者の本音」をカネ抜きで語るな！ 大学病院からなぜ医師が逃げるか。有能医師はいくら稼ぐか。フリーランス医師はどの科にいるか。100以上の病院を渡り歩く医師の辛口レポート。
978-4-334-03967-7

865
目に見える世界は幻想か？
物理学の思考法
松原隆彦
現代の物理学は、人間の思考を根底から支配している常識を捨て去ることで進展してきた。人間の見た目通りの世界は、本当の世界の姿なのか？ 数式・図表ナシの物理学の入門書。
978-4-334-03968-4

光文社新書

866
キリスト教神学で読みとく共産主義
佐藤優

ロシア革命１００周年——トランプ大統領の勝利は、労働者階級の勝利か？　世界を覆う格差・貧困。新自由主義＝資本主義が生み出す必然に、どう対峙するか？

978-4-334-03969-1

867
〈オールカラー版〉珍奇な昆虫
山口進

「ジャポニカ学習帳」の表紙カメラマンが綴る昆虫探訪記。潜水して獲物を狩るアリ、幼虫が掌サイズの巨大カブト、砂漠を高速で走るゴミムシダマシ…希少な場面をカラーで堪能！

978-4-334-03970-7

868
シン・ヤマトコトバ学
シシドヒロユキ

よい言霊《ことたま》は、よい結果をもたらす——日本列島の母語「大和言葉」が持つ、人の心や大自然とつながる力とは。日々口遊《くちずさ》むことをお薦めしたい祝詞《のりと》や和歌に加え、伝説や逸話も紹介。

978-4-334-03971-4

869
ルポ　ネットリンチで人生を壊された人たち
ジョン・ロンソン
夏目大訳

自らの行動やコメントが原因で大炎上し、社会的地位や職を失った人たちを徹底取材。その悲惨さを炙り出すとともに、加害者の心理、個人情報を消す方法までを探る。

978-4-334-03972-1

870
世界一美味しい煮卵の作り方
家メシ食堂　ひとりぶん１００レシピ
はらぺこグリズリー

人気ブログ「はらぺこグリズリーの料理ブログ」を運営する著者による、「適当で」「楽で」「安くて」「でも美味しい」厳選料理レシピ集。家メシ、ひとりメシが１００倍楽しくなるぞ！

978-4-334-03973-8